浦东
开发开放研究

李正图 著

上海社会科学院出版社
Shanghai Academy of Social Sciences Press

目录 | Contents

第一章　导论 …………………………………………………………… 001

　第一节　思维视角 ……………………………………………………… 003

　第二节　研究思路 ……………………………………………………… 006

　第三节　逻辑演进 ……………………………………………………… 009

　第四节　研究价值 ……………………………………………………… 010

第二章　浦东开发开放：全方位解析与审视 ………………………… 012

　第一节　历史必然 ……………………………………………………… 012

　第二节　逻辑进程 ……………………………………………………… 031

　第三节　主观条件 ……………………………………………………… 040

　第四节　战略构想 ……………………………………………………… 047

　第五节　历史进程 ……………………………………………………… 052

　第六节　浦东开发开放与改革发展的关系 ………………………… 063

　第七节　浦东开发开放的成就 ……………………………………… 068

第三章　浦东开发开放：战略重点与开发主体 …………………… 076

　第一节　陆家嘴金融贸易区开发公司与陆家嘴金融贸易区 …… 077

　第二节　外高桥保税区开发有限公司与外高桥保税区 ………… 090

　第三节　金桥出口加工区开发公司与金桥出口加工区 ………… 100

　第四节　张江高科技园区开发公司与张江高新技术开发区 …… 112

第四章 浦东开发开放：模式借鉴与创新模式 …………………………… 122

　　第一节 模式借鉴：开发区开发模式 ……………………………………… 123

　　第二节 模式创新：浦东开发开放模式 …………………………………… 128

第五章 浦东开发开放：开发公司模式创新 …………………………… 152

　　第一节 生成规律 …………………………………………………………… 152

　　第二节 制度空间 …………………………………………………………… 157

　　第三节 主体地位 …………………………………………………………… 158

　　第四节 成长轨迹 …………………………………………………………… 159

　　第五节 体制优势 …………………………………………………………… 159

　　第六节 运营方式 …………………………………………………………… 164

　　第七节 比较分析 …………………………………………………………… 170

第六章 浦东开发开放：二次创业与模式调整 ………………………… 188

　　第一节 "二次创业"中浦东开发开放的模式调整 ……………………… 188

　　第二节 "二次创业"中浦东开发公司的模式调整 ……………………… 194

　　第三节 "二次创业"中浦东开发公司的功能定位 ……………………… 209

　　第四节 "二次创业"中浦东开发公司的战略选择 ……………………… 212

　　第五节 "二次创业"中浦东开发开放的战略选择 ……………………… 216

参考文献 ……………………………………………………………………… 226

后记 …………………………………………………………………………… 228

第一章

导　　论

　　1989 年春夏之交,在国际大气候和国内小气候的作用下,中国发生了严重的"政治风波"。这场政治风波后,如何看待风波过后的国际国内政治形势,如何把握中国的政治走向,是一个事关中华民族前途和未来的国家战略问题。与此同时,国内外、党内外产生了对改革开放路线能否继续的怀疑,给当时中国的战略抉择带来巨大的考验,面临着发展方向的战略抉择。正如当时邓小平预料的那样,苏联旗帜真的倒了。既然如此,苏联旗帜倒了,中国旗帜是否也随之倒呢?在这种国际国内局势下,邓小平从全球战略和国家战略高度提出了"要把进一步开放的旗帜打出去"的战略思想。1989 年 9 月 4 日,邓小平在同中央领导同志谈话时指出:"现在的问题不是苏联的旗帜倒不倒,苏联肯定要乱,而是中国的旗帜倒不倒。因此,首先中国自己不要乱,认真地真正地把改革开放搞下去。中国只要这样搞下去,旗帜不倒,就会有很大影响。"[①]"不开放不行"[②],"要把进一步开放的旗帜打出去,要有点勇气……现在国际上担心我们会收,我们就要做几件事情,表明我们改革开放的政策不变,而且要进一步改革开放。"[③]党中央正是根据邓小平的这一指示于 1990 年作出了浦东开发开放的战略决策,其目的是通过浦东开发开放这一实际举措实现邓小平"要把进一步开放的旗帜打出去"这一战略目的,用浦东开发开放这一实际举措回答了苏联旗帜倒了但中国旗帜不倒这一全球关注的重大国家战略问题。由上可见,浦东开发开放的时代背景是苏联

---

① 《邓小平年谱(1975—1997)》,中央文献出版社 2004 年版,第 1287 页。
②③ 《邓小平文选》第 3 卷,人民出版社 1993 年 10 月第 1 版,第 90、313 页。

旗帜倒了,中国需要高擎旗帜。为了高擎中国旗帜,中国需要"做几件事情",其中最重要的事情就是实施浦东开发开放。因此,浦东开发开放承载着当时国际国内大格局发生重大变迁背景下如何落实邓小平倡导的改革开放这一事关中华民族和中国发展的国家战略重任。

作为邓小平倡导的"进一步开放的旗帜",如今,浦东开发开放已经走过了25年的历程。回顾这一历程,人们不禁要问,浦东开发开放究竟有没有实现当年邓小平"要把进一步开放的旗帜打出去"这一宏伟愿望?浦东开发开放,作为"我们就要做几件事情"中的一个最最重要的事情,究竟有没有能够作为中国改革开放的旗帜?浦东开发开放25年的实践,究竟有没有"表明我们改革开放的政策不变,而且要进一步改革开放"?作为"进一步开放的旗帜",这个旗帜的状况怎样,这个旗帜"打出去"的时代背景、具体过程、客观规律、成功经验、是否具有示范性?诸如此类的问题需要作出科学的回答。而科学回答上述问题的前提是对浦东25年来开发开放实践进行实事求是地总结。浦东25年开发开放的实践证明,浦东开发开放是中国政府继续坚持改革开放的重大国家战略行动,是中国"进一步开放的旗帜"。本书就是在对浦东开发开放25年实践的总结基础上,展现早在1989年邓小平"要把进一步开放的旗帜打出去"的具体进程和成功经验。试图回答:25年来浦东开发开放成功实现了当年邓小平"要把进一步开放的旗帜打出去"这一宏伟愿望,充分认识到了开发开放的客观规律和遵循这一客观规律办事的必要性、必然性,探索出了一条具有中国特色的开发开放道路。

党的十八大政治报告明确指出:"全面提高开放型经济水平。适应经济全球化新形势,必须实行更加积极主动的开放战略,完善互利共赢、多元平衡、安全高效的开放型经济体系。要加快转变对外经济发展方式,推动开放朝着优化结构、拓展深度、提高效益方向转变。创新开放模式,促进沿海内陆沿边开放优势互补,形成引领国际经济合作和竞争的开放区域,培育带动区域发展的开放高地。坚持出口和进口并重,强化贸易政策和产业政策协调,形成以技术、品牌、质量、服务为核心的出口竞争优势,促进加工贸易转型升级,发展服务贸易,推动对外贸易平衡发展。提高利用外资综合优势和总体效益,推动引资、引技、引智有机结合。加快走出去步伐,增强企业国际化经营能力,培育一批世界水平的跨国公司。统筹双边、多边、区域次区域开放合作,加快实施自由贸易区战略,推动同周边国家互联互通。提高抵御国际经济风险能力。"党的十八大报告的这一精辟论断,是在以往论述基础上的新认识新概括,进一步明确了我国建设开放型经济的发展方向。我国对外开放已经走过 30 多年历程，正站在新的历史起点上。当前，对外开放面临的国际环境和国内条件发生了复杂而深刻的变化。在新的历史时期，只有坚持对外开放，适应国际环境和国内条件变化的新要求，才能动态解决我们所面临的挑战和问题。我们必须实行更加积极主动的开放战略，完善互利共赢、多元平衡、安全高效的开放型经济体系。在构建新型开放战略的大格局下，展开浦东开发开放研究，对今后我国进一步改革开放无疑具有重要的理论价值、实践价值、示范价值和历史借鉴价值。

浦东开发开放研究是以浦东开发开放的客观进程和历史演进为研究对象，进行客观性的描述、分析和总结，从而概括出浦东开发开放的既有范式。因为研究一个社会历史现象，正如马克思指出的，"不是在每个时代中寻找某种范畴，而是始终站在现实历史的基础上，不是从观念出发来解释实践，而是从物质实践出发来解释观念的形成"[1]。

我们关于浦东开发开放的研究是从调查开始的。通过调查，梳理了浦东开发开放 25 年的历史演进情况，在此基础上，我们需要选择一个分析材料、归纳材料、形成思想、构建模式的思维工具，这一思维工具必需能够涵盖以下方面：开发背景、谁来开发、开发什么、开发过程、开发顺序、开发成就等。谁来开发是指开发的主体是谁，开发什么是指开发的客体是什么，开发过程是指开发的进程如何（主体和客体的互动过程），而开发的顺序则指开发的流程是什么，开发成就即开发的结果。由此看来，我们关于浦东开发开放的研究是基于整个浦东开发开放客观历史进程的研究。所以，在本书导论中，我们需要弄清楚浦东开发开放研究的思维视角、研究思路、逻辑演进和研究价值等问题。

第一节　思　维　视　角

25 年的浦东开发开放是一幅壮丽的画卷，需要从战略层面、动态层面和系统层面三个思维视角来审视和透视浦东开发开放。

---

[1]　《马克思恩格斯选集》第 1 卷，人民出版社 1995 年 6 月第 2 版，第 92 页。

一、战略思维视角

研究浦东开发开放需要从不同的战略层次来概括,这种战略思维应当包括以下六个层面:经济全球化层面、国家战略层面、城市发展层面、开发开放实施层面、开发开放运营层面和开发开放服务层面(后三者的直接主体是开发公司)等。(1)从经济全球化层面看,主要研究经济全球化背景下开发区产生、培育、成长和壮大的客观必然性以及全球分布的总趋势。(2)从国家战略层面看,开发开放的目的是什么?开发开放是为了履行什么样的国家战略?开发开放与改革发展的关系如何?开发开放的战略目标是什么?(3)从城市发展层面看,开发开放的目的是什么?开发开放要解决城市发展的什么问题?开发开放是为了实施什么样的城市发展战略?(4)从开发开放实施层面看,开发开放的目的、方式、路径是什么?开发开放的最终目标是什么?开发开放的主体是哪些?等等。(5)从开发开放运营层面看,是采取什么空间布局、土地开发方式、资金筹措方式、基础设施建设方式、产业选择和产业结构、企业组织形式、社会建设方式、生态维护和环境保护方式等来开发各个项目的形式和手段。(6)从开发开放服务层面看,其涉及开发区内部为产业生成、培育和发展所提供的公共服务、生产生活服务等的功能开发,其中包括生态、资源、环境、法制、政策、规划、社会、社区等生态环境和社会环境的功能开发。

把以上各个层面综合起来可以形成浦东开发开放模式的战略思维框架图,如图1-1所示。

二、动态思维视角

浦东开发开放是一个动态过程,回顾这一动态过程,我们不难发现,经历了谋划、决策、规划、政策、战略和实施六个阶段,于是,这几个前后相继的阶段的有机耦合构成了研究浦东开发开放的动态思维逻辑框架,如图1-2所示。

三、系统思维视角

浦东开发开放涉及开发背景、开发主体、开发客体、开发过程、开发成就五个方面,这五个方面相互联系、相互贯通、相互转化、有机统一,因此,只有运用系统思维才能全面、完整、系统地透视和审视浦东开发开放。浦东开发开放的系统思维框架如图1-3所示。

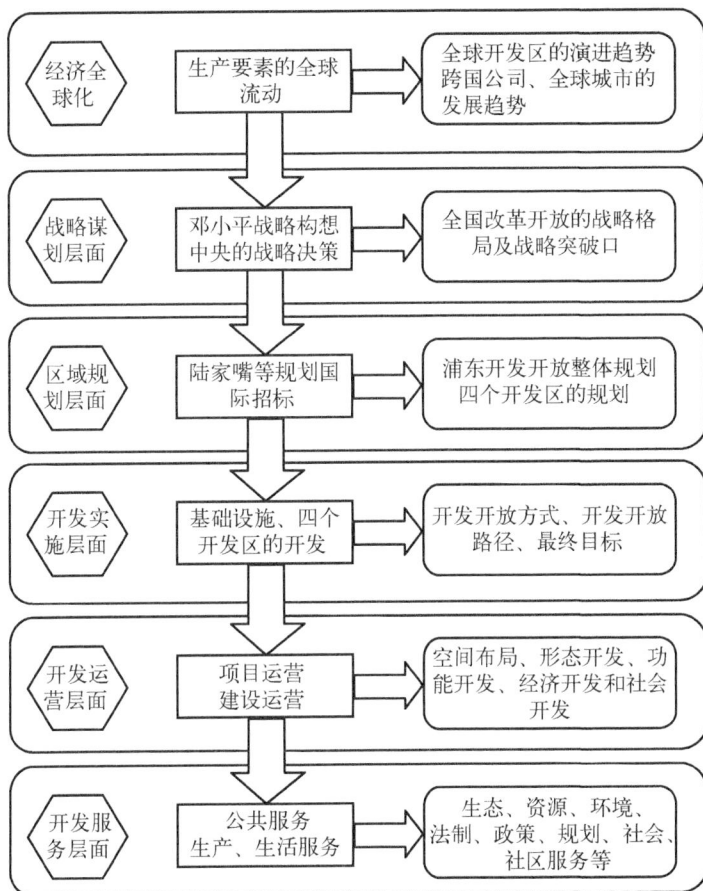

图 1-1　研究浦东开发开放的战略思维示意图

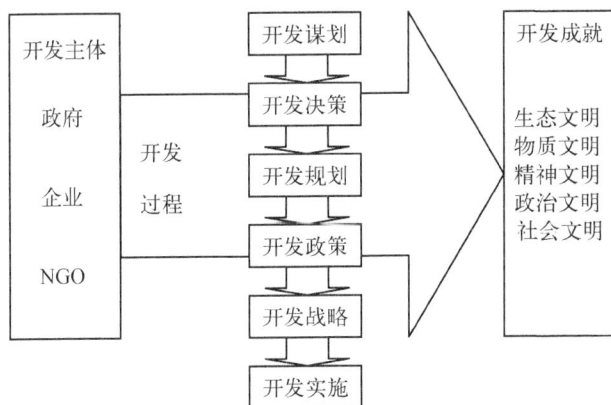

图 1-2　浦东开发开放的动态思维示意图

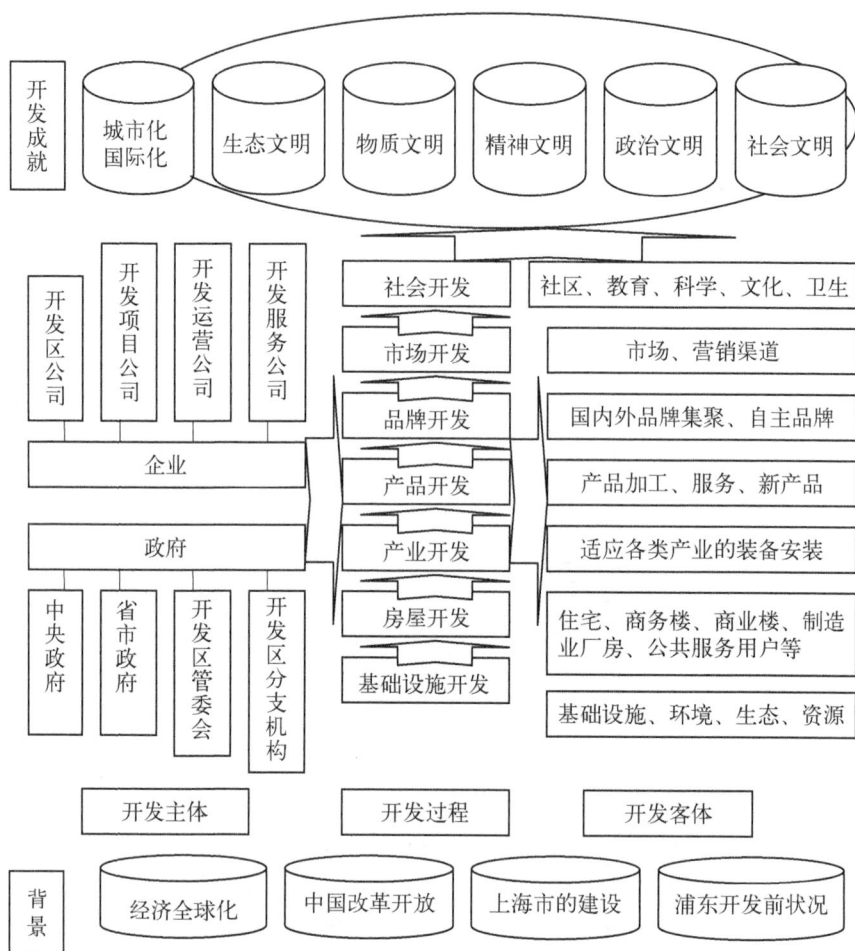

图 1-3 浦东开发开放的系统思维示意图

这个示意图既是对浦东开发开放客观规律的反映和研究成果,当然也具有普遍性的意义,应当适用于世界上任何地方的开发开放。

本书的研究过程始终贯穿着上述三个层面的思维活动,本书试图在统一完整的形式逻辑思维框架中把关于浦东开发开放的研究成果清晰地表达出来。

第二节 研 究 思 路

为了深度挖掘浦东开发开放的各个方面,需要凭借全球性的、动态性的、全方位的、系统性的思维视角(战略思维视角、动态思维视角和系统思维视角),采用典型调查和实证研究的方法,全面总结出浦东开发开放的独特内涵和本质,为此,本书的研究思路包括五个方面内容。

一、理论与案例

对国内外开发区与开发公司的成功经验进行理论提炼和经验总结:(1)对国内外开发区和开发公司模式的基本理论和流派加以梳理和研究;(2)对国内外开发区及其开发公司发展的客观进程加以考察并总结出其中的基本规律。

二、实证描述

对25年来浦东开发开放客观进程的实证研究和客观描述:(1)对浦东开发开放以来关于开发重点的选择,如何围绕主导功能区推进形态开发和功能开发,进而如何推进招商引资和产业发展等相关问题进行实证研究;(2)对浦东开发开放以来在开发机制上如何走土地批租、滚动开发之路等筹资模式和开发模式进行实证研究;(3)对浦东开发开放以来关于开发开放的战略目标、战略布局、战略重点、战略步骤和战略阶段进行实证研究;(4)对浦东开发开放以来在开发方式上如何以点带面、促进区域统筹协调发展等相关问题进行实证研究;(5)对浦东开发开放以来在开发载体上,上海市将要素市场向浦东集聚对浦东开发开放的重要意义展开实证研究。

三、研究重点

在以上研究的基础上,通过对浦东四个开发区和开发公司的实地调研,本书的重点研究对象之一即是在对浦东四个开发区和开发公司25年来的发展历程与发展阶段,特征与模式,运作机制与制度构架,职能与作用,开发公司与政府之间的关系,四个开发区和开发公司之间的分工、协作与运作模式、成效与现状进行系统研究与数据分析的基础上,提出今后浦东进一步开发开放的政策建议:(1)对浦东在开发体制上关于划定四个开发区和组建四个开发公司进行商业开发、由政府宏观调控的模式进行实证研究;(2)对浦东四个开发区和开发公司25年的发展历程、探索实践和基本经验进行较为系统的梳理和总结,全面反映四个开发区和开发公司工作的全貌和内在特点,其中包括对四个开发公司发展的全球背景、缘起、历程与发展阶段、现状、问题等的研究和整理;(3)对浦东开发开放以来关于四个开发区和开发公司的制度安排,开发区和开发公司模式的生成、成长和发展的客观进程加以整理和研究；（4）对浦东四个开发区和开发公司的体制与机制的整理和研究，包括国有资产管理体制（政府与开发公司的资产纽带、政策纽带、人事管理纽带、投资体制、项目体制、建设体制和监管体制、科技支撑机制等方面的内容）、现代企业制度、现代产权制度、公司治理结构、公司掌控体系等相关问题进行研究；（5）对浦东开发开放的基本做法与基本经验进行整理和提炼。

四、理论提炼

浦东开发开放模式可细分为客体模式、过程模式和主体模式三个子模式。在开发开放模式中，客体模式、过程模式和主体模式之间存在着相互联系、相互映衬、相互贯通、互为因果的关系，一方面主体模式可以从客体模式和过程模式中反映出来；另一方面主体模式也不能离开客体模式和过程模式而单独存在，过程模式和客体模式也是如此。所以，研究浦东的开发开放，就需要从以下三个角度进行细致的理论提炼：（1）必须了解浦东的全部开发开放主体（政府、开发公司和 NGO 组织）及其职能，进而提炼出开发开放主体模式。在浦东开发开放过程中，四个开发公司是最突出的开发主体，与之相应，形成了独特的浦东开发公司模式。但在浦东开发开放过程中并不是四个开发区和开发公司在唱"独角戏"，政府和后来的 NGO 组织在各自的领域发挥着不可替代的作用和功能，更何况，浦东的四个开发区和开发公司是在政府主导和扶助下组建起来的，而且四个开发区和开发公司在之后的开发运营过程中一直是在执行着政府的开发开放意志，所以，在关于浦东开发开放模式的内涵中，我们既要把政府的努力作为模式的有机内容，又要把政府与开发公司并列作为浦东开发的主体之一。此外，开发主体还包括进驻浦东的以公司形式组建的全部企业，正是这些企业承担着浦东的全部开发开放任务。（2）必须了解浦东的全部开发开放客观进程，进而提炼出浦东开发开放过程模式。浦东的开发开放过程，经历了形态开发、功能开发、经济开发和社会开发等阶梯式进程，与之相应，形成了独特的浦东开发开放过程模式。（3）必须了解浦东的全部开发开放的客观对象，进而提炼出浦东开发开放的客体模式。在浦东开发开放过程中，四个国家级开发区是最重要的开发区域，与之相应，形成了独特的浦东开发开放客体模式。所有这三个模式的总和即是浦东开发开放模式。

五、模式调整

2009 年以来，浦东进入"二次创业"阶段，新阶段面临着新的开发开放任务，浦东开发开放模式也将随之调整。2013年以来,中国(上海)自由贸易区(简称"自贸区")组建并运营,这标志着浦东开发开放进入自贸区建设新阶段。为此,我们需要就"二次创业"和自贸区建设过程中,浦东在开发开放上存在的问题与瓶颈、总体思路与发展目标、模式调整、在开发机制与体制上应实现哪些突破等进行系统的研究。

总之,本书是对浦东开发开放的全方位、多视角的研究。

第三节　逻 辑 演 进

世界各国开发开放的经验表明,任何一项开发开放都需要遵循开发开放的共性规律,或者叫逻辑演进规律。浦东开发开放也是如此。研究浦东开发开放同样要遵循这一共性规律并在此基础上提炼出浦东开发开放的独特内容,为此,需要依据世界各国开发开放的历史经验确定本书研究的逻辑演进程序。

本书将从以下角度展开对浦东开发开放的全方位研究:(1)从全球、中国、上海、浦东等战略层面研究浦东开发开放的宏观背景,阐述浦东开发开放的必然性;(2)以项目为抓手,将浦东开发开放进程中所调动的资源(即生产要素)统一起来;(3)以制度为准绳,总结和提炼整个浦东开发开放进程中的制度安排、制度变迁和制度体系;(4)以主体为重点,研究浦东开发公司和各级政府在浦东开发开放过程中的角色和地位;(5)以客体为映衬,研究浦东开发开放的形成过程;(6)以过程为线索,研究浦东开发开放的演变过程;(7)以成就为终点,研究浦东开发开放的定型过程。

在以上全方位研究的基础上全面概括和提炼浦东开发开放模式,需要了解浦东开发开放进程中的战略谋划、城市规划、土地规划、社会经济发展规划;了解中央、上海市、浦东的政策体系;了解浦东开发开放的全球背景、中国大局、上海发展等;研究浦东开发开放的过程、主体、客体和成就。

接下来即需要研究浦东开发开放的具体内容是什么?其中包括是什么、如何形成、为什么会形成、有什么价值(对浦东25年来的开发开放成就、对其他开发区的借鉴、对开发开放理论形成的实践检验)、未来如何演变、相关的政策建议等。这种研究将涉及浦东开发开放的三个层面:一是整个浦东开发开放的层面,浦东开发开放的主体与过程、客体、成就的关系中所体现的浦东开发开放模式的内涵;二是四个国家级开发区和开发公司层面,主要研究开发公司在浦东开发开放过程中的空间布局（自然空间、产业空间、社会空间）、与政府的互动、与其他公司的互动等；三是四个开发公司内部层面，主要研究四个国家级开发区和开发公司的组建、运营、开发成就、发展战略、未来趋势等。

经过上述的研究过程，关于浦东开发开放的研究将得出以下研究成果：形成了浦东开发开放理论；提炼出了浦东开发开放模式；总结了浦东开发开放及其模式的未来演变趋势；提出了浦东开发开放及其模式被复制、模仿和示范的可能性。

在以上研究的基础上，本书的结构安排为：第一章，导论；第二章，浦东开发开放；第三章，浦东的开发区与开发公司；第四章，浦东开发开放模式；第五章，浦东开发公司模式；第六章，"二次创业"中浦东开发开放及其模式调整。

第四节　研　究　价　值

本书关于浦东开发开放的研究具有以下四个方面的价值。

一、理论价值

本书试图在"浦东开发开放实践经验及其模式"研究的基础上，探索总结出开发开放理论的完整体系。在此基础上力争为我国开发开放理论的形成和完善作出一份贡献。

二、历史价值

再现 25 年来浦东开发开放的客观进程、辉煌成就和独特模式。浦东开发开放具有全球化背景、国家战略、上海城市战略和浦东自身发展战略等多元层面的战略含义和战略价值，这种战略价值是如何体现出来的，如何造就出来的，是谁造就出来的，很值得进行历史性总结。

三、实践价值

本书还探讨了浦东开发开放在适应"二次创业"条件下的进一步演进趋势。2009 年，国务院批准南汇并入浦东新区，再加上国务院批复上海国际金融和国际航运中心建设、上海世博会浦东园区、迪士尼、大飞机等重大项目落户浦东，浦东开发开放进入"二次创业"阶段。2013 年，中国（上海）自由贸区的组建标志着浦东的开发开放进入自贸区建设阶段。在"二次创业"创建自贸区阶段,由于前25年的开发开放已经积累了许多经验可供"二次创业"借鉴,但"二次创业"过程中也出现了与"一次创业"阶段不同的国际国内形势和开发开放任务,所有这些都需要进行科学的审视和理论提炼。

四、示范价值

浦东开发开放模式的形成和完善是与浦东开发开放的客观进程同步的。研究和总结浦东25年开发开放过程中的实践及模式对国内其他开发区及其开发公司的开发开放无疑具有示范价值。

第二章

浦东开发开放：全方位解析与审视

本章的研究主要包括浦东开发开放的历史必然、逻辑进程、主观条件、战略构想、历史进程、浦东开发开放与改革发展的关系等方面内容。

第一节　历　史　必　然

经过 25 年的开发开放，浦东已经成为现代化、外向型、多功能的上海新城区，成就显著。浦东开发开放被誉为"中国改革开放的象征，上海现代化建设的缩影"。美国前国务卿基辛格曾说："浦东宣布开发开放之初，几乎所有的美国人都认为不过是一句口号。但我认为是真的。现在看来，我说对了。许多美国人并不了解中国，他们不知道，中国人只要想干一件事，就一定能干成。因为你们能把资金、人力、物力集中起来办大事。"①挪威国王哈拉尔五世对浦东的评价："浦东开发是全球城市开发中的一个非常独特的成功例子，世界上几乎所有城市开发事先都未经过全面规划，因此城市建设的随意性很大，效果并不好，而浦东是经过仔细规划后再进行建设，这非常可贵。"②浦东开发开放成就的取得既是主观选择的必然更是客观规律的必然③，表现为，浦东开发开放是在世界经济发

---

①② 参见赵启正：《浦东逻辑——浦东开发与经济全球化》，上海三联书店 2007 年 3 月第 1 版。

③ 赵启正指出："浦东开发作为中国规模最大、起点最高的城市开发，是经济全球化与中国改革开放相结合的产物，是中国改革开放的历史必然与历史能动的产物。"（赵启正：《浦东逻辑——浦东开发与经济全球化》，上海三联书店 2007 年 3 月第 1 版，第 6 页）

展大格局、当代的经济全球化趋势、邓小平主导下的中国改革开放大格局的形成、上海城市发展大格局等大背景下的历史必然。

一、历史元素：太平洋世纪的来临

回顾人类文明的发展历程，可以看到，世界文明的发展经历了农业文明、工业文明、知识文明三个阶段，不仅如此，世界经济重心还存在着空间上的位移规律，但只是由现代向前追溯的近 500 年来，以工业文明为基础的世界经济的发展才真正表现为世界性的发展趋势，与之相应，世界经济重心也表现为从大西洋东岸向大西洋西岸、从大西洋西岸向太平洋东岸、从太平洋东岸向太平洋西岸的空间位移趋势。这种空间位移趋势早在 100 多年前就被恩格斯揭示了，他说："世界贸易中心在古代是泰尔，迦太基和亚历山大，在中世纪是热那亚和威尼斯，在现代，到目前为止是伦敦和利物浦，而现在的贸易中心将是纽约和旧金山，尼加拉瓜的圣湖安和利奥，查理斯和巴拿马。世界交通枢纽在中世纪是意大利，到现在是英国，而目前将是北美半岛南半部。……再过几年，在我们面前将会出现一条固定航线，从英国通往查尔斯，从查尔斯和旧金山通往悉尼、广州和新加坡。由于加利福尼亚金矿的开采和美国佬的不断努力，太平洋两岸很快就会像现在从波士顿到新奥尔良的沿海地区那样人口密集、贸易方便、工业发达。这样，太平洋就会像大西洋在现代，地中海在古代和中世纪一样，起着伟大的世界交通航线的作用；大西洋的作用将会降低，而像现在的地中海一样成为内海。"[①]从地中海到大西洋，从大西洋到太平洋，恩格斯为我们展示了过去 2 000 年来世界经济空间位移的基本脉络。其中，近 200 年来的位移趋势如图 2-1 所示：

考察当代世界各国的开发开放活动，我们会发现，各地区的开发开放基本上都是在上述世界经济空间位移规律的大背景下进行的，表现为一种世界性的自然历史过程[②]。考察世界各国的历史，我们也会发现，开发开放活动伴随着人类历史发展的每一个阶段，人类社会的每一项进步都可以看作是开发开放所取得的成就，把这些开发开放活动按照时代顺序和空间顺序汇总并连贯起来就可以展示或重现上述世界经济发展的空间位移规律。人类开发开放的历史可以追溯到人类的起源时期，但以工业革命和现代技术为基础的开发开放则是近代历史

---

① 《马克思恩格斯全集》第 7 卷，人民出版社 1959 年第 1 版，第 263—264 页。

② 马克思在《资本论》第 1 卷第 1 版序言中写道："我的观点是：社会经济形态的发展是一种自然历史过程。"

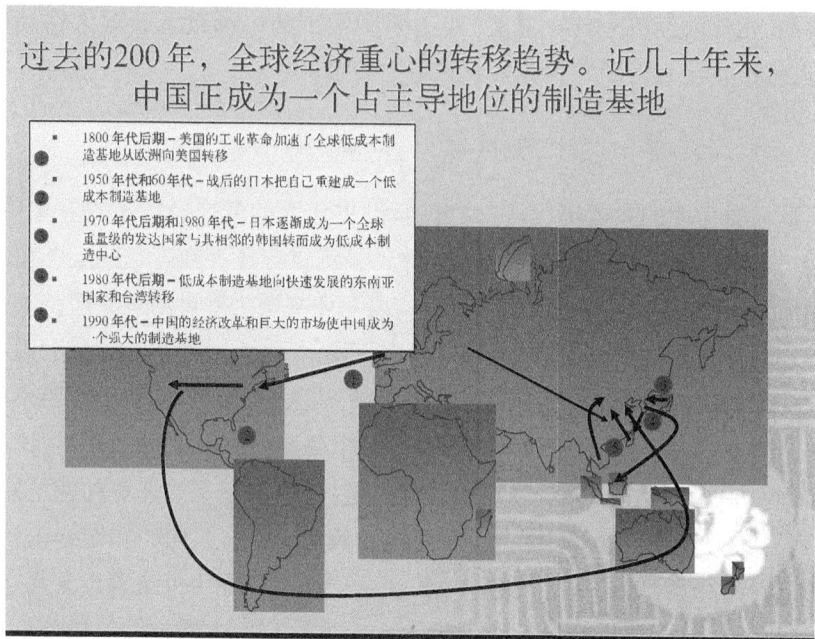

图 2-1 近 200 年来的全球经济重心位移趋势图

上的事情,而形成蓬勃发展、洋洋大观格局的则只是 20 世纪 50 年代以来的事情。20 世纪 50 年代以来,世界各地的开发开放表现为各类开发区的培育和形成,开发区之所以能够在世界各地生机勃勃、兴旺发达、繁荣昌盛、蔚为壮观,与同时期的世界经济发展和科学技术革新的大趋势有着很大的关联性。浦东开发开放既是上述世界经济空间位移规律下开发开放大潮流的有机组成部分,也是在当代太平洋世纪条件下对国际资本流动和产业转移的承接和适应国际贸易需要的必然[①]。

二、世界元素:经济全球化

20 世纪 90 年代以来,世界发展呈现出新一轮经济全球化和跨国公司、区域经济一体化和城市群、城市群与企业群的培育和发展的新趋势。

1. 经济全球化与跨国公司的崛起

20 世纪 90 年代以来,以全球的信息化和交通网格化为基础呈现出新一轮

---

① 早在 20 世纪 80 年代,邓小平就指出:"现在世界发生大转折,就是个机遇。人们都在说,21 世纪是亚洲太平洋世纪,我们站的是什么位置?"(《邓小平文选》第三卷,人民出版社 1993 年 10 月第 1 版,第 369 页)

经济全球化趋势。经济全球化使世界各国及其企业把全球的资源、环境、生态、产业、经济、社会、文化等因素放在全球的大框架中统筹规划、统一配置。

在经济全球化的过程中,跨国公司主导着全球化发展的进程。据联合国贸易与发展组织(简称"贸发会议")《2000 年世界投资报告》,截至 1999 年年底,跨国公司控制着 40% 的全球产出、60% 的贸易、70% 的技术转让、90% 以上的直接投资。进入新世纪,这种发展势头正在日益加大,一个以跨国公司为主轴的国际经济体系正在形成。《2008 年世界投资报告》称,全球 79 000 家跨国公司及其790 000 家国外分支机构仍在继续进行海外扩张,其 FDI 股本 2007 年达 15 万亿美元,销售总额为 31 万亿美元,产值占全球 GDP 的 11%。服务业跨国公司在过去 10 年中发展迅猛,2006 年这类跨国公司在前 100 家中的 20 个,而 1997 年仅为 7 个。发展中国家的 100 强跨国公司增长尤其快,排名前 25 位的发展中国家跨国公司主要来自东亚和东南亚地区。

以上事实表明,跨国公司是经济全球化的主要实施者和组织者,它把全球的采购、生产、销售、研发、服务和消费统一在一个严密的组织网络之内,是经济全球化的主要承担者。跨国公司在全球范围内进行布局和配置资源的结果是,国际分工体系掌控在跨国公司总部及其母国手中,其他各国形成了许多为跨国公司配套的依附型企业和企业集群。跨国公司把自己的主要资源和精力放在微笑曲线[①]中核心竞争力、高附加值和最挣钱的部分,即它只做 R&D、做品牌、做采购、做市场销售及售后服务等环节,而把通用环节、低附加值环节转移出去。

2. 区域经济一体化与城市群的相互依存

与经济全球化相对应,是区域经济的一体化[②]。在区域经济一体化背景下,各个地区的发展必须城市化和城市群化。在城市群中,如何加强城市与城市之间的合作和联系,实现人流、物流、信息流、货币流、技术流等"五流"的畅通无阻,使"五流"的速度、流量、质量等三项指标不断刷新,既需要各单个城市的各自发

---

①　所谓"微笑曲线"(Smiling Curve)是台湾科技业者宏碁集团创办人施振荣先生在 1992 年为了"再造宏碁"提出的。经历了十多年时间,施振荣先生将"微笑曲线"加以修正推出了所谓施氏"产业微笑曲线",以之作为台湾各种产业的中长期发展策略之方向。微笑曲线表明,价值最丰厚的区域往往集中在价值链的两端——研发和市场。没有研发能力就只能做代理或代工,赚一点辛苦钱;没有市场能力,再好的产品,产品周期过了也就只能作废品处理。

②　赵启正认为:"当今,亚太地区以其巨大的市场潜力和广阔的发展前景,成为世界经济的朝阳地区,而中国更是亚太地区市场潜力最大、经济发展最快的国家。我认为在亚洲,有一条富有活力的'经济走廊':从日本的东京,经过韩国的首尔,到中国的上海,一路下来是中国的台北和香港、泰国的曼谷、马来西亚的吉隆坡,再到新加坡。在这条走廊上,每一个城市就是一盏路灯,上海正处在亚洲经济走廊的中点。"(赵启正:《浦东逻辑——浦东开发与经济全球化》,上海三联书店 2007 年 3 月第 1 版,第 4 页)

展,也需要接通城市之间能够使"五流"高速度、大规模、高效率地流动的通道。城市群向高等级的发展催生了以全球城市为最高级别的各个等级的城市之间共同构成的等级型和交融型的城市群和城市体系,譬如美国东北部大西洋沿岸城市群、巴黎城市群、东京城市群、伦敦城市群,国内珠三角、长三角、京津唐城市群。

3. 城市群与企业群的联动发展

在城市群中,经济全球化的直接承担者是跨国公司,跨国公司既把自己的组织(分公司、代表处、销售处、服务中心、研发中心、采购中心、营运中心、信息中心等)延伸到全球各国的等级型和交融型的城市群和城市体系中,也通过全球各国的等级型和交融型的城市群和城市体系而与全球各国的国家级的、区域级的企业发生资源、生产、经贸、科技、投资、服务、产权、管理、品牌等方面的联系和合作,从而构成为数众多的全球性的企业群。于是,经济全球化和区域经济一体化表现为城市群与企业群的互动和联动发展,城市群是企业群的生存空间,企业群是城市群的运营主体,城市群和企业群的互动形成了当今经济全球化的纷繁复杂的内容。如图 2-2 所示。

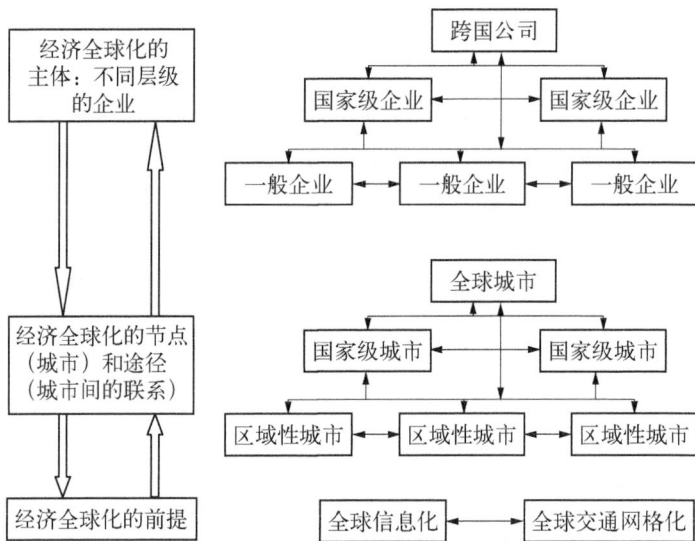

图 2-2 经济全球化结构示意图

上述经济全球化与跨国公司的崛起、区域经济一体化与城市群、城市群与企业群的相互依存和联动发展是浦东开发开放的世界环境。时任上海市市长的徐匡迪曾经指出:"浦东开发的思路,核心是要抓住国际经济全球化的机遇,依托长三角的地缘优势和人才资源，主动承接发达国家的产业梯度转移，并根据上海的基础与条件，把承接产业的水平定在中高端，从而可以把浦东新区建成国际、国内两个市场、两种资源的交汇点与聚合区。"①时任浦东开发办首任主任的赵启正也指出："经济全球化的发展，需要中国继续扩大开放，也需要中国有几个国际级的大都市能够与世界进行经济对话。"②

经济全球化的重要特征是各种生产要素在全球范围内流动并在重要的节点集聚。浦东开发开放之初的中国正处在如何应对经济全球化浪潮的关键时期，因此需要一个集聚全球资源的节点。所以，浦东开发开放能否成功取决于能否把浦东打造成经济全球化条件下国际生产要素全球流动的"中转站"、"集散地"、"加工地"、"创新地"。

三、国家元素：中国改革开放大格局

一个区域的快速崛起，总是首先得益于基于不同层面(世界的、国家的、地区的)的宏观战略布局的实施。中国改革开放大格局的一步步形成与邓小平的及时而果断的决策和毫不动摇的支持是分不开的，而这正是浦东开发开放的国家背景。因此，回顾中国改革开放以来的对外开放历程和邓小平在不同时期作出的对外开放决策以及毫不动摇地支持对外开放的一些具体做法，可以看出浦东开发开放是在中国改革开放大格局中的历史必然，也可以看出浦东开发开放本身就是中国改革开放大格局中的核心和关键。

1. 30 多年来我国改革开放大格局的逐步形成过程

从 1980 年起，中国先后在广东省的深圳、珠海、汕头，福建省的厦门和海南省分别建立了五个经济特区；1984 年进一步开放了大连、秦皇岛、天津、烟台、青岛、连云港、南通、上海、宁波、温州、福州、广州、湛江、北海 14 个沿海城市；1985 年后又陆续将长江三角洲、珠江三角洲、闽南三角地区、山东半岛、辽东半岛、河北、广西辟为经济开放区，从而形成了沿海经济开放带；1987 年海南建省并成为中国最大的经济特区；1990 年中国政府决定开发开放上海的浦东新区，并进一步开放一批长江沿岸城市，形成了以浦东为龙头的长江开放带；1992 年以来，又决定对外开放一批边疆城市和进一步开放内陆所有的省会、自治区首府城市，形

---

① 参见赵启正、邵煜栋：《浦东奇迹》，五洲传播出版社 2008 年 7 月第 1 版。

② 赵启正：《浦东逻辑——浦东开发与经济全球化》，上海三联书店 2007 年 3 月第 1 版，第 10—11 页。

成了沿海、沿江、沿边、内陆地区纵横交织的全方位、多层次、宽领域对外开放的大格局。

在上述中国改革开放大格局中,浦东开发开放在中国改革开放从南到北、从东到西、从点到面的全方位推进中起到了枢纽作用。当时浦东开发开放的国家背景是中国正在从计划经济向市场经济的转轨变型。一方面允许我国的一些特殊区域放弃以政府为主导的各种发展模式。又由于开发开放没有前人的经验可寻,属于传统计划经济中从未涉及的领域,这就导致开发开放先行区往往更加容易采取非计划经济的手段和方法,于是市场经济性质的以企业为主导的开发模式就应运而生;另一方面,随着中国改革开放的深化,从改革进程来看当时中国正处在计划体制与市场体制谁是谁非、谁优谁劣的焦点,从开放进程来看当时中国正处在开放的空间是否要扩大、开放的层级是否要提高、开放的力度是否要加深的"十字路口"。经过25年的开发开放,浦东的龙头作用逐步凸显,成为上海城市功能重塑和经济快速发展的强大引擎,成为长三角和沿江地区开放型经济发展的桥头堡,成为我国改革开放由点到面纵深推进中承前启后的关键一环。

2. 邓小平不同时期关于对外开放的决策和持续支持

上述中国对外开放大格局的逐步形成是与中国政府坚定不移地实施对外开放政策紧密关联的,而中国政府能够持续实施对外开放政策与邓小平的坚强领导和及时果断决策紧密关联。

在中国的改革开放史上,早在1978年中国政府在作出进行经济体制改革决策的同时,就开始了有计划、有步骤地实施对外开放政策并一直持续坚持到现在。从1978年到1992年,中国的对外开放政策一直是在邓小平关于世界发展总趋势的正确判断下的结晶,而期间中国对外开放的每一重大决策都是在邓小平主导下制订出来的,实施过程中又得到邓小平的持续关注和坚定支持,具体包括以下五个方面。

(1) 创办经济特区——从"窗口论"经"试验论"到"肯定论"

从创办经济特区到特区的开发建设,邓小平关于经济特区的论断也经历了从"窗口论"经"试验论"到"肯定论"的三断论过程。

社会主义国家实行对外开放是一个全新的事业,没有成熟、成功的方案可供借鉴,需要"摸着石头过河",在不断地试错过程中纠正错误,在无数次的犯错误和纠正错误过程中找到正确的对外开放道路、总结出科学的对外开放方案。试错、犯错和纠错的过程往往需要支付必要的实验成本、学习成本和创新成本,不仅如此,如果对外开放政策一下子在全国范围内实施,就可能出现一哄而上、大起大落的现象,必然付出更大的实际成本。因此,对外开放政策不宜在大范围内推行,只能在小范围内实验。而在多大范围、在哪个区域、从哪个地方突破、以什么形式进行实验是一个必须从全国发展大局出发的深谋远虑的战略问题。

党的十一届三中全会后,邓小平就积极寻找对外开放的突破口。以习仲勋为第一书记的广东省委的一个建议为他提供了具体的方案。1979年4月的中共工作会议期间,广东省委希望中央允许广东在毗邻港澳的地方举办出口加工区。虽然这一建议在当时引起了很大争议,但得到邓小平的坚决支持,他指出:可以划出一块地方,叫做特区,陕甘宁就是特区嘛,中央没有钱,你们自己搞,杀出一条血路来[1]。在邓小平的倡导下,1980年四个经济特区相继开工建设,从而实现了中国对外开放的第一次突破。

经济特区的兴办引起了国内外的广泛关注。在当时传统意识形态仍然大行其道的思想文化背景和氛围下,人们对经济特区,有的人给予深切理解和热情支持,也有的人持有怀疑和指责的态度。时任国务院副总理的谷牧回忆道:"我是分管经济特区和对外开放工作的,深感压力不少。特别是1982年上半年,很有些'秋风萧瑟'的味道。"[2]在当时的思想文化背景下,对于已经创办的经济特区是肯定还是否定? 特区实行的一系列开放政策是对还是错? 特区还该不该继续办下去? 这几个问题已经不仅仅涉及经济特区自身的问题,可以说已经涉及两种思想路线、两条政治道路和两个国家战略的较量问题,必将在更高层次上直接影响当时中国的发展战略的选择、未来中国的前途以及社会主义的前途。

为了寻找答案,1984年初邓小平考察了深圳、珠海和厦门。考察后,邓小平分别为三个特区题词,肯定了兴办经济特区的决策和实践。回到北京后,他用"窗口论"对特区的性质和作用进行了科学概括,指出:"特区是个窗口,是技术的窗口,管理的窗口,知识的窗口,也是对外政策的窗口。"[3]"窗口论"的提出充分体现了邓小平的战略智慧,因为在当时的思想文化背景下进行两种思想路线、两条政治道路和两个国家战略的激烈论战和直接交锋,不利于当时从"文化大革命"动乱中刚刚走出来的全国安定团结的局面,因此,我认为"窗口论"的提出是邓小平从技术层面坚定支持了对外开放的国策,而回避了路线、道路和战略的争论,目的是以时间换空间,在实践的持续进程中解决这些关键问题。

---

① 参见曾建徽:《一项重要决策的诞生》,《瞭望》1984年第24期。
② 《谷牧与深圳经济特区初期发展抉择》,《深圳文史》2006年第8辑。
③ 《邓小平文选》第3卷,人民出版社1993年10月第1版,第51—52页。

　　和任何新事物在发展过程中必然伴随着这样那样的缺陷一样,经济特区在发展过程中也出现了一些问题。邓小平并没有回避这些问题,1985年他指出:"深圳经济特区是个试验,路子走得是否对,还要看一看。它是社会主义的新生事物。"①他对外宾说:"现在我要肯定两句话:第一句话是,建立经济特区的政策是正确的;第二句话是,经济特区还是一个试验。"②我认为,邓小平的这一论断是他关于经济特区的"试验论"。"试验论"的提出是邓小平在"窗口论"基础上对经济特区兴办过程中难免出现问题的态度,这与保守思想者借出现的问题企图封杀经济特区的态度迥然两样,从问题定性角度进一步支持了经济特区的兴办。在"试验论"基础上,邓小平提出"中国的对外开放政策是坚定不移的,但在开放过程中要小心谨慎"③。

　　在邓小平"窗口论"和"试验论"的支持下,又经过几年的探索和实践,经济特区在体制创新、产品创新、品牌创新和开拓国际市场方面取得了巨大成就,与此同时,中国解放思想的进程和改革开放的力度进一步加大并进一步深入人心,所有这些为回答"经济特区是对还是错、该不该办"这一根本性的问题创造了条件。所以到1987年,邓小平在会见外宾时肯定地说:"现在我可以放胆地说,我们建立经济特区的决定不仅是正确的,而且是成功的。所有的怀疑都可以消除了。"④我认为,邓小平的这一论断可以概括为关于创办经济特区的"肯定论"。从"窗口论"到"试验论",再到"肯定论",邓小平在无声无息中消除了可能出现的不必要的两种思想路线、两条政治道路和两个国家战略的论战和交锋,体现了邓小平高超的政治智慧,为改革开放后的中国坚定不移地、持续实行改革开放的国家战略奠定了思想基础、政治基础。

　　(2)推动沿海开放区(带)的形成

　　在邓小平上述关于经济特区"三论"的基础上,邓小平形成了进一步扩大开发开放空间的战略思想并及时作出了相应的战略决策。

　　1984年,邓小平结束特区考察后就向中央提出:"我们建立经济特区,实行开放政策,有个指导思想要明确,就是不是收,而是放。"⑤并向中央提出了三点建议:第一,把整个厦门岛搞成经济特区;第二,再开放几个港口城市,这些地方不叫特区,但可以实行特区的某些政策;第三,开发海南岛,把海南岛的经济迅速发展起来。

　　根据邓小平的建议,中共中央、国务院于1984年正式批准开放大连、天津等

---

①②③④⑤　《邓小平文选》第3卷,人民出版社1993年10月第1版,第130、133、133、239、51页。

14 个沿海港口城市。这一举措使对外开放在中国整个沿海地区布局和展开。国际舆论认为，开放整个海岸，意味着实际开放半个中国，这个战略决策是 35 年来中国政府"采取的最大胆的行为"，"是中国从明朝以后的第一次开放"。

1984 年年底，党中央、国务院进一步研究开放沿海地区，拟把长江三角洲和珠江三角洲的一些市县开辟为沿海经济开放区，实行沿海开放城市的政策，以扩大出口贸易为导向，发展工农业生产，繁荣经济。邓小平听取汇报后表示支持，高兴地说："这很好嘛，沿海连成一片了"，并赞同再加上闽南三角地区。1985 年2 月，中共中央、国务院正式批准将长江三角洲、珠江三角洲和闽南厦（门）漳（州）泉（州）三角地区开辟为沿海经济开放区。

中共十三大后，邓小平主张沿海地区要加快发展，使这个拥有 2 亿人口的广大地带较快地先发展起来，从而辐射全国，带动内地更快地发展。1988 年 1 月23 日，他在一份关于加快沿海地区对外开放和经济发展的报告上批示："完全赞成。特别是放胆地干，加速步伐，千万不要贻误时机。"[①]根据这一指导思想，1988 年 4 月，国务院作出决定，将辽东半岛、胶东半岛、环渤海区域等 140 个沿海市、县列入沿海经济开放区。到 1991 年年底，我国东南沿海形成了一个横跨11 个省、区，包括 40 个省辖市、215 个县（市），总面积 42 万平方公里的南北连线成片的经济开放地带。

（3）主张创办海南经济特区，支持洋浦开发模式

在整个中国沿海开发开放格局中，需要有几个重点开发开放的区域，从而实现整体推进和重点突破的有机结合，如果说深圳等四个经济特区是第一个重点，那么海南经济特区就是第二个，浦东新区是第三个，滨海新区是第四个……这些重点开发开放区在开发开放进程中都得到过邓小平的肯定和支持。早在 1984年 2 月，邓小平就提议加速开发海南岛。1987 年 6 月，他第一次向世界宣布："我们正在搞一个更大的特区，这就是海南岛经济特区。"[②]1988 年 4 月 3 日，七届全国人大一次会议批准海南建省，建立海南岛经济特区。

在海南岛经济特区建设中，建设资金短缺问题成为关键和瓶颈。当时的海南省负责人曾算过一笔账，按照规划，海南 15 年内赶上先进地区，需要建设资金2 000 亿元，平均一年需要 130 亿元，海南省 1988 年国民收入 61 亿元，3 年的全省国民收入只能解决一年的开发费用；1988 年全省财政收入 4.2 亿元，30 年的

① 《邓小平年谱（1975—1997）》（下），中央文献出版社 2004 年第 1 版，第 1223 页。
② 《邓小平文选》第 3 卷，人民出版社 1993 年 10 月第 1 版，第 239 页。

财政积累也只能筹足一年的开发费用。很显然,单纯依靠海南省的自我积累解决不了开发资金短缺问题。另外当时国家给海南的低息贷款一年只有 2 亿元,远远不能满足海南开发的需要。如何填补和弥补这一巨大的资金缺口成为海南经济特区建设能否成功的关键和核心问题。唯一的出路只有在国家给予的外商投资政策基础上利用外资。但以什么形式利用外资呢?海南想出一个办法:在洋浦划出 30 平方公里土地,共计 4.5 万亩,以每亩 2 000 元的价格出租给熊谷组(香港)有限公司开发,租期 70 年,以这种方式引进外资、成片承包、综合补偿。这种方法被称为"洋浦模式"。

长时间、大面积地出租土地,这在新中国成立以来还是第一次。有的人产生了这是不是制造新租界的疑虑?然而,邓小平却明确支持洋浦开发模式。1989年 4 月 28 日,他在海南省委的报告上批示:"我最近了解情况后,认为海南省委的决策是正确的,机会难得,不宜拖延,但须向党外不同意者说清楚。手续要迅速周全。"[①]

在邓小平的坚决支持下,洋浦开发区得以成立,它成为当时国内吸引外资规模最大、政策最优惠、开发度最高的改革开放实验区。毫无疑问,洋浦开发的实践使我国对外开放在广度和深度上又迈出了新的步伐。

(4) 开发开放浦东,带动上海及长江三角洲的发展

整个 20 世纪 80 年代,中国改革开放的战略重点主要在广东福建沿海布局。开放战略的实施给当时的南中国带来了经济、政治、文化等方面的重大变化。然而,到 20 世纪 80 年代末 90 年代初,国内外局势中产生了不利于中国改革开放的因素,主要是:八九学潮和苏联解体,美国等西方国家对中国实施制裁。在这种情况下,中国是否继续实行开放政策,开放的力度是更大还是更小?中国继续发展的突破口在哪里?这些事关中国和世界发展大局的根本性问题引起了当时国内外的高度关注,很多外国媒体开始报道说中国的改革开放要倒退了,要往回收了。中华民族的前途命运再一次地走到了一个"十字路口"。

处在战略转折关头的中国需要一个科学的高屋建瓴、统揽全局的战略构想来指导全中国发展的布局谋篇,而任何一个科学的战略构想的启动都需要一个战略突破口,反过来,战略突破口的起点、档次乃至身价都将直接决定着整个战略构想的起点、档次和身价。如何形成未来中国发展的战略构想?由谁来完成这一战略构想?这一战略构想的战略突破口如何选择并由谁来承担呢?20 世

---

① 《邓小平年谱(1975—1997)》(下),中央文献出版社 2004 年第 1 版,第 1271 页。

纪 80 年代末 90 年代初中国改革、开放、发展的事实已经作出了正确的选择和科学的回答。这就是,自 1978 年改革开放以来中国 100 年发展的战略构想已经形成了,是邓小平完成了这一战略构想,也正是邓小平不失时机地把 20 世纪 80 年代末 90 年代初这一战略构想的突破口敲定为浦东开发开放。根据邓小平的建议,国务院于 1990 年 4 月宣布,"开发浦东、开放浦东",在浦东实行经济开发区和某些经济特区的政策,把上海推向改革开放的最前沿,进而形成了我国改革开放的全面布局。1991 年,邓小平又强调指出:"抓紧浦东开发,不要动摇,一直到建成。"①在邓小平的推动下,浦东开发开放大踏步前进,并且带动了上海和整个长江三角洲的对外开放。

(5) 在邓小平南方谈话的推动下,全方位开放大格局基本形成

1992 年邓小平视察南方并发表了一系列的谈话,谈话中,邓小平解答了长期困扰人们的一些疑难问题,提出了用"三个有利于"的标准来化解"姓社"和"姓资"争论,极大地促进了全国的思想解放,使我国的对外开放又出现了新的高潮。于是,沿长江的重要城市、一些内陆边境城市和内地省会城市相继对外开放,到 1994 年,我国共有经济特区 5 个,沿海开放城市 14 个,沿海经济开放区包含 260 个市、县,沿长江开放城市 6 个,内陆省会开放城市 18 个,沿边境开放城市 13 个,国家级经济技术开放区 30 个,保税区 13 个,新技术产业开发区 52 个,国家旅游度假区 11 个,从而形成了全方位、多层次的对外开放格局。

综上所述,不难看出,在中国既有开放的区域中②,浦东开发开放处于沿海开放带和沿长江开放带的交汇处,大大提升了中国开发开放的层级,全面形成了中国改革开放的网络,也使浦东开发开放成为中国改革开放逐步推进过程中的历史必然③。

四、环境元素：上海必须面向世界和服务全国

浦东新区是上海市城区的有机组成部分,这既是与特区开发开放最关键的

---

① 《邓小平文选》第 3 卷,人民出版社 1993 年 10 月第 1 版,第 366 页。
② 赵启正认为:"从国内看,中国最发达的地区是沿海地区和沿江地区的结合部,上海恰好位于这个'T'字型的黄金交叉点上。随着改革开放的深入,中国经济飞速发展,中国在世界经济舞台上日趋活跃,经济的全球化趋势要求国内市场与国际市场有更广泛的连接。上海就成了中国与国际对话的主要城市,成了长江流域的'龙头',而这点睛之笔就是浦东开发。"(赵启正:《浦东逻辑——浦东开发与经济全球化》,上海三联书店 2007 年 3 月第 1 版,第 4 页)
③ 赵启正指出:"浦东开发开放及其模式是中国改革开放发展的必然结果,又预示着更高规格、更深层次、更大规模开发开放的到来。"(赵启正:《浦东逻辑——浦东开发与经济全球化》,上海三联书店 2007 年 3 月第 1 版,第 13—14 页)

不同之处,也是浦东开发开放的特征所在,更是把浦东开发开放的历史必然与上海建设全球城市和服务全国的功能定位紧密联系起来,因此,上海建设全球城市和服务全国的功能定位成为浦东开发开放历史必然的城市元素。

1. 上海必须面向世界

在世界经济重心正向环太平洋地区转移、新技术迅猛发展之际,经济全球化要求必须占据便利地通往世界各地的出海口。上海地处长江三角洲前沿,北界黄金水道长江入海口,处于中国南北 18 000 公里海岸线的中部,交通便利,腹地广袤,具备得天独厚的国际经贸区位优势与国内辐射优势。浦东新区是上海市城区的有机组成部分,这既是与特区的开发开放最关键的不同之处,也是浦东开发开放的特征所在,更是把浦东开发开放的历史必然与上海建设全球城市和服务全国的功能定位紧密联系起来,因此,上海面向世界的功能定位是浦东开发开放的城市背景。

2. 上海必须服务全国

全球城市的功能无外乎是集聚效应和扩散效应。集聚效应是指城市本身对生产要素的聚合作用,从而壮大城市的综合实力和综合竞争力。扩散效应是指城市的辐射力、带动力,即城市的服务功能。城市的服务功能是通过产业链、资金链、信息链、人才链、技术链和物流链来传递的。以资源、资本、技术、知识、智慧、信息、网络、组织、市场等生产要素为经济纽带,发挥上海服务全国的功能是中国改革开放持续深化的必然。作为上海市的有机组成,浦东开发开放正是落实上海服务全国的功能定位的切实步骤。浦东开发开放与长三角地区的发展形成了有力的互动,体现了上海服务全国的具体落实,最主要的表现为:一是引领长三角地区的经济腾飞。浦东开发开放为长三角地区的发展构筑了发展的大平台;二是引领长三角地区的体制创新。浦东创造性地解决了区域开发中普遍存在的资金、人才、技术、环境等多方面的问题,形成了具有普遍示范意义的整体开发模式。时任国务院总理的温家宝在 2007 年长三角地区协调会议上要求以浦东综合配套改革试点为契机,引领长三角地区的体制创新再上一个新的台阶;三是引领长三角地区的国际化进程。浦东的外向型经济战略为长三角地区形成具有国际竞争力的产业体系构建了发展平台。大量的国外资本、信息、技术、管理、市场等要素通过浦东这一平台源源不断地向长三角地区扩散,长三角制造的产品通过浦东、上海的对外口岸向世界各地输出,带动了整个区域经济的发展水平,尤其是提高了长三角地区的外向型经济水平。

五、城市元素：上海的城市再造与空间拓展

1. 上海城市空间历史演进的必然

历史上的上海是典型的租界城市，英法美等帝国主义国家在租界中各自为政，使城市建设缺乏统一规划。

新中国成立以后至改革开放前，上海市区面积一再扩大，1949 年为 86 平方公里，1958 年开辟了若干个卫星城镇并扩大至 127 平方公里。改革开放以来，1981 年再次扩大为 149 平方公里，1985 年为 261 平方公里。

但 20 世纪 80 年代之初，上海城市基础设施陈旧落后、道路交通狭窄拥挤、电力紧张、环境污染，人均道路面积、人均居住面积、三废污染、车辆事故、建筑密度、人口密度等方面的问题居全国倒数第一，电话、自来水、煤气等公用事业跟不上群众生活需要。由于生产的日益增长，在城市中采取"见缝插针"发展，不仅不能解决市区的超饱和状态，使工业布局更趋恶化。

上述现状使上海市委市政府认识到必须拓展上海城市新空间。如何扩展呢？市委、市政府曾组织有关部门、专家探索并提出了城市空间布局的北上、南下、西扩、东进等多种方案。北上指往北部的吴淞、宝山地区发展，与建设中的宝钢连为一体；南下指向邻近江浙两省的郊县吴泾、闵行、金山等发展，一直到杭州湾；西扩指向西面扩展；东进指跨越黄浦江，开发浦东。西扩"摊大饼式"的设想很快遭到否决，因为改造旧区要比建设新区投入的人力、物力、财力更大，且世界旧城改造史上鲜有成功典范，建设新城区成本相对低。所以东进浦东和向南北发展的意见成为主流。

2. 上海产业空间调整的必然

上海的工业企业主要分散于市区，这既不利于城市功能的整体开发，也不利于工业企业及产品的配套和规模化。开发浦东为上海城市产业再造和功能拓展提供了载体和空间，推动上海城市空间布局和产业结构调整。以东带西，浦西很多老企业将扩充投资、更新技术的项目迁移到浦东。以西促东，在浦东部分基础设施建成之前，浦西原有的港口码头、机场、通讯设施、供电供水等都有效地为浦东开发所利用。以浦西支持浦东，浦东发展中需要的大量工程技术人员、资金、贸易等各种经济要素都来自浦西。

3. 上海经济结构调整的必然

新中国成立后的计划经济时代，上海工业总产值、出口总产值、财政收入、人均国民生产总值、能源有效利用率、商品调拨量、内迁工厂与技术人员输出等 10

项独占全国第一。然而,改革开放以来的整个 20 世纪 80 年代的上海却逐步失去了在中国国民经济和社会发展中独领风骚几十年的地位,到 20 世纪 90 年代初,上海国内生产总值由第一位降到了第六位,落到了广东、山东、江苏、辽宁、浙江之后,这表明上海在从计划经济向市场经济转型过程中举步维艰、困难重重,需要以全新的手段和方法实现重振国际大都市、远东金融中心、全国经济中心的功能。

4. 上海建设全球城市的必然

上海自 1843 年被迫开放门户后逐步成为中国近代化起步最早、程度最高的城市。到 20 世纪 30 年代,上海已经集航运、外贸、金融、工业、信息、文化中心为一体,综合经济实力居全国首位。新中国成立之后,上海依然是全国主要的工业中心城市,到 1984 年,上海占据国内生产总值 5.6%,工业总产值 9.6%。但是改革开放的头 10 年,从城区来看,基础设施落后、人口密度高、城市空间狭窄、空气污染严重的破旧;与国内其他开放地区相比,上海传统计划经济模式下的国有企业处于竞争劣势,企业效益逐年滑坡;与国际大都市相比,长期坚持生产制造中心的上海逐渐丧失了曾经的远东经济和金融中心地位;与当时南方城市相比,上海的改革开放相对迟滞。在严峻现实面前,上海建设全球城市的愿望更加迫切。

全球城市的主要特征体现在国际化、区域化和专业化程度上。首先是国际化,主要指城市是世界经济、贸易、航运和金融中心,在世界经济体系中具有较强的竞争力、凝聚力、辐射力、影响力;同时,它集中了较多的跨国公司、国际金融机构和国际经济与政治组织,是国际资本集散中心、国际物流集散中心、国际人才集散中心、国际信息集散中心、国际知识集散中心、国际智慧集散中心等,对世界经济具有较强的控制力;此外,这样的城市还具有很高的开放度,通行国际惯例和国际法规,是国际新思想、新技术、新体制的创新基地等。其次是区域化,主要指城市人口规模和城市空间范围较大,与周边数量众多的中小城市形成大都市连绵区;拥有现代化的城市基础设施,具有方便快捷的区际和区内快速交通系统,包括交通、通讯、科技、咨询、商业、市政公用等在内的生产性服务业十分发达,具有现代化的城市管理体系和一流的生态环境。再次,在专业化方面,城市具有不可替代的优越地理位置和人文资源,在政治、经济和文化活动中具有十分鲜明的特征,同时在国际上或区域范围内能发挥极其重要的作用,能产生重要的影响。

上述全球城市的本质内涵和功能定位是经济全球化条件下区域经济发展和

城市发展的客观趋势和必然要求，这就意味着中国改革开放的深入和中国经济发展的深化需要若干个全球城市及与之关联的城市群，上海必然要担当建设中国的全球城市的重任，由此可见，上海建设全球城市成为中国改革开放和经济发展的必然要求。浦东开发开放正是上海建设全球城市进程中的关键步骤，体现了浦东开发开放历史必然性的城市建设元素。

六、浦东元素：待开发的处女地

浦东开发开放前，已经具备了开发开放的自身条件、时代条件、历史使命等客观条件，已经具备了作为上海市的一个新城区、振兴上海和全中国开发开放大格局的战略安排等有利条件。这些条件是浦东开发开放成功的客观基础。

1. 自身条件

（1）独特的区位优势

浦东地处黄浦江的东部，与浦西的上海中心城区遥相呼应，这里正好是中国海岸线的中点与长江入海口的交汇处，交通便利，腹地广阔，地理位置优越，具有良好的港口航道条件和港口集疏运体系，拥有较强的港口吞吐能力。据统计，长三角承接了全国一半的集装箱吞吐量，上海承接了长三角一半的吞吐量，浦东承接了上海港集装箱吞吐量的七成。另外，浦东在开发开放过程中充分依托上海的科技人才优势、产业基础优势和特大型中心城市的综合服务优势，使其能够肩负起上海与长三角、长江流域的联动发展，促进全国区域协调共同发展和整体功能提升的历史使命。

（2）上海的新城区

浦东从一开始就是作为上海市的一个新城区来规划和开发的，因此其开发开放一开始就纳入了整个上海市的城市建设轨道。上海是近代中国最重要的工业城市和口岸城市，更是中国改革开放前最重要的工业基地。改革开放以来，上海老城区（浦西）的发展与上海新城区（浦东）的开发，形成互动，必然迸发出无限的生机和活力①。

（3）迈向全球城市的有机组成

浦东开发开放是作为振兴上海和建设上海四个中心的重大举措提出来的，

---

① 赵启正指出，浦东开发"具有与以往其他地区开发不同的特点和不可多得的优势，这就是上海的相对中国其他城市较为强大的技术、人才、资金的依托，及其现代交通、基础设施的支撑，特别是经过十多年改革开放，上海已经为浦东开发开放及其模式化奠定了坚实的思想基础"。（赵启正：《浦东逻辑——浦东开发与经济全球化》，上海三联书店 2007 年 3 月第 1 版，第 11—12 页）

因此其开发开放目标首先是从属于上海市的发展战略总目标。建设四个中心，迈向全球城市，是上海顺应经济全球化条件下全球城市兴起的必然选择，浦东开发开放为上海建设四个中心和迈向全球城市提供了新的城市发展空间。

（4）实施国家战略

浦东开发开放是我国扩大对外开放的重大举措和带动长江流域经济发展的战略安排，是中国改革开放大格局下的重大国家战略。相应地，国家也给予浦东更多的开发开放政策。

2. 时代条件

关于浦东开发开放的时代条件，曾任浦东新区区委常委、宣传部部长陈高宏曾经从政治、经济和时代的"大局观"出发进行了精确的阐述。他指出："首先，从政治大局来看，决策浦东开发是展示我国坚持改革开放的政治形象，树立了一面旗帜。""在1989年政治风波之后，小平同志和党中央不为任何风险所惧，不被任何干扰所惑，准确把握并驾驭政治大局，从而迎来了中国改革开放的新局面，推动浦东的开发成为事关中国政治大局的国家战略。""其次，从经济大局来看，浦东开发不仅是启动我国经济新一轮发展的杠杆，而且也抓住了世界经济全球化的机遇，释放了积蓄已久的经济潜力。""第三，从时代大局来看，党中央决策浦东开发是要在和平与发展的国际格局下，构筑我国面向新世纪、面向世界的战略高地。""纵览当今世界，从发达国家到发展中国家，无一不在谋划如何在新世纪到来之际抢占经济、科技、文化的制高点，为21世纪的发展和竞争取得相对有利的地位。这种时代的发展与国际竞争的大局，正是小平同志构思浦东开发的宏观背景。"[①]

总的来看，浦东开发开放的时代条件有以下八个方面：（1）经济增速放缓。1988年我国的经济过热和涨价导致罕见的抢购风潮，中央开始"治理整顿"，宏观政策的收缩使我国改革开放以来第一次出现了GDP增长速度放缓。如何启动经济发展成为当时的一个关键问题。（2）国际经济制裁。以美国为首的西方国家借1989年春夏北京政治风波之机，对我国实施经济制裁，使当年全国实际利用外资出现负增长，不利于我国的对外开放。（3）战略选择关口。中国是否继续坚持对外开放的国策成为当时中国中央政府的战略抉择，中华民族前途命运也走到了一个新的"十字路口"。（4）特区经验的辐射和示范作用。到20世纪90年代初，深圳特区经过10年的发展已取得了巨大成就并积累了开发开放

---

① 陈高宏：《对党中央决策浦东开发开放及其模式放的思考》，《中国城市经济》2009年第2期。

的许多成功经验,如何在更深层次、更大范围探索改革开放之路成为当时中国共产党人必须破解的时代命题。(5)需要一个开放的"旗帜"。正如陈高宏所指出的,邓小平从当时世界和中国的实际状况出发,需要打出一个改革开放的"旗帜",而把这个"旗帜"定位为浦东开发开放最为恰当。(6)需要一个发展的"发动机"。当时中国需要一个启动新一轮发展的"发动机",正如陈高宏所说,"上海浦东处于通江达海的交汇点,可以把利用国内资源、开拓国内市场,同利用国外资源、开拓国际市场结合起来的两个扇面辐射空间的实际,从而使浦东开发开放及其模式的战略决策获得强劲的经济支撑。"因此,把浦东开发开放作为启动中国新一轮发展的"发动机"是再恰当不过的了。(7)需要抢抓经济全球化的机遇。新一轮经济全球化的趋势日益明显,中国需要充分利用这一机遇加快发展。20 世纪 90 年代以来,以 IT 技术的迅猛发展和交通运输革命为基础的新一轮经济全球化趋势使发达国家的产业、资本、技术等要素急切寻找新的生存和发展空间,中国必须充分抓住这一时机和机遇,承接国际产业转移,加快自身的发展。浦东开发开放及其模式正是在这一经济全球化的时代背景下作出的正确决策。(8)上海城市发展的必然选择。陈高宏正确地指出,浦东开发开放"把握了上海近代城市化开发进程中存在的黄浦江两岸不对称发展、黄浦江以东广袤的农村化地区所具有的巨大开发空间的实际",既充分运营了浦西自近代以来所积累的巨大的城市优势,也充分利用了浦东巨大开发空间优势,以浦西的城市资源帮助、支持、参与浦东开发开放,以浦东的巨大开发空间承接浦西的城市辐射和融合进而推动浦东开发开放及其模式的进程和释放浦西的城市能量,实现以西带东、东西联动。

　　3. 历史使命

　　如果说上述浦东开发开放的自身条件和时代条件是着眼于浦东的过去和现在,那么,浦东开发开放所肩负的历史使命则是着眼于未来,浦东开发开放肩负着推动整个中国开发开放大格局的历史使命。可以从国家层面和上海城市层面两个角度来考察。

　　从国家层面来看:(1)浦东开发开放是新一轮中国改革开放的"旗帜"。在南方经济特区和沿海城市率先开发开放的基础上,党中央从国家发展的全局出发作出了浦东开发开放的战略决策,这一战略决策实际上意味着向全世界表明中国继续推进改革开放的信心和决心。另外,从中国开发开放全局来看,浦东开发开放实际上深化了中国改革开放的战略版图,表明以浦东为"龙头"的长江流域成为我国改革开放的最前沿阵地,而浦东开发开放是处在我国沿海开发和沿江开发所构成的"T"字型开发开放格局下的"交点"上的开发开放,理所当然地成为中国改革开放的"旗帜"和"王牌"。所以,浦东开发开放这张"旗帜"和"王牌"一经打出,国际资本立即蜂拥而入,数百家跨国公司地区总部将浦东作为向中国各地投资的平台和桥头堡,推动了我国新一轮的对外开放,使我国开发开放的格局由点到面、由南到北、由沿海地区到沿江地区,逐步向纵深推进。(2)浦东开发开放成为中国现代化建设的"缩影"。25年的浦东开发开放呈现出开发进程全面推进,开放空间全方位、宽领域、多层次,改革走向综合配套,发展速度快、质量好、品位高,城市建设走向外向型、多功能、现代化、国际化,产业体系日益完善、产业结构日益优化、产业能级日益提高,社会事业协调发展等特点,成为中国现代化建设的"缩影"。(3)浦东开发开放也是充分提升和发挥上海服务长三角、服务长江流域、服务全国功能的需要。浦东开发开放是在国际产业分工和国际资本流动的最前沿搭起了中国承接国际产业转移和资本流入的"平台"。对外,最大限度地利用各种国际资源,参与世界经济竞争、协作、流通;对内,最大限度地承接国际产业和资本,进而以资本、产业、技术、产品、人才、品牌等要素资源辐射长三角、辐射长江流域。在这样一个内外交流的过程中,内地企业家把企业总部迁到上海,承担公司的融资、信息、销售和技术开发等职能,并作为在全国乃至全球发展谋篇布局的总部,而将生产基地设在本地,以充分利用不同地区的比较优势。与此同时,上海的许多企业家也逐步把生产基地转移到内地,这种双向交流最终实现了上海在全国"经济一盘棋"中的战略价值:服务长江三角洲地区、服务长江流域地区、服务全国各地,并且不断提升服务全国的能级。25年来的浦东开发开放过程中,按照"立意更高、思路更宽、力度更大、服务更优"的要求,浦东重点搭建要素市场、对外辐射、支援帮助、人才开发四大平台,进一步提高服务全国的能力和水平,如今,集聚浦东陆家嘴金融区的600多家中外资金融机构,成为长三角、长江流域乃至全国经济发展的重要助推器;"区港联动"后的外高桥保税区,区内进出口货物总量一半以上辐射长三角。

从上海城市层面来看:(1)上海建设全球城市的需要。把上海建设成为全球城市既是上海城市发展的需要也是中国发展的需要,浦东开发开放是上海建设全球城市的历史机遇和重要步骤,依托浦东开发开放带动浦西的发展,进而推动上海整个城市空间的新布局和产业结构的新调整,因此,作为上海市的有机组成部分,把浦东新区建设成为现代化、国际化的新城区是对上海建设全球城市的巨大贡献。(2)上海提升产业能级的需要。浦东开发开放,打造先进制造业和现代服务业高地,努力形成服务经济为主的产业结构,大力促进地区之间、国内外之间的商品、资金、技术、人才、信息的流动和组合，全面推动了上海产业能级的提升。（3）上海适应经济全球化的需要。上海建设全球城市的过程必须以世界市场为范围，广泛参与国际经济循环，逐步确立上海在经济全球化网络中的地位。浦东全方位、多层次、宽领域开发开放格局的形成，使迈向全球城市的上海与世界经济发展互为依存和互相渗透，上海日益成为中国联结世界经济的枢纽。

第二节　逻辑进程

正是在上述浦东的自身条件、时代条件和历史使命等背景下，25 年的浦东开发开放呈现出一种自然历史过程。马克思在《资本论》第 1 卷第 1 版序言中写道："我的观点是：社会经济形态的发展是一种自然历史过程。"这就是说，社会经济形态的发展是不以人的意志为转移的客观演进过程。由于有了这一科学的思想，才使人们有可能用像自然科学一样的精确眼光考察和研究人类社会及其发展规律，把对人类社会的认识变为科学。本书认为，浦东开发开放过程同样是自然历史过程，表现为开发开放过程的阶梯式逻辑演进。任何一个区域的开发开放，其首要任务是开发，只有开发才能为开放创造"载体"；其次是开放，只有开放才能为开发提供资金、技术、产业、装备、人才等必要的经济要素。浦东开发开放同样遵循这一阶梯式逻辑演进进程。

一、一般进程

开发开放过程的顺利推进以开发区域的一些必要的物质条件和精神条件为前提。物质条件可以概括为五种生产要素流：物流、人流、货币流、信息流和技术流；精神条件包括思想准备、战略谋划、制度建设、人才集聚和文化传统，所有这些条件共同构成了开发开放的流程。

按照区域开发的逻辑演进顺序，开发一般分为形态开发、功能开发、经济开发（其中包括产业开发、企业开发、产品开发、品牌开发、市场开发等）、社会开发（其中包括资源节约型和环境友好型社会、学习型社会、社会主义和谐社会）四个逐级递进的阶段（如图 2-3 所示）。但在实际开发过程中，这些开发并没有绝对的时间上的顺序和空间上的布局，往往是各种开发同时进行和整体推进的。

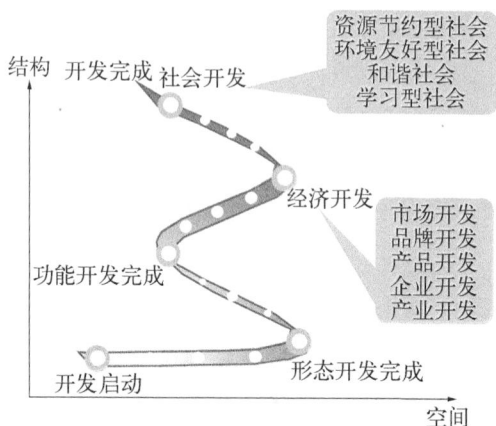

图 2‑3　开发开放阶梯演进示意图

开发开放的完成是开发开放的终点,开发开放的终点体现在开发开放成就上。浦东 25 年的开发开放成就可以从浦东新区、上海市、全中国和全世界四个不同的战略层面来审视。开发开放的前提条件、开发开放的过程阶梯和开发开放的成就之间的逻辑关联可以用图 2‑4 来表示。

开发开放的前期条件	开发的过程阶梯	开发开放的成就
五种生产要素 物流 人流 货币流 信息流 技术流 **制度框架体系** 国际惯例 制度创新 国家基本制度	**形态开发:** 动拆迁 网格建设 各类房屋建设 设备安装 **功能开发:** 支撑体系 经济体系 社会体系 环境体系 **经济开发:** 产业体系 企业体系 产品体系 市场体系 品牌体系 服务体系 **社会开发:** 和谐社会 资源节约型社会 环境友好型社会	**浦东新区:** 现代化国际城区 **上海市:** 迈向全球城市 **全中国:** 改革开发的宣言书、带动整个中国发展的龙头 **全世界:** 参与中国建设的桥头堡

图 2‑4　浦东开发开放的前提、过程、成就关系演进示意图

二、进程细分

上述开发开放进程可以细分为形态开发、功能开发、经济开发和社会开发四个方面，与之相应还涉及制度开发、人才开发、科技开发，等等，所有这些开发活动构成了 25 年来浦东开发开放的生动画面。

1. 形态开发

形态开发是开发区空间框架的开发，主要是联通区内外的道路、缆线、管道等的开发建设，譬如七通一平、电厂、水厂、通信等枢纽和连线的开发，这些开发一般是基础设施建设，处于整个开发过程的初期和起点，投资量大，回收期长，见效慢，经济效益、社会效益和生态效益具有公益性、外部性、普惠性等特点，但却是一个地区开发成功的基础和关键，当然也是一个地区开发过程的开端。

形态开发同样是浦东开发的逻辑起点和现实起点。赵启正指出："如果把一座城市看成一个生命体的话，经济功能是它的血脉精神和力量，而基础设施则是它的骨骼。基础设施建设是城市生产生活等一切活动的基本条件，也是城市重要的投资环境，它将在很大程度上影响城市宏观经济的运行质量，也决定着居民的生活水平。浦东只有用世界的技术、世界的水准，才能更好地进行基础开发——形态开发和功能开发，才能更好地支撑起新城区的生命，勾勒出国际大都市的轮廓。"[①]浦东在"八五"期间（1991—1995）完成了杨浦大桥、南浦大桥、内环线、杨高路、外高桥电厂、凌桥水厂、煤气二期工程等十大基础设施工程；"九五"期间（1996—2000），完成了以"三港两线"即浦东国际航空港、深水港、信息港、地铁二号线浦东段、外环线为主的新一轮十大基础设施工程；2000 年以来，浦东继续加大城市基础设施建设，规模远远超过前十年，形成了连接两岸、东西联动到"上天、入地、下海"（机场、地铁和港口）并走向世界。基础设施建设是城区重要的投资环境，在很大程度上影响城区经济的运行质量。经过 25 年的开发建设，浦东新区已经打造出了枢纽型网络化的基础设施体系，为改善新区投资环境、扩大对外开放、增强城市综合功能创造了有利条件。网络化的基础设施体系将使浦东发挥越来越大的枢纽作用。功能性、枢纽型、网络化的城市基础设施体系，将为"二次创业"过程中浦东经济发展提供强有力的支撑，不仅拓展了浦东外向型功能的内涵，也为上海成为国际经济、金融、贸易、航运中心奠定了坚实基础。通过形态开发，浦东的城区建设、浦东与浦西的融合、浦东与长三角的链接进而

---

① 赵启正：《浦东逻辑——浦东开发与经济全球化》，上海三联书店 2007 年 3 月第 1 版，第 52 页。

同全中国、全世界的链接得以顺畅进行。

2. 功能开发

功能开发是按照开发区未来的功能定位要求而进行的开发建设,譬如,发展现代服务业需要高级商务楼宇,发展传统服务业需要适宜经营酒店、宾馆等服务业的建筑物,发展制造业需要现代化的厂房,发展物流业需要现代化的仓储和物流设施,发展社会服务业需要医院、学校、图书馆等建筑物。因此,在开发的战略谋划和开发区规划阶段所确定的开发区的功能定位指导着开发区的功能开发。功能开发是开发深化的重要表现。

功能开发需要按照一定的规划模式进行,遵循城市整体功能规划,将社会效益、经济效益和生态效益有机统一起来。从城市总体运营和综合规划的视角出发,需要避免区域人口过度集中、配套资源不足、城市运行效率低,同时也需要避免给环境、生态等方面带来较大的压力,进而实现市政广场、写字楼、会议中心、购物中心、商业街、星级宾馆、酒店、文化娱乐中心和高档住宅等建筑形态所提供的综合功能,譬如工作、商业、生活设施一应俱全,满足"一站式"需求,地上地下空间纵横交错、四通八达,不仅让空间得到最大利用,而且带来巨大的生活便利和高效率的工作、休闲环境。

关于功能开发,曾经担任上海市副市长、浦东新区管委会首任主任的赵启正认为,上海不仅是中国的重要城市,也是世界的重要城市之一。重要的是功能,即它能做什么事情,扮演什么角色。功能设计、开发,应领先于形态设计和开发。所谓形态就是楼、路、电、厂。当时有一个很通俗的比喻,我们要修建一个足球场,为什么?为了世界杯,为了足球赛。修建这个足球场,铺绿地、建看台,就是形态建设。最后用国际规则、国际裁判,国际球队都来比赛,这个球场功能就发挥出来了。

25年来,浦东重点开发五大功能:一是开发陆家嘴金融贸易开发区,强化金融服务业功能,聚集国内外金融机构,使陆家嘴金融贸易开发区成为东方"华尔街";二是开发要素市场,建设证券、期货、产权、黄金等生产要素市场,增强配置国内外要素和资源的能力;三是开发高新技术产业,依托张江、金桥等开发区,发展高科技产业,提升科技创新能力;四是开发现代物流业,依托空港、海港和外高桥港区联动,提升现代物流业能级,增强国际贸易和国内贸易协调发展和紧密结合的功能;五是开发会展业,依托世博会的筹办、举办和世博场馆后续利用以及其他会展资源,提升会展服务功能。

3. 经济开发

经济开发可以细分为产业开发、企业开发、产品开发、市场开发、品牌渠道开发等几个环节，彼此之间不分你我，你中有我，我中有你，共同构成一个地区的经济体系。

（1）产业开发

产业开发是在功能开发的基础上引进现代化的流水线、现代化的智能设备、现代化的工具器材，从而培育出相应的产业。譬如，在厂房里装配汽车生产线，相应地，汽车产业生成和培育起来了；在商务楼宇里装配智能系统，现代服务业就生成和培育起来了。再譬如，在大厦里面配置客房、酒店设施，传统服务业酒店、宾馆业就发展起来了。产业开发也是按照一定的规划模式进行的。一般来说，国内外有四种产业开发模式：产品加工型、科技导入型、设施装备型和生产基地型。产业开发要关注主导产业的开发。主导产业是在一个区域内某一个产业链或某一产业集群中起着方向性、领导性、支配性、主流性等作用的产业。随着主导产业的形成，必然会在主导产业的前后、左右和上下等各个侧面形成完整的产业链和众多相关产业，进而形成产业集群。产业集群一般有三种形式：由于共同利用基础设施而获得成本节约的产业集群，由于产业链的产前产后联系而获得成本节约的产业集群，由于政府软环境优良导致社会交易成本较低而引起的产业集群。随着产业集群趋势的扩大，将进一步带动资本、科技、人才、信息、知识和智慧等要素的集群，进而推动本地区经济、社会和文化的发展。

浦东的产业开发是高起点、面向经济全球化和适应上海城市发展战略、国家改革开放战略的产业开发。在中央宣布浦东开发开放及其模式前后，争论的焦点在于是把浦东建成新的工业基地，还是发展成为新的金融贸易中心。上海市委、市政府多次研究讨论浦东开发作为国家战略的主要内涵和邓小平同志的一系列重要指示精神，最后得出结论：功能单一不可取，浦东要建设成为既有发达的金融贸易产业，又有先进制造业的多功能的综合经济中心。在这一产业开发理念的指导下，浦东的产业开发在布局上，形成了高科技产业、先进制造业和现代服务业为主体的产业体系，初步形成上海世界级先进制造业的高地，上海现代服务业的高地和上海创新创意产业的高地。如今，上海市 6 个最大的产业基地，即上海浦东微电子产业基地、国家生物医药基地、上海浦东软件开发基地、上海外高桥国际物流基地、金桥现代工业基地和孙桥现代农业开发基地都在浦东。其中，芯片产业是软件产业的龙头，浦东从一开始就特别关注芯片产业的建设。现在浦东形成了一个 22 平方公里的微电子产业带，规模超过全国的 1/2。该产业还将吸引集成电路产业投资 100 亿美元,形成 10 条以上的集成电路生产线和上百家的芯片设计、制造、测试、封装的配套产业群,成为国内最大、技术水平最高、配套最完善、具有较强国际竞争力的高科技产业基地。

(2)企业开发

任何产业都是由企业来运营的,与产业开发同步的是企业开发。企业开发实质是作为开发主体之一的企业的自身开发,企业开发的主要内容有:企业的组织建设,原材料的采购和供应,产品的加工过程,产品的销售过程以及品牌、工业产权、质量管理,安全管理,流程管理,人才的使用和储备,企业发展战略的选择制定和实施等。

从广义上来说,浦东的开发企业既包括由上海市组建的四个开发区和开发公司,也包括海内外进驻浦东的众多国有企业、外资企业和民资企业。浦东在开发过程中,通过引进国内外的企业组织实现了浦东企业的培育、生成、成长和壮大,实现了浦东企业开发的如火如荼。浦东通过改革国有企业、推行企业无主管制度以及引进和培育一批"两外一非公"企业等措施,在市场竞争中促进企业真正成为市场的主体,大批国有、集体企业通过与外资嫁接和资产重组,实现了现代企业制度和现代产权制度的改造。通过企业上市和投融资体制改革,为重点企业、重大工程、重要项目筹措了大量资金,使资源通过市场在浦东开发开放过程中得到最优配置。

浦东企业开发的过程是与经济全球化过程中全球制造中心向亚太地区转移的大趋势分不开的。浦东开发开放以前,负责大中华地区或亚太地区管理运营的跨国公司地区总部一般设在香港或新加坡。改革开放以来,随着这些跨国公司在华投资规模的扩大和经营重心的转移,从境外管理中国大陆的投资、生产、营销等业务日益困难,跨国公司开始将地区总部从香港、新加坡等地移师上海浦东。设在浦东的跨国公司地区总部,从经营性质来看有三类:第一类是制造型的,如阿尔卡特、罗氏、柯达、斯米克、西门子等,侧重于电子信息、医药、化工、机电等支柱产业,主要在市场销售、原料采购、价格制订和新品研发、人力资源开发等方面,为所属的生产性子公司提供协调管理和综合服务;第二类是金融服务型的,如汇丰、花旗、渣打、友邦等,主要为其区域内的分支机构提供信息集散、调研分析和协调控制等服务;第三类是研发型的。跨国公司在浦东开发开放过程中从最初设立生产性投资项目,到开办银行、贸易公司等服务性企业,直至近年来地区总部及其研发机构、咨询公司、采购公司、销售公司的进驻,以利用浦东的战略地位和综合优势,投资控股和协调管理在华的投资项目,落实跨国公司内部一体化经营战略，并进一步拓展中国潜在的巨大市场。为此，浦东新区政府出台了《关于鼓励跨国公司地区总部在浦东设立和发展的暂行规定》，在放宽市场准入、资金流动、人员出入境、从事分销和物流服务、奖励制度以及支持设立销售公司、财务公司、投资公司和研发中心等方面，进一步鼓励跨国公司在浦东设立地区总部。

浦东企业开发的过程也与上海作为全国经济中心的优势分不开，吸引了众多国内企业的总部迁往浦东。为了与国外跨国公司实现更好的对接，国内的国有和民营大企业、大集团的营运中心、采购中心、定单中心、资金结算中心等头脑性机构也纷纷落户浦东。国内外的企业联动，在浦东培育和形成了总部经济、"头脑经济"。

吸引跨国公司地区总部、国内大企业大集团、中介服务组织和企业研发机构入驻浦东，发展金融服务、现代物流、信息咨询等高增值第三产业和服务贸易，使浦东成为国内最重要的企业管理中心、成本控制中心、资金运营中心和技术研发中心，促进各类经济要素快速集散，推动物流、资金流、技术流、人才流和信息流相互融合，强化浦东资源配置、要素整合、双向辐射、服务全国的功能。

（3）产品开发

企业运营过程中要不断地出新产品、优质产品、名牌产品，所以产品开发贯穿于企业运营过程的始终，同时产品开发是产业开发、企业开发的最终体现和最终目的。产品开发的含义包括两个层面：一是从企业运营角度来界定，产品开发是企业在对市场机遇与挑战、内部资源能力的优势和劣势进行全面的、前瞻性的思考和认识基础上，对即将推出的产品从创意、设计、选择、决策、研发、初试、中试、正式投产、推向市场等各个环节的开发过程。与这种产品开发相对应的开发战略能够使企业避免随意地、临时地、盲目地开发一些没有市场价值的产品，而忽视和放弃了那些真正能够提升市场竞争力的产品开发机会；二是从区域角度来界定，产品开发是整个区域在形态开发、功能开发和产业开发过程中不断向市场、向社会提供的不同种类、等级、规格、质量的产品数量和产品结构。

（4）市场开发

市场开发是市场基础设施、交易规则、交易活动、交易网络等方面的开发。经过 25 年来的开发开放，浦东的市场开发的力度、宽度、幅度、深度越来越大。我国改革开放以来的第一家中外合资商业零售企业、第一批可以经营人民币业务的外资银行、第一家中外合资保险公司、第一批中外合资外贸公司均落户浦东。我国重要的证券、期货、产权、钻石、铂银等要素市场均落户浦东。1990 年 4

月中央宣布开发浦东后，上海证券交易所等一批要素市场相继成立，但都在浦西。在浦东城市面貌和投资环境大为改善后，1996 年上海市委、市政府决定将一些大的要素市场东迁。到 1998 年，浦东已经集聚了证券交易、产权交易、粮油商品交易、食糖商品交易、房地产交易、人才市场等 10 个国家级和市级要素市场。2000 年 10 月，上海钻石交易所在浦东成立。2006 年，我国首家金融衍生品交易所——中国金融期货交易所在浦东正式挂牌。目前，浦东已成为我国要素市场体系最完备，要素资源集聚、配置和辐射功能最强的地区之一。这些要素市场以"立足上海、服务全国、面向世界"为宗旨，形成强大的要素市场综合辐射力，有力地促进了社会资源配置效率的提高和配置范围的扩大，为上海、长三角乃至全国的经济发展提供了有力的支撑和完善的服务。上海证券交易所落户浦东还带动了一大批金融机构集聚浦东；上海期货市场的成交额占全国一半左右，期铜已成为全球三大定价中心之一，期胶也成为现货市场上生产、消费和流通的重要指导价格；上海联合产权交易所已成为全国交易额最大的产权交易机构，不仅为上海市的国有与集体企业的产权交易提供服务，而且也为长三角地区和长江流域的企业产权交易提供服务。在要素市场集聚的基础上，浦东还率先实现了土地、资金、技术、劳动力等要素的市场化，放大了商品流、资金流、技术流、信息流、人才流的流速和流量，激发了上海经济的活力，密切了上海经济与国内外经济的联系。

（5）品牌开发、渠道开发

现代市场经济有两个功能：资源配置功能和产品销售功能。资源配置功能处于企业生产过程的前端，通过生产资料市场可以优化资源配置；产品销售功能处于企业生产过程的末端，通过产品市场可以把产品传递给消费者，优化产品与消费者的配置功能，最终高效率地完成企业运营乃至整个社会经济活动的全过程。品牌和渠道是市场的有机内容，品牌开发、渠道开发是把生产资料交给企业并把企业的产品推向市场所必需的。品牌开发、渠道开发没有做好，就会造成生产资料进不了生产领域，产品进不了消费环节，最终导致产品生产越多亏损越大的局面。

浦东把"引进来"与"走出去"结合起来，成为国内企业开展对外投资和跨国经营的"桥头堡"，在浦东培育出了一些本土跨国公司和国际知名品牌，成为服务、培育中国品牌的"孵化器"。经过浦东孵化器成长起来的中国品牌，如今已经成为世界的明星企业。振华港机、外高桥造船、聚通装潢、盛大网络、东昌汽车，正是浦东重视品牌建设、实施品牌战略的成果体现。

4. 生态开发、社会开发

围绕上述形态开发、功能开发和经济开发，需要大量的员工，而这些员工及其家庭成员需要生活（政治、经济、文化、社会、生态环境）配套，因而需要生态开发、社会开发，生态开发、社会开发包括环境优美、政治民主、经济先进、文化进步、社会和谐，与之相应，需要交通设施、绿化设施、教育设施、医疗卫生设施、文化设施、娱乐设施等方面的硬件和软件的开发。正如赵启正所指出的："浦东开发不是简单地发展经济，不是简单地把农田变成钢筋水泥的城市森林，而是社会开发，是争取社会的全面进步。"[①]浦东开发开放以来，对社会事业的开发是高强度的，新区教育事业费年均增长近45％，卫生事业费年均增长近38％，一批文化教育、医疗卫生的标志性项目相继建成；通过不断推进精神文明创建活动，提高了市民素质和城市文明程度。与此同时，按照"绿、洁、亮、畅、美"的目标，把开发建设与环境保护结合起来，使生态环境也日益优化，初步做到了"天更蓝、水更清、地更绿、居更佳"。在资源节约、环境友好社会建设的氛围之下，浦东的生态开发始终注重三个问题：第一，节约并合理、高效地利用生态资源；第二，充分预测城市开发建设对环境所产生的可能影响，避免对环境的污染和破坏；第三，突出城市新区的生态特色，实现人与自然的和谐共存。经过上述努力，开发开放以来，浦东的社会开发体现在着力提升政府服务、社会事业、人居环境、城市文明、法治建设等方面的软实力。

5. 制度开发

围绕上述开发，还有各个领域、各个层次、各个环节的制度开发，即制度构建和制度创新，所有这些属于"软实力"的开发，前面的全部内容属于"硬实力"的开发，"软实力"的开发内容也很丰富，主要有制度体系的开发，全员素质提升的开发，文化、习惯、社会氛围等方面的开发，其中浦东开发开放过程中的制度开发是一个亮点。

25年来，浦东开发开放的过程始终伴随着改革的过程。1990年、1992年、1995年，中央政府连续三次给予浦东新区一系列改革开放、先行先试的政策，涉及财力支持与筹融资机制创新、扩大利用外资与扩大市场准入、下放权限与体制创新等改革问题。尤其值得一提的是2005年国务院确定浦东为全国第一个综合配套改革试点："要着力转变政府职能，着力转变经济运行方式，着力改变二元经济与社会结构"，因此，综合配套改革不再是单项改革而是系统改革。从广度上看将涉及社会经济生活的方方面面，从深度上看将触及一些体制内核问题，是

---

① 赵启正：《浦东逻辑——浦东开发与经济全球化》，上海三联书店2007年3月第1版，第5页。

建立、健全和完善的中国特色社会主义制度的试点。总之,以改革推动开发开放是浦东开发开放成功的关键之一。

三、开发流程

上述开发开放的阶梯式逻辑演进是按照一定的开发开放流程进行的,开发流程即开发顺序,指从开发起点到开发终点全过程中主体和客体的互动过程,根据国内外开发的实践,本书把开发开放流程用图2-5反映出来。考察浦东开发开放25年的实践,不难看到同样经历了这样的开发流程。

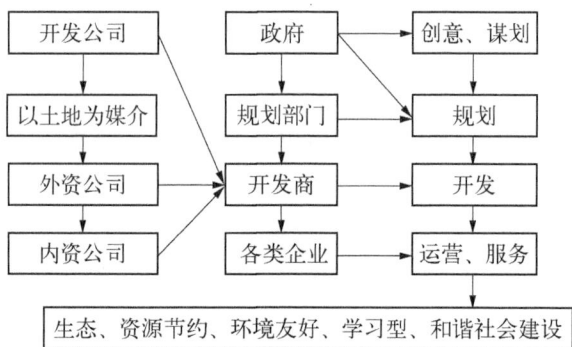

图2-5 开发开放流程示意图

以上是对开发开放所涉及的开发主体、开发客体、开发过程和开发流程的讨论,这一讨论从不同层面展现了浦东开发开放客观进程的细节。

第三节 主观条件

上述25年来浦东开发开放的历史必然和逻辑演进表现出了浦东开发开放的"自然历史过程"。在这一"自然历史过程"中形成了浦东开发开放模式。然而,有了客观条件和逻辑程序只是提供了客观可能性,在客观可能性基础上,如果没有必备的精神条件即主观能动性,也很难完成浦东开发开放。经过深入研究,我们发现,25年来浦东开发开放的主观条件是过去25年来我国改革开放思想进程的巨大进步,具体表现为多种所有制经济形态的生成及其思想变革、市场化改革及其思想的演进、开放及其思想的演进。正是这三个方面的变革和创新推动了浦东开发开放及其模式的形成、完善和成熟。

一、多种所有制经济形态生成及其思想的演进

浦东开发开放的时代条件之一是我国改革开放以来多种所有制经济形态的生成以及相关改革思想的演进，具体表现为中国国有企业改革进程的加快和改革思想的进步、民营经济的发展以及外商经济的发展。

1. 整个 20 世纪 80 年代中国国有企业改革进程的加快和改革思想的演进

1980 年以来到 20 世纪 90 年代初，我国国有企业改革大体上经历了四个阶段：一是扩权让利（1978—1984）：1984 年 5 月，国务院发布了《关于进一步扩大工业企业自主权的暂行规定》，从生产计划、产品销售、产品价格、物资选购、资金使用、资产处置、机构设置、劳动人事、工资奖金、联合经营十个方面进一步扩大了企业自主权。二是利改税（1984—1986）：1986 年国务院发布了《关于深化企业改革增强企业活力的若干规定》。三是承包制（1987—1990）：1988 年 4 月，国务院颁发了《全民所有制工业企业法》，明确赋予企业 13 项经营自主权。四是转换企业经营机制，建立现代企业制度（1991—1998）。然而，国有企业建立现代企业制度的试点工作是从 1984 年开始的，1991 年以后进入高潮和规范化发展的新阶段。1993 年 11 月，中共中央十四届三中全会《关于建立社会主义市场经济体制若干问题的决定》提出"进一步转换国有企业经营机制，建立适应市场经济要求，产权清晰、权责明确、政企分开、管理科学的现代企业制度"。1998 年、1999 年中共中央、国务院明确提出了加快国有企业改革步伐，用 3 年时间使大多数国有企业初步建立现代企业制度。

本书认为，20 世纪八九十年代中国国有企业改革进程的加快和中国国有企业改革思想的进步是浦东开发开放的改革背景和思想背景。

2. 民营经济和外商经济的发展及其相关的思想演进

与中国国有企业改革与发展如火如荼进行的同时，中国民营经济和外商经济突飞猛进。

改革开放之前中国民营企业经历了多次大起大落。1953 年，个体工商户从业人数 840 万人，到 1956 年工商业改造完成时降低到 16 万人，20 世纪 60 年代初有所恢复，但到"文化大革命"结束时又减少到 14 万人。改革开放以来的整个 20 世纪 80 年代，中国民营经济获得空前发展，成为国民经济的重要组成部分、增加就业的主渠道、国家税收的重要来源和对外贸易的生力军。全民所有制企业占 1980 年工业产值的 75%，占 1977 年商品零售额的 54%；到 1988 年只占工业产值的 57%，商品零售额的 33%。而全国个体工商业从业人数到 1988 年已

达 2 300 多万人,是 1981 年的 10 倍。个体企业的规模也逐步扩大,20 世纪 80 年代初的个体户规模是 1.2 人,到 1989 年增长到 1.55 人。据估计,1987 年的私营企业数目已达到 22.5 万家,从业人员 360 万人,占全国劳动人口的 0.7%。1987 年,约 30% 的私营企业拥有员工超过 20 人,1% 的企业规模在 100 人以上。由于有的私营企业因种种原因登记时自称集体企业或合作企业,所以,实际的私营企业数目比正式登记的数目要多得多。

民间企业成长的另一支主力是乡镇企业。20 世纪 70 年代初,在政府"两条腿走路"的方针下社队企业曾一度兴起,但直到 80 年代前都没有形成什么气候。80 年代初,农村恢复了个体农业以后,乡镇企业就开始以前所未有的速度起飞。1984 年,政府采取了鼓励乡镇企业的新政策以后增长大大加速。1971—1978 年间,这些企业平均年增长 55 亿元的产值,在 1979—1983 年间,每年增长的产值达到 145 亿元,而在 1984—1987 年间,每年增长则将近 1 000 亿元。企业规模从 1978 年平均每家 19 人增长到 1988 年的平均每家 31 人。1989 年,乡镇企业赚取的外汇占国家总出口额的 2%。1978 年,乡镇企业的产值仅占全国总产值的 5%—6%,但到了 1989 年就占了 25%。1987 年,国营企业的职工人数是 9 900 多万人,而农村企业的从业人数已达到 8 800 万人。从 1986 年到 1990 年,乡镇企业占全国工业总产值增长额的 38%,贸易外汇收入增长额的 28%,新就业机会的 58%。

80 年代改变中国经济结构的另一股力量是外商投资。在改革开放之前的中国,外国公司很少。经改革开放政策的推动,1979—1989 年间,就有 21 000 家外国公司在中国开业,使用的直接投资额超过 150 亿美元。到 1989 年,中国外汇收入的 1/10 是通过外资企业的出口获得的。

3. 所有制经济的结构性变迁及其思想演进

与上述个体私营经济和乡镇经济、外商经济的培育发展相适应,中国逐步形成了国有经济为主导、多种所有制经济成分并存的所有制经济思想。所有制问题一直是马克思列宁主义、毛泽东思想的核心内容,也是中国改革开放以来的核心指导思想。改革开放以来,所有制方面的理论创新一直是我党解放思想的重要突破口。党的十一届三中全会以来,我们党基于马克思主义所有制理论的正确认识和理论创新,在以下两个层次上不断推动着我国所有制结构的逐步变迁。第一层次是关于多种所有制经济并存的政策规定:自党的十一届三中全会提出关于允许和鼓励个体私营经济和外资经济的发展、公有制为主体多种所有制并存以来,党的十六、十七、十八大政治报告和十八届三中全会《决定》均提出了"两个毫不动摇"的基本经济制度,尤其是党的十七大提出"两个平等",即平等保护物权;党的十八届三中全会《决定》提出"公有制经济和非公有制经济都是社会主义市场经济的重要组成部分,都是我国经济发展的重要基础","形成多种所有制经济平等竞争、相互促进的新格局"等文件是改革开放以来我国发展以公有制为主导的多种所有制经济并存的政策基础。第二层次是关于发展混合所有制经济的政策规定:在多种所有制经济并存的基础上,不同所有制经济之间的混合势在必行,我们党在政策上及时做出反应。1992年党的十四大提出:"不同经济成分还可以自愿实行多种形式的联合经营。"十四届三中全会提出,随着产权的流动和重组,财产混合所有经济单位越来越多。1997年党的十五大首次提出了混合所有制经济的概念。十五届三中全会提出:国有大中型企业尤其是优势企业,宜于实行股份制的,要通过规范上市、中外合资和企业互相参股等形式,改为股份制企业,发展混合所有制经济。2002年党的十六大强调"除极少数必须由国家独资经营的企业外,积极推行股份制,发展混合所有制经济"。十六届三中全会提出"进一步增强公有制经济的活力,大力发展国有资本、集体资本和非公有资本等参股的混合所有制经济"。2007年党的十七大提出:"以现代产权制度为基础,发展混合所有制经济。"2013年党的十八届三中全会《决定》提出:"积极发展混合所有制经济。国有资本、集体资本、非公有资本等交叉持股、相互融合的混合所有制经济,是基本经济制度的重要实现形式,有利于国有资本放大功能、保值增值、提高竞争力,有利于各种所有制资本取长补短、相互促进、共同发展。允许更多国有经济和其他所有制经济发展成为混合所有制经济。国有资本投资项目允许非国有资本参股。允许混合所有制经济实行企业员工持股,形成资本所有者和劳动者利益共同体。""鼓励非公有制企业参与国有企业改革,鼓励发展非公有资本控股的混合所有制企业,鼓励有条件的私营企业建立现代企业制度。"这种体现中国特色社会主义所有制经济结构正是当代中国构建现代产权制度的制度基础。今后,在浦东进一步的开发开放过程中,应当进一步完善和充实这种所有制经济结构以及在这种所有制经济结构基础上的现代产权结构。

综上研究,笔者认为,20世纪80年代,中国民营经济发展和外资经济发展的实践经验以及在此基础上产生的所有制经济思想是20世纪90年代初浦东开发开放的实践基础和思想基础。

二、20世纪80年代中国市场化改革思想的演进

改革开放以来,中国市场化改革的思想经历了逐步演进的趋势。

1. 从计划经济到市场经济的市场化改革思想的演进

改革开放以来的 10 年,中国市场化的改革思想与中国经济市场化的实践实现了良性互动。1978 年,真理标准大讨论使"实践是检验真理的唯一标准"成为党的工作原则。1978 年年底,党的十一届三中全会提出要改革经济管理体制,改变过度集中的权力,主张下放决策权,尊重"价值规律"。紧接着党中央、国务院先在农村后在城市采取了一系列松绑放权、发挥基层积极性的措施。1981 年6 月,中共中央通过了"关于建国以来若干历史问题的决议"规定了经济改革的范围:全民和集体所有制企业是国民经济的基础;在一定范围内的劳动者的个体所有制经济是公有制经济的必要补充;要坚持计划经济,同时也要在公有制基础上发挥市场调节的辅助作用;在社会主义基础上促进商品生产和交换。这就是"计划经济为主、市场调节为辅"的指导方针。1982 年 9 月党的十二大政治报告提出:大多数经济活动应由指导性计划调节,调节的经济杠杆是税收和中央制定的利率和价格;指令性计划调节重大工程项目和关系国计民生的重要商品;其余的不重要的经济活动都由市场调节。改革的目标在于缩小指令性计划的范围,扩大指导性计划的范围。1984 年 10 月党的十二届三中全会《关于经济体制改革的决定》第一次把经济体制定义为"在公有制基础上的有计划的商品经济",并提出计划经济要自觉地依据和运用价值规律。指出计划经济不等于指令性计划为主,同时也强调有计划的商品经济的公有制属性,完全由市场调节的生产和交换主要是部分农副产品、日用小商品和服务修理行业的劳务活动。确定个体经济对社会主义经济的有益的补充和从属作用,要求为城乡集体经济和个体经济的发展扫除障碍,"在以劳务为主和适宜分散经营的经济活动中"大力发展个体经济。1987 年党的十三大提出了"国家调节市场,市场引导企业"的新经济运行机制。计划工作必须建立在商品交换和价值规律的基础上,同时计划和市场的作用范围都是覆盖全社会的,包括生产资料市场、金融市场、技术市场和劳务市场,这样就极大地扩大了 1984 年《决定》所规定的市场调节范围。把政府应该鼓励发展的民营经济范围从集体企业扩大到个体和私营企业,认为这部分经济"不是发展得太多了,而是还很不够",并第一次提出要保护存在雇佣劳动关系的私营经济的合法权益。

2. 浦东开发开放是 20 世纪 80 年代中国改革进程的必然

综上所述,整个 20 世纪 80 年代中国的改革进程是逐步市场化的,而与之相应的改革思想也是逐步市场化的。在思想和实践领域的市场化进程这一大背景下,就使浦东开发开放在战略思路(是按照既有的计划经济路线还是开辟全新的市场经济路线)上有了更多的选择。而按照市场化的大趋势,既发挥政府组织在开发开放中的主导作用,又培育和发挥国有开发公司在开发开放过程中的主体作用,进而吸引多种所有制性质的企业参与浦东开发开放就成为当时主导浦东开发开放的决策者们的共识和理性选择。

3. 浦东开发开放之初的实际正好适应当时中国在思想领域和实践领域进一步提高"市场化实验"的要求

开发开放前的浦东是一片处女地,因而同时满足既是开发建设的热土又是体制机制创新的试验田的条件。

(1)从开发开放体制上看,浦东开发开放之初就组建了管委会模式的行政体制,但如何设计四个国家级开发区的开发体制,在当时有两种思路,一种是大管委会下的小管委会;一种是大管委会下的国有开发公司,在当时思想和实践领域的市场化主导下,上海市领导选择了国有开发公司体制是顺其自然的。

(2)从浦东开发机构的设置理念上看,浦东开发开放之初,在政府机构设置上强调"小政府、大社会",开发公司的设立也正好与这一理念相一致,开发公司突破了行政级别、行政编制的制约,使浦东开发开放主战场上的开发主体更加偏向市场化、更加偏离行政化,这是符合中国改革开放大潮流的。

(3)从开发资金筹措上看,浦东开发开放之初,开发资金严重短缺,一方面政府财力有限;另一方面没有把浦东开发开放的资金需求与国内外资本市场顺畅连接的通道和平台。后通过创建国有开发公司体制,组建国有开发公司,以国有开发公司为平台,实现浦东开发开放与国内外资本市场的对接,进而推动了浦东开发开放的进程。

4. 政府和市场共同推动了浦东开发开放进程

作为浦东开发开放有机组成部分的浦东开发公司体制虽然是按照20世纪80年代市场化的思想和实践大潮而创立、创设的,但并没有损害反而是加强了政府对浦东开发开放的主导权和影响力。浦东开发公司的创立和运营都是政府意志的体现,如何使政府的开发意志在开发公司得以贯彻需要有一些制度安排(其中包括干部管理体制和考核体系创新)。例如,浦东四大开发公司的首任老总曾兼任浦东新区管委会副主任,采用执行董事兼总经理模式,考核体系以功能建设指标为重点等。另外,新区建设初期,开发公司也被赋予了部分行政职能。这种模式不同于传统意义上的"一套班子两块牌子",而是通过功能配套和机制创新,既确保开发公司按照政府航向前行,不至于偏离航线,也能腾出最大的空间进行市场化运作。

总的来看,浦东开发开放从一开始就摒弃了由政府投资开发的旧模式。四大国家级开发区都由各自的开发公司按照政府确定的园区总体规划和功能定位,承担筹融资、土地开发、基础设施建设、招商引资、产业发展和功能配套等职能。这种开发体制大大提高了建设速度,使四大开发区迅速出形象、出功能、出效益。同时由于政府坚持产业高端化的政策导向,开发公司非常重视土地的节约和集约利用。

三、20 世纪 80 年代中国开放思想的演进

改革开放以来,中国的开放思想也经历了逐步演进的趋势。

1. 开放是全球化条件的客观规律

对外开放是国际分工和世界经济发展的必然趋势,马克思指出:"资产阶级,由于开拓了世界市场,使一切国家的生产和消费都成为世界性的了。……过去那种地方的和民族的自给自足和闭关自守状态,被各民族的各方面的互相往来和各方面的互相依赖所代替了。"①邓小平也指出:"现在的世界是开放的世界。"②这些论述是 20 世纪 80 年代中国开放思想的理论基础。

2. 邓小平的开放思想成为当时中国的指导思想

改革开放以来,邓小平在科学总结我国经济社会发展的经验和教训的基础上,根据我国社会主义现代化建设的客观需要,顺应世界经济社会发展的趋势和潮流,提出了一系列实行对外开放的方针政策与构想,他明确提出:"要实现四个现代化,就要善于学习,大量取得国际上的帮助。要引进国际上的先进技术、先进设备,作为我们发展的起点。"③"对外开放具有重要意义,任何一个国家要发展……不加强国际交往,不引进发达国家的先进经验、先进科学技术和资金,是不可能的。"④"现在搞建设,门路要多一点,可以利用外国的资金和技术,华侨、华裔也可以回来办工厂。"⑤邓小平的这些论述使 20 世纪 80 年代的中国开放思想逐步形成。

3. 对外开放成为中国的基本国策

在邓小平对外开放思想的指导下,邓小平全面部署了我国对外开放的步骤与格局,提出了对外开放的战略与措施,指明了对外开放的方法与途径,终于在

---

① 《马克思恩格斯选集》第 1 卷,第 276 页。
②④ 《邓小平文选》第 3 卷,人民出版社 1993 年 10 月第 1 版,第 64、117 页。
③⑤ 《邓小平文选》第 2 卷,人民出版社 1993 年 10 月第 1 版,第 33、156 页。

中国形成了全方位、多层次、宽领域的对外开放总格局。到党的十五大，终于把对外开放作为我国的长期基本国策。党的十五大报告指出："对外开放是一项长期的基本国策。面对经济、科技全球化趋势，我们要以更加积极的姿态走向世界，完善全方位、多层次、宽领域的对外开放格局，发展开放型经济，增强国际竞争力，促进经济结构优化和国民经济素质提高。"

第四节　战　略　构　想

具备了主客观条件，如何展开开发开放还需要在思想上作好充分的准备，其中最关键的思想准备是战略构想。

新中国成立以来，上海的城市功能始终是单一的工业中心城市，也没有制定一个科学的城市发展战略来引导上海从工业中心城市向综合性区域中心城市的转变。然而，改革开放以来的实践表明，如果上海依然沿袭传统的计划经济模式下单一的工业中心城市定位就很难持续发展下去，工业中心城市的定位面临着巨大挑战：在新的经济发展环境下，原来计划经济体制下的区域分工格局被打破和生产资料无偿调拨制度被逐步取消，上海的工业发展由于受到原材料紧缺的硬约束而使得单纯依靠资源投入的高消耗模式难以持续，因此，重振上海雄风，急需要适应世界发展趋势和中国改革开放构建新型战略构想，这一上海城市新型战略构想的突破口最终选定为浦东开发开放。在上海城市新型战略构想的思维空间中开启了浦东开发开放的战略构想，可见，浦东开发开放的战略构想一开始是从上海城市发展角度启动的，之后上升为国家战略。

一、基于上海城市发展的浦东开发开放战略构想

浦东开发开放的战略构想是在改革开放以来对上海城市发展道路探索过程中逐步形成的。浦东开发开放理念一开始是从上海逐步改造老城区与积极建设新城区相结合的方针出发的，是上海着力突破城市空间瓶颈的发展战略。

1980 年 7—9 月，上海市委多次召开座谈会，听取市经委、农委、建委、计委、科委、财政局等相关单位关于十年规划的设想，讨论研究上海今后的发展方向、重点等问题。

1981—1982 年，全市掀起了"上海向何处去，建设什么样的上海"的讨论热潮：(1)上海是继续加大工业发展力度，还是逐步调整产业结构？(2)要使上海

的发展进入新的发展轨道,仅仅依靠大量投入够不够,我们还缺些什么?(3)工业结构的调整,是把力量放在产品结构的调整上,还是下决心调整上海的整个工业结构?进而形成了以下共识:上海的发展定位必须从单一的工业中心向多功能的综合性城市转变,在产业结构上逐步加大第三产业的发展力度。

1983年4月,在上海市《政府工作报告》中提出了"外挤、内联、改造、开发"的方针。同年8月,中共中央总书记胡耀邦视察上海时提出:上海要充分发挥口岸和中心城市的作用,发挥经济、科技、文化基地功能,做全国四化建设的开路先锋[1]。

从20世纪80年代中期至90年代初,上海市领导为筹划浦东开发,曾先后率代表团遍访欧、美、日等发达国家的高科技园区、新兴工业园区及自由贸易区,组织大型中层干部团去广东、深圳等地学习取经。通过比较、分析、讨论,逐步形成了浦东开发的思路,其核心是要抓住经济全球化的机遇,依托长江三角洲的地缘优势和人才资源,主动承接发达国家的产业梯度转移,并根据上海的基础与条件,把承接产业的水平定在"中高端"[2]。

1984年7月,中共中央指出,上海、辽宁两个老工业基地必须振兴和改造。8月,中央财经领导小组会议在听取了上海市委书记、市长汇报后决定由国家计委牵头,与上海一起调查研究,提出改造振兴上海的战略方案。12月,市政府和国务院改造振兴上海调研组联合向国务院、中央财经领导小组上报了《上海经济发展战略汇报提纲》,提出了南下、北上、东进三个方案。其中,南下就是开发吴泾、闵行、金山一直到杭州湾,北上就是开发吴淞、宝山,与建设中的宝钢连为一体,东进就是开发开放浦东,建设现代化的新城区。最终东进方案成为上海谋求自身发展突破的重要决策。1985年2月,国务院同意《汇报提纲》,批示强调:上海在我国经济建设中占举足轻重的地位,改造、振兴上海不仅是上海市的大事,也是关系我国四个现代化建设的大事。

1986年4月,中央书记处会议讨论《上海市城市总体规划方案》并指示:"上海市城市总体规划方案必须从长远考虑,高瞻远瞩,面向21世纪,面向全世界,面向现代化";"还应当把上海建成太平洋西岸最大的经济贸易中心"。上海市委、市政府根据中央意见,对规划方案再次修改上报,提出"建设和改造中心城,充实和发展卫星城,有步骤地开发长江口两岸、杭州湾北岸和浦东地区,有计划

---

① 李开亚主编:《上海人民政府志》,上海社会科学院出版社2004年版,第940页。
② 赵启正:《浦东逻辑——浦东开发与经济全球化》,上海三联书店2007年版,第1—2页。

地建设郊县小城镇"。10月，国务院批复原则同意，强调："当前，要特别注意有计划地建设和改造浦东地区。要尽快修建黄浦江大桥及隧道等工程，在浦东发展金融、贸易、科技、文教和商业服务设施，建设新居住区，使浦东地区成为现代化新区。"①

为了落实国务院的批示，1987年7月，上海成立了由副市长任组长的开发浦东联合咨询小组，聘请原市领导以及一批专家任高级顾问、海外知名人士为顾问，对浦东开发进行大量的可行性论证。1987年年底，国务院副总理姚依林率中央各部委组成的工作组来沪，帮助上海制订了《深化改革、扩大开放，加快上海经济向外向型转变》的报告并获中央批准。中央给予上海地方财政包干政策，财政上缴比例从87％下调到64％。1987年，《浦东新区规划纲要（草案）》提出浦东新区是中心城的延伸，是疏解中心城的方向之一，要重点发展第三产业，划出一定地段重点发展金融、贸易、科技、文教和商业服务设施，适当安排一些工业区和开发外高桥港区。

1988年5月，上海召开国内外140多位专家、学者参加的"浦东新区开发国际研讨会"，时任上海市委书记的江泽民指出："上海作为全国最大、位置最重要的一个开放城市，应该更进一步改革开放，开发浦东，加快向外向型经济发展，建设国际化、枢纽化、现代化的世界第一流新市区"，并强调开发浦东要再造"上海经济中心功能和对内对外枢纽的功能"②，这一阐述实际上是把浦东开发在战略上又拔高了一层，不单单作为上海产业、人口的疏导区，而是作为城市发展战略的功能核心。

1989年，《浦东新区总体规划初步方案》提出浦东开发分三步实施：起步阶段着重建设城市基础设施；重点开发阶段基本形成浦东新区形象；全面建设阶段逐步实现新区建设的总体目标。为了集中力量，规划起步阶段重点开发陆家嘴金融中心区（即小陆家嘴地区）、外高桥保税区及港区和金桥工业园区。

1990年初，上海市委、市政府正式向党中央、国务院上报《关于开发开放浦东的请示》，尔后国务院领导又先后两次用10多天时间率领有关部委的负责同志到上海，对浦东的开发问题进行了专题的调研，并形成了《关于上海浦东开发几个问题的汇报提纲》，经过中央决策层的深入研究，最终完成了浦东开发开放的重大战略决策，浦东开发开放也从地方的发展构想上升为国家层面的战略。

---

① 李开亚主编：《上海人民政府志》，上海社会科学院出版社2004年版，第949页。
② 《江泽民文选》第1卷，人民出版社2006年版，第35—36页。

1990年8月,时任上海市市长朱镕基提出了上海城市转型构想:过去上海的企业都是依靠国内资源、完全面向国内市场的,今后要将重点同时放在国内、国外方面,要更多地利用国外资源,并转向国际市场。过去的工业采取的是以劳动密集型、资源密集型为主的粗放型发展,今后将向以资本密集型、知识技术密集型为主的精密型方向发展。朱镕基上述关于上海城市转型的构想涵盖浦东开发开放的战略构想。

二、基于国家发展战略的浦东开发开放战略构想

把浦东开发开放上升为国家战略是邓小平对中国改革开放伟大事业的杰出贡献之一。

1990年1月,邓小平、杨尚昆在上海过春节,听取上海关于开发开放浦东设想的汇报后,邓小平非常明确地表示支持。过完春节后,朱镕基再一次得到邓小平的鼓励:“我一贯主张胆子要放大,这10年以来,我就是一直在那里鼓吹要开放,要胆子大一点,没什么可怕的,没什么了不起。因此,我是赞成你们浦东开发的。”邓小平又说:“你们要多向江泽民同志吹风。”当时,江泽民已由上海市委书记升任中共中央总书记,朱镕基时为上海市委书记兼市长。1990年2月17日,他回到北京后,对政治局的领导说:“我已经退下来了,但还有一件事要说一下,那就是上海的浦东开发,你们要多关心。”“江泽民同志是从上海来的,他不好说话。我本来是不管事的,我现在要说话,上海要开放”。当天下午,国务院总理李鹏就让国务院副秘书长何椿霖给朱镕基打了电话,讲了一些浦东改革开放要注意的问题,建议出一个书面报告。朱镕基回答说,上海的报告已经讨论了两三个月,总是不太满意,要催的话,今天晚上他就加班弄好。朱镕基果然当晚就改好了《关于开发浦东的请示》报告,第二天就送给何椿霖。此后,朱镕基向中央领导不断游说:“我们现在希望增强中央下决心的力量,批准我们这个报告。”他还代表上海保证,会为全局作贡献,“让上海真正在全国一盘棋中作出他应有的贡献,我们有这个决心”①。1990年3月3日,邓小平再次找到江泽民、李鹏等中央负责同志:“要实现适当的发展速度,不能只在眼前的事务里面打圈子,要用宏观战略的眼光分析问题,拿出具体措施。机会要抓住,决策要及时,要研究一下哪些地方条件更好,可以更广大地开源。比如抓上海,就算一个大措施。上海是我们

---

① 《邓小平如何力排众议扶植“黑马”朱镕基?》,人民网(北京)(2014/10/23)。

的王牌，把上海搞起来是一条捷径。"①"开发浦东，这个影响就大了，不只是浦东的问题，是关系上海发展的问题，是利用上海这个基地发展长江三角洲和长江流域的问题"②。他强调："上海开发了，长江三角洲，整个长江流域，乃至全国改革开放的局面，都会不一样。"③此后又多次强调："抓紧浦东开发，不要动摇，一直到建成。"④

在邓小平的积极支持下，中央高度重视邓小平关于开发开放浦东的战略构想，先后委派国务委员邹家华、国务院副总理姚依林带领有关部委负责人进行实地考察，策划如何启动开发浦东并形成了《关于上海浦东开发几个问题的汇报提纲》。1990年4月10日，中共中央政治局会议通过了浦东开发开放的决策。4月18日，李鹏总理代表中共中央、国务院在上海宣布了开发开放浦东的决策，指出这是中国为深化改革、扩大开放作出的又一重大部署。5月，上海市浦东开发办公室和上海市浦东开发规划研究设计院正式挂牌。6月，中共中央、国务院正式发出《关于开发和开放浦东问题的批复》，指出："开发和开放浦东是深化改革、进一步实行对内对外开放的重大部署。上海有良好的政治经济基础，要充分利用上海的优势，有计划、有步骤、积极稳妥地开发和开放浦东，必将对上海和全国的政治稳定与经济发展产生极其重要的影响。开发和开放浦东是一件关系全局的大事，一定要切实办好。"之后，上海市政府组织编制完成《浦东新区总体规划（1991—2010）》。

1991年1月28日，邓小平又来到上海。他一到就立即听取朱镕基汇报，再次谈到浦东的开发。邓小平说："那一年确定4个经济特区，主要是从地理条件考虑的……没有考虑到上海在人才方面的优势。上海人聪明，素质好，如果当时就确定在上海也设经济特区，现在就不是这个样子……开发浦东，这个影响就大了，不只是浦东的问题，是关系上海发展的问题，是利用上海这个基地发展长江三角洲和长江流域的问题。"不过，邓小平用他一贯的自信和乐观作了总结：这是件坏事，但也是好事，你们可以借鉴经验，可以搞得好一点，后来居上。1991年2月18日，农历大年初四的上午，邓小平兴致勃勃地登上了新锦江大酒店41层的旋转餐厅，一边透过宽敞明亮的玻璃窗眺望上海中心城区的面貌，一边嘱咐身旁的朱镕基："我们说上海开发晚了，要努力干啊！"朱镕基向邓小平汇报了浦东开发开放中"金融先行"的一些打算和做法。邓小平听完后说："金融很重要，是现代经济的核心。金融搞好了，一着棋活，全盘皆活。上海过去是金融中心，

---

①②③④　参见《邓小平文选》第3卷，人民出版社1993年10月第1版。

是货币自由兑换的地方,今后也要这样搞。中国在金融方面取得国际地位,首先要靠上海。那要好多年以后,但现在就要做起。""要克服一个怕字,要有勇气"。"什么事情总要有人试第一个,才能开拓新路。试第一个就要准备失败,失败也不要紧。希望上海人民思想更解放一点,胆子更大一点,步子更快一点"①。

1991年4月上海市九届人大四次会议通过的"八五"计划中确定了"开发浦东、振兴上海、服务全国、面向世界"的十六字方针,明确浦东开发开放坚持打"长江牌"、"中华牌"和"世界牌"。

1992年中国共产党十四大政治报告提出:"以上海浦东开发开放为龙头,进一步开放长江沿岸城市,尽快把上海建成国际经济、金融、贸易中心之一,带动长江三角洲和整个长江流域地区经济的新飞跃"。这既明确了上海在中国改革开放和经济建设中的地位和作用,也明确了上海在世界经济发展中应有的地位与作用。

1997年中国共产党十五大政治报告要求浦东新区"在体制创新、产业升级、扩大开放等方面继续走在前面,发挥对全国的示范、辐射、带动作用"。

2001年5月,国务院批准的新的《上海市城市总体规划》,进一步明确了上海建设社会主义现代化国际大都市和国际经济、金融、贸易、航运中心之一的功能定位,为迈向新世纪的上海描绘了新的发展蓝图。上海推进"四个中心"建设国家战略,最重要的区域就是浦东陆家嘴、外高桥、洋山港三点之间的"黄金三角"。

2002年中国共产党十六大政治报告明确指出:"鼓励经济特区和浦东新区扩大开放等方面走在前列。"

2007年中国共产党十七大政治报告从改革创新的层面提出:"更好发挥经济特区、上海浦东新区、天津滨海新区在改革开放和自主创新中的重要作用。"

经过上述邓小平的战略构想和中央决策层的深入研究,最终完成了浦东开发开放的重大战略决策,浦东开发开放也从地方的发展构想上升为国家层面的战略。

第五节　历　史　进　程

25年来,浦东开发开放的历史进程大致经过了五个发展阶段。

---

① 《邓小平如何力排众议扶植"黑马"朱镕基?》,人民网(北京)(2014/10/23)。

一、开发起步阶段

起始时间为 1990 年 4 月至 1995 年,国家计划的"八五"时期。

1. 启动和筹备

浦东开发开放之初的主要任务是完成开发机构的组建、规划的编制、功能区的界定、人才的引进等一系列前期筹备工作。体现在三个方面:

(1) 高起点制定浦东发展总体发展规划。经上海市人大常委会审定通过的浦东新区总体发展规划指出：把浦东建成高度文明和国际水平的集中央商务区、自由贸易区、出口加工区、高科技园区以及海港、空港、铁路枢纽于一体,城乡协调发展的现代化新城区。在总体发展规划基础上和指引下,浦东新区各职能部门陆续编制了各自的详细规划,如环保规划、绿化规划、交通规划、水利规划等;各开发区、街道、集镇也编制了本区、本块的各类详细规划。

在规划编制的方式上,浦东打破了传统规划编制的体制界限,陆家嘴开发区在全国率先采用国际招标形式,经过英、日、意、中等 5 国专家的设计,以及 10 多个国家的 30 余位专家 17 轮讨论深化,历时两年,高质量地完成了陆家嘴中心区城市规划。同时,浦东还邀请英国专家进行交通规划设计咨询,邀请加拿大和日本专家分别编制不同区域的城市设计咨询或环境设计。规划的国际招标使浦东开发开放在启动之初就定位于国际高端。

(2) 创造开发开放的新区模式。当时南方经济特区的开发开放模式是：通过吸引外商投资,发展以"三来一补"形式的出口加工业。浦东开发开放则定位为上海城市功能转型的先导区,着重发展以金融贸易为核心的第三产业和吸引以跨国公司投资为主体的高新技术产业。为此,确定了陆家嘴金融贸易区、金桥出口加工区、外高桥保税区和之后的张江高科技园区四个国家级开发区。

(3) 建构开发开放的党政管理组织体系。1990 年 4 月,上海市委市政府成立了上海市浦东开发领导小组和市浦东开发办公室,负责浦东开发的规划、政策和组织准备。1992 年 11 月,经国务院批准,撤销川沙县建制,建立浦东新区,其行政区域包括原川沙县全境,原上海县的三林乡以及杨浦、黄浦、南市三区的浦东部分,面积 522.75 平方公里,户籍人口 156.2 万人。1993 年 1 月,中共上海市浦东新区工作委员会、上海市浦东新区管理委员会成立,作为上海市政府的派出机构,全权管理浦东开发开放的各项事务。同年 3 月"两委"开始全面履职。

(4) 组建开发主体。1990 年 9 月,成立陆家嘴、外高桥、金桥三个开发公司,分别负责陆家嘴国际金融贸易开发区、外高桥保税区、金桥出口加工区的综合开发和经营管理。1992 年成立张江高科技园区开发公司并负责张江高科技园区的综合开发和经营管理。

2. 启动城市基础设施建设

1990 年 4 月 18 日,国务院宣布浦东开发开放时的区域面积为 522 平方公里,人口 134 万,而城区面积仅有 40 多平方公里。浦东开发开放之初的现状决定了必须从城市基础设施建设启动、起步。因此,浦东开发开放前五年的主要任务是城市形态开发,开启了以交通、能源和通信项目为主的"八五"计划第一轮十大重点基础设施工程及各项配套设施项目(譬如南浦大桥、杨浦大桥、杨高路拓宽改建工程、外高桥港区、合流污水工程浦东段等)的建设。这十大重点基础设施工程建设的完成,大大改善了浦东新区道路、供水、供电、供气、通信等投资硬环境和城区面貌。其中,现代化交通体系的"两环三轴"建设是整个浦东第一轮基础设施建设的重点。所谓"两环"是指上海内外环的浦东部分,"三轴"是指浦东的南北、东西、滨江三条发展轴,黄浦江和杨高路之间的南北发展轴、东方明珠电视塔和浦东国际机场之间的东西发展轴、长江口以东的滨江发展轴。

二、重点开发阶段

起始时间为 1996 年至 2000 年,国家计划的"九五"期间。从"九五"开始,浦东开发开放转入了功能开发和形态开发并举的发展阶段。

1. 大规模推进基础设施建设

从 1996 年起,第二轮以"三港二线"(浦东国际机场(空港)一期工程、浦东信息港、深水港一期工程、地铁 2 号线一期工程、外环线)为标志的十大基础设施工程全面展开,世纪大道、黄浦江观光隧道和东海天然气等先后建成投入使用。浦东开发开放以来的"八五"、"九五"10 年间,在基础设施建设上累计投入 1 400 多亿元。截至 2000 年,新增道路 1 000 公里,绿化地区从 44 平方公里扩大到近100 平方公里,新建各类建筑 5 000 万平方米,浦东城市化水平约达 56%,大规模开发建设使浦东的基础设施实现了从基础型向枢纽型的转变。

2. 加快四个国家级开发区的功能开发

陆家嘴金融贸易开发区是全国唯一以金融贸易命名的开发区,着力开发金融、贸易、商业等第三产业集聚的服务功能,构筑国际经济、金融、贸易中心的核心功能区;外高桥保税区逐步拓展国际贸易、保税仓储、出口加工三大功能,增强物流分拨功能;金桥出口加工区着重发展资本和技术密集型的出口加工工业,基本形成以微电子、现代通信、光机电一体化、现代家电、汽车及零部件、生物医药等六大高新技术为支柱的产业结构；张江高科技园区着力高新技术产业开发和创新功能，初步形成科技创新区、国家生物医药科技产业基地、国家微电子信息产业基地和上海软件园联动发展的格局。

3. 经济结构调整升级

浦东的工业经济结构逐步实现从低层次、粗放型、传统型向高层次、集约型、创新型的转变，形成了汽车、通信设备、生物医药和家电等六大支柱产业，使浦东成为上海信息产业、现代生物医药工业、家电制造业和汽车及零部件制造业的重要基地。浦东的第三产业发展较快，1990—1995 年增幅为 10.37％，1995—1999 年增幅为 14.44％。第三产业总值：1991—1993 年平均增长 10.76 亿元，1994—1996 年平均增长 41.38 亿元，1997—1999 年平均增长 62.88 亿元。

4. 构建要素市场体系

1996 年，上海市委、市政府决定分阶段将一些大的要素市场迁入浦东陆家嘴金融贸易区，尽快形成浦东大市场、大流通、大外贸的格局。东迁的要素市场涉及证券、外汇、资金、人才、技术、生产资料等领域，如上海房地产交易中心、上海产权交易所、上海粮油交易所、上海证券交易所、中国上海人才市场等。

三、全面建设阶段

起始时间为 2001 年至 2010 年。经过"八五"、"九五"10 年的开发开放，浦东基本完成了形态开发和功能开发，新世纪的浦东开发开放开始进入全方位开发开放新阶段。

1. 实施"聚焦张江"战略

1999 年 8 月，上海市委、市政府作出了"聚焦张江"的战略决策，明确以集成电路、软件、生物医药为主导产业，按照"国内领先、世界一流"的目标集中力量建设张江高科技园区，吸引一批在集成电路、生物医药、软件、文化创意、金融服务等领域技术领先的企业入驻张江。2006 年，上海高科技园区整体更名为上海张江高新技术产业开发区，以核心区张江高科技园区的建设带动和辐射其他各园区发展，促进校区、园区、社区"三区"联动发展，促进中小科技企业快速成长，加速科技成果转化和技术外散。张江正成为技术创新的示范基地、科技成果孵化与转化基地、科技创业人才研发机构和科技企业的集聚基地、产学研一体化综合改革的试验基地。

2. 推进金融中心建设

进入新世纪，陆家嘴金融贸易开发区已经成为国内金融机构最密集、金融要素市场最完备的地区之一,金融流量涵盖全国 31 个省、市、自治区,物流网络遍布 165 个国家和地区,集聚着证券、期货、钻石、产权、石油等 10 多个国家级要素市场,以股票、货币、债券、外汇、商品期货、金融期货、黄金、产权市场等为主要内容的现代金融市场体系日渐成熟。

3. 迎世博,加快城区建设

2010 年上海世博会为浦东进入新世纪的开发开放提供了新的历史机遇。世博会会址总面积的 65% 设在浦东新区。浦东抓住筹办世博会的历史机遇,一手抓城市基础设施建设,完善枢纽型网络化的基础设施建设,初步形成融入全市、面向世界、辐射长三角的基础设施网络体系;一手抓城区综合服务,充分利用世博会效应,促进了世博会周边区域和黄浦江沿岸的景观建设,进一步拓展商务、会展、旅游、文化等综合功能,进一步提升城区综合服务能力。

4. 紧抓加入 WTO 的机遇与挑战

2001 年 12 月 11 日,我国正式加入世界贸易组织(WTO),成为其第 143 个成员。从中国改革开放的角度来讲,过去的 20 年基本上是政府主导型的、政策性的对外开放,在体制上并没有和世界经济接轨。加入 WTO 后,这种对外开放将转变成市场主导型的、体制性的对外开放。紧抓 WTO 的机遇与挑战,浦东逐步建立了与 WTO 规则等国际惯例接轨的新的政策体系,以实现从支持性、优惠性政策为主向制度性、功能性政策为主的转变;以陆家嘴金融贸易区和外高桥保税区为主要载体,将对外开放的重点从一般生产加工领域扩大到服务贸易领域。陆家嘴金融贸易区在国内率先扩大金融保险、信息咨询、会展旅游等领域的对外开放,着重引进跨国公司地区总部、研发中心、外资金融机构、专业服务中介等,并将先行先试离岸金融业务。外高桥保税区积极探索"境内关外"的监管方式和"区港联动"的新体制,按自由港的功能和模式,进一步开展国际租赁、国际航运、现代物流、国际法律服务和国际商品展示等服务贸易领域的开放。

5. 开展浦东综合配套改革试点

2005 年 6 月 21 日,国务院批准浦东开展综合配套改革试点。标志着浦东开发开放的动力由主要依靠政策优惠和投资拉动转入主要依靠体制创新和扩大开放的根本转变。

6. 着手两个中心建设

2008 年 7 月 5 日,温家宝在视察上海洋山港时指出,上海要紧紧围绕建成东北亚国际枢纽港的目标,大力发展现代航运服务体系,着力打造航运服务资源集聚中心,加快上海国际航运中心建设。2009 年 3 月,国务院发布《关于推进上海加快发展现代服务业和先进制造业、建设国际金融中心和国际航运中心的意见》，明确提出："到 2020 年，将上海基本建成与我国经济实力和人民币国际地位相适应的国际金融中心、具有全球航运资源配置能力的国际航运中心。"上海建设国际金融中心、国际航运中心的核心要素如陆家嘴金融城、外高桥港区、洋山深水港和浦东国际机场都在浦东，使浦东成为上海"两个中心"建设的核心功能区。

四、二次创业阶段

起始时间为 2010 年至今。

1. 两区合并

2009 年 4 月，国务院批复同意上海市《关于撤销南汇区建制将原南汇区行政区域划入浦东新区的请示》。新浦东雄踞东海之滨、外眺太平洋、南濒杭州湾、北靠长江，面积 1 210 平方公里，占全市面积 1/5 左右。两区合并后的新浦东标志着浦东开发开放进入了"二次创业"的新阶段。在浦东"二次创业"过程中，必然更加主动地面向世界，更加积极地承担国家战略，更加自觉地与上海未来发展的总体定位相匹配，发挥浦东对上海经济增长极的作用，全面提升服务全国的功能，在更高层级上代表国家参与全球竞争。因此，进入"二次创业"阶段，浦东新区政府明确了浦东进一步开发开放的战略目标、发展机遇、总体布局、发展思路和开发区的扩容，提出了"只争朝夕、勇立潮头、崇尚科学、开放包容"的二次创业精神。

2. 浦东进一步开发开放的战略目标

进入"二次创业"阶段，浦东提出了建设"四个区"的战略目标：一是加快建设科学发展先行区，率先形成服务经济为主的产业结构和创新驱动为主的内生增长模式，走出资源节约型、环境友好型发展道路，努力建设更高水平的小康社会。二是加快建设"四个中心"核心区，着力强化配置全球金融、航运、贸易资源的市场平台功能，着力强化资本、管理、信息、技术等要素的服务辐射功能，着力强化自主创新、产业转化功能，着力强化对内对外开放的门户枢纽功能，成为上海服务长三角、服务长江流域、服务全国的重要载体。三是加快建设综合改革试验区，率先突破制约发展转型的制度障碍，形成有利于服务经济、创新经济发展的信用、监管、人才和政府管理等环境；加快转变政府职能，深化机构改革，努力构建扁平高效的新型行政管理体制，积极推进社会建设和管理领域的体制机制创新；加快农村要素市场化、基本公共服务均等化，率先探索形成城乡一体化发展新格局。四是加快建设开放和谐生态区,全面实践"城市,让生活更美好"的上海世博会主题,实现人居环境优质化、国际交往便利化、公共管理法治化、城市文明现代化,形成开放融合、和谐有序、充满活力的人文环境,构建经济与社会、人与自然和谐发展、有机统一的生态系统。

3. 重新布局产业空间

进入"二次创业"阶段之初的 2010 年 4 月,浦东提出了"7+1"战略新布局。具体内容是:

上海综合保税区板块:规划面积 22.76 平方公里,包括外高桥保税区、洋山保税港区和浦东机场综合保税区,是上海国际航运中心和国际贸易中心建设的主要载体。为了加强三个保税区的联动发展、整合资源,上海市政府成立了上海综合保税区管理委员会,实行"市级区管"的体制,推动"三港三区"(三港:外高桥港、上海浦东国际机场空港、洋山港;三区:外高桥保税区、上海浦东机场综合保税区、洋山保税港区)联动发展,争取海关特殊监管区功能整合、政策叠加,建设国际水平的航运综合服务平台,大力吸引分拨中心、营运中心,促进现代物流、出口加工等临港临空产业加快发展。重点发展国际贸易、航运服务、现代物流、期货保税交割、国际贸易结算、融资租赁、进口贸易基地、分拨中心以及为国际贸易服务,引导资金结算中心、订单管理中心、价格发现中心等实体性总部的集聚。基于上海综合保税区,2013 年 9 月 28 日成立了中国(上海)自由贸易实验区,使这一区块成为贯彻落实国家战略的战略空间。

上海临港产业区板块:规划面积 240 平方公里,包括重型装备产业区、物流园区和主产业区等。重点布局海洋工程、大型船用曲轴、石油平台、发电机组等高端制造产业。为此,市政府成立了相应的管理委员会,实行"市级市管"体制。以"高端制造、极端制造、自主制造"为特征。如今,南汇新城产业区已成为国家和上海重要的高端装备产业制造基地和战略性新兴产业发展基地,已形成汽车整车及动力总零部件、船舶关键件、新能源装备、海洋工程装备、大型工程机械,以及大飞机装备基地和其他各类战略性新兴产业。"十二五"期末,南汇新城还将诞生全国首台拥有自主知识产权的 C919 大飞机发动机、全国首台 6 兆瓦海上风电机舱、可在海下 3 000 米作业的半潜式钻井平台、全国最大的 3 600 吨履带式起重机等一系列国内最先进的高端装备。

陆家嘴金融贸易区板块:规划面积 31.78 平方公里,是上海国际金融中心的核心功能区,也是全国经济流量最大、服务最完善的金融中心区。进入"二次创业"阶段,陆家嘴金融贸易区完善了科技投融资服务体系,探索股权投资和银行融资联动机制,创新种子基金、创业投资引导基金和高新技术产业化投资基金的运行机制,放大国有资本杠杆效应,建立健全国有资本在风险投资领域的进入和退出机制;推进小陆家嘴深度开发和金融城扩容,加强与张江金融信息服务产业基地前后台联动,为金融机构集聚创造更好条件;大力发展金融信息服务业,发挥金融审判、检察、仲裁等机构的作用,强化地方政府在教育培训、人才激励、品牌提升、文化建设、城市管理等方面的服务保障职能;推进金融与航运、贸易、科技等联动发展,探索创业融资、小额贷款、消费金融、税收递延型寿险等试点;积极争取国家金融改革开放重大举措在浦东先行先试,率先推出房地产信托基金、柜台交易市场、消费金融公司等试点,推动全国性信托登记平台建设,在人民币国际化进程、金融市场发展、金融监管创新和风险防控中努力发挥综合试验平台作用。

张江高科技园区板块:张江开发区整合了原张江高科技园区、康桥工业区和上海国际医学园区,使园区从 25 平方公里拓展至 77 平方公里。进入"二次创业"阶段,进一步深化"聚焦张江"战略,建设产学研结合示范基地,广泛集聚国内外创新资源,促进原始创新应用转化,提高集成创新和引进消化吸收再创新能力;改善自主创新制度环境,进一步集聚以浦东创新港为代表的创新公共服务平台;发挥企业主体作用、市场导向作用和政府扶持作用,加快构建区域创新体系;完善科技投融资服务体系,探索股权投资和银行融资联动机制,创新种子基金、创业投资引导基金和高新技术产业化投资基金的运行机制,放大政府资金杠杆效应,建立健全国资在风险投资领域的进入和退出机制;鼓励企业承担国家和市级重大科技专项,支持国家重点实验室和工程技术研究中心建设,完善资金配套和政策扶持机制;探索知识产权折抵入股和质押贷款方式,扩大技术开发费用税收抵扣、高新技术企业所得税优惠等政策的覆盖面;加快公共服务平台和共性技术联盟等建设,优化科技企业孵化器运营模式,降低创新成本和风险。2011 年,张江高科技园区升级成为国家自主创新示范区。

金桥出口加工区板块:把金桥与南汇工业园区、空港工业园区整合在一起,从原有的 27.38 平方公里拓展至 67.79 平方公里,形成了先进制造业组团。

临港主城区板块:规划面积 74 平方公里,重点打造产业高度发达、配套服务完善、交通运输便捷、文化氛围浓厚、适宜工作生活的现代化、低碳、生态、宜居的新城。南汇新城的目标是打造全球第一个"健康之都"。

国际旅游度假区板块:其中一个旅游核心区是以迪士尼主题乐园项目为核心,包括周边的三甲港海滨旅游度假区和临港滨海旅游度假区等。当今世界,旅游产业等现代服务业(尤其是迪士尼拥有庞大产业链)对于地区经济的促进作用已经不亚于汽车、船舶、航空等工业。2011年4月8日,上海迪士尼乐园正式开建,预计2015年年底建成开园,迪士尼必将带动相关产业尤其是商业和旅游业的发展。迪士尼一期建成后,每年至少可为上海新增300万至500万人次游客量,带动300亿元到400亿元的相关消费。迪士尼区域将被分为迪士尼乐园以及国际旅游度假区两部分。为配合迪士尼乐园建设,浦东将原川沙、六灶、祝桥三镇组成川沙新镇、祝桥镇。祝桥地区,借力民用航空制造、高端航空物流等重点产业,正成为世界最大的航空产业城之一。新的川沙新镇对应国际旅游度假区,依托迪士尼乐园,将被建设成为世界级的国际旅游度假目的地:被划分为核心区、核心协调区和协调发展区;建设主题购物中心、主题酒店、大型品牌直销中心和特色餐饮设施;培育旅游会展、文化创意、商业零售、体育休闲等产业集聚平台。另一个旅游核心区是邻近迪士尼的三甲港和临港区域并且辐射到新场古镇、横沔古镇。完善环迪士尼区域的旅游配套,新建迪士尼、临港集散中心和已建成的三林集散中心,串联起迪士尼、临港、世博园地区。通过吸引国际、国内有实力的商业地产开发企业进驻,引导浦东商业的空间布局从陆家嘴、八佰伴等传统商业中心向新区南片拓展,并带动区域发展升级。同时,还将重点建设环临港(南汇新城)商业商务区域,形成综合性的新城商业中心格局。

后世博板块:2010年,上海世界博览会主场馆坐落在浦东,有260公顷,占世博会会址总面积的65%。世博园区浦东部分规划面积3.93平方公里以及附近后滩1平方公里和原环球地块的3平方公里,主要发展金融、会展、商务、文化等现代服务业。办世博和后世博。(1)浦东围绕"办世博"强化城市服务功能。全力做好浦东新区承担的交通组织、安全保卫、服务接待、住宿餐饮、食品安全、医疗卫生、气象等世博会筹办各项准备工作。同时,把做好世博服务保障工作与各项服务业发展紧密结合起来,大力发展金融、物流、法律、创意设计和市场中介等各类专业服务业,加快拓展口岸、商贸、会展、旅游等综合服务功能,使世博盛会成为浦东服务全国的重要平台;(2)进一步提高城市现代化管理水平,突出精细化管理、人性化服务,确保世博会期间城市运行高效安全有序;(3)世博会后,世博园区将实现由参观展览区向总部集聚区和商务服务集聚区的转变。把世博区域的发展与浦东作为金融中心、航运中心和贸易中心核心功能区的定位更好地结合起来;(4)进一步明确世博区域后续发展规划,加快世博区域和周边区域的开发建设,全力打造浦东新的城市地标和功能高地。世博园区B片区规划用地18.72公顷,吸引中央企业总部入驻,28幢企业总部楼将极大提升世博园区的开发水平、集聚辐射和综合服务功能。世博园区 A 片区是两面临水的半岛地区,规划功能为会展、商务,将成为国际知名企业总部聚集区和具有国际影响力的世界级商务区,也是上海最新一代"24 小时活力"街区。在世博中心和世博展览馆中间,将成为国内第一个集住宿、商业、餐饮、交通等功能为一体的城市酒店群。以白莲泾为起点,沿黄浦江南下直到中环,分为后滩(即世博会浦东地块)3.93平方公里、耀华地块 1.8 平方公里和前滩 2.83 平方公里三段开发。东方体育中心旁边的前滩将成为"24 小时立体城市",所有建筑都能在地下、空中互联。从功能定位上看,前滩的定位将是非金融企业总部和跳变型企业(从传统企业向现代企业转型的大型企业)总部集聚地,比如咨询、法律、现代服务等。1.8 平方公里的耀华地块上,铺设了总长 8.6 公里的 11 条市政道路,加上沿江 20 万平方米的绿化带,以及 5 万平方米的街旁绿地,耀华地块已经是一个美丽的城市花园。白莲泾水岸将成为企业总部集聚、国际组织集聚、高端商业商务服务集聚的黄金地带,推动国内外大型会议、论坛、赛事落户。

"7+1"的产业空间布局是浦东、南汇两区合并后,在新浦东行政格局下对浦东既有开发区域的进一步整合和完善,在产业能级上包括了现代服务业、先进制造业,符合产业升级的要求;在发展动力上包括了科技驱动、创新驱动,符合率先转变方式的要求;在功能上更加突出区域核心竞争力,体现浦东和上海在全国的"四个率先"作用。这种更加科学的产业空间布局为浦东"二次创业"条件下浦东进一步开发开放创造了更加优越的前提和条件。

五、全面建设中国(上海)自由贸易试验区阶段

起始时间为 2013 年 9 月 28 日至今。

1. 中国(上海)自由贸易试验区正式成立并投入运营

2013 年 9 月 28 日,经国务院批准,中国(上海)自由贸易试验区正式成立并投入运营,试验区以上海外高桥保税区为核心,包括浦东机场保税区和洋山港临港新城,探索中国对外开放的新路径和新模式。试验区实行政府职能转变、金融制度、贸易服务、外商投资和税收政策等多项改革措施,大力推动上海市转口、离岸业务的发展。试验区先行先试 10 项功能:深化国际贸易结算中心试点运作;融资租赁功能全面发展;以期货保税交割功能促进大宗商品产业集聚;扩大保税船舶登记试点规模;推动机场区港一体化迈出实质性步伐;做大洋山保税港区国际中转集拼业务;全面推进亚太营运商计划;探索"前店后库"联动模式;试点全球维修检测业务;研究建立具有离岸特点的国际账户。最终形成可复制、可推广

的经验,服务全国的发展。

创建中国(上海)自由贸易试验区可以加快区域内贸易与金融、航运、物流、制造、会展等产业间的融合发展,承接国际先进经济发展方式,进而辐射国内并且为我国转变经济发展方式提供符合世界经济发展潮流的先进模式,进一步体现上海面向世界、服务全国的国家战略定位。

创建中国(上海)自由贸易试验区的决策体现了新一届国家领导人顺应世界经济发展大势进一步推进开发开放的决心,是更加积极主动地对外开放的重大举措,体现了我国面向未来的国家战略取向,是对未来转变我国经济发展方式、调整经济结构和提升开放型经济水平的战略布局之一,也是党中央倡导打造中国经济升级版的战略突破口,从上海发展角度来看更是党中央对上海率先打造中国经济"升级版"的战略支持。李克强总理在上海浦东的外高桥保税区调研时进一步指出:"在现有综合保税区基础上,研究如何试点先行,在 28 平方公里内,建立一个自由贸易实验区,进一步扩大开放,推动完善开放型经济体制。"这意味着,李克强总理决心把"打造中国经济升级版"的突破口选定为创建中国(上海)自由贸易试验区。

运行一年多来,上海自由贸易试验区取得了重要的阶段性成果:以负面清单为核心的投资管理制度基本建立;以贸易便利化为重点的贸易监管制度有效运行;以资本项目可兑换和金融服务开放为目标的金融创新制度有序推进;以政府职能转变为核心的事中事后监管基本制度业已形成。

2. 中国(上海)自由贸易试验区范围扩展

2014 年 12 月 12 日召开的国务院常务会议指出,中国(上海)自由贸易试验区设立一年多来,围绕外商投资负面清单管理、贸易便利化、金融服务业开放、完善政府监管制度等,在体制机制上进行了积极探索和创新,形成了一批可复制、可推广的经验做法。会议部署推广上海自贸试验区试点经验、加快制定完善负面清单,更大范围推开推动实施新一轮高水平对外开放。会议要求:一是深化上海自贸试验区改革开放,进一步压缩负面清单,在服务业和先进制造业等领域再推出一批扩大开放举措,并将部分开放措施辐射到浦东新区;二是除涉及法律修订等事项外,在全国推广包括投资、贸易、金融、服务业开放和事中事后监管等方面的 28 项改革试点经验,在全国其他海关特殊监管区域推广 6 项海关监管和检验检疫制度创新措施;三是依托现有新区、园区,在广东、天津、福建特定区域再设 3 个自由贸易园区,以上海自贸试验区试点内容为主体,结合地方特点,充实新的试点内容。会议要求抓紧制定新设自贸园区具体方案,并提请全国人大常委会授权调整实施相关法律规定。浦东已经获得国务院批示全面对接自贸区对不涉及法律法规调整的部分政策率先复制推广。跨出 28.78 平方公里，中国（上海）自由贸易试验区正将制度创新"试验田"拓展到陆家嘴金融片区、张江高科技片区和金桥开发区片区。

扩展上海自由贸易试验区区域范围，可以在较大空间范围内更好地测试外商投资管理、服务业开放、事中事后监管等改革开放创新措施的效果，对政府管理制度改革进行更为充分的试验，并充分发挥浦东新区创新基础好、开放程度高的优势。

第六节　浦东开发开放与改革发展的关系

综观当今经济全球化条件下各国开发区的开发开放，我们发现，开发与改革、开放、发展之间存在着客观的必然联系。25 年来浦东开发开放过程中更加体现了改革、开放、开发、发展之间的关系，总结这些关系有利于我们选择正确的理论工具进行浦东开发开放的研究。

一、以开发促开放

以开发促开放，就是通过创建开放型开发区域，引导和促进国内外的生产要素向开发区合理流动和优化组合，建造和完善开发区内的基础设施，培育产业并形成产业集群，创建全球化、市场化、现代化、国际化的经济体制、政治体制和社会体制，构建资源节约型社会、环境友好型社会和社会主义和谐社会。

开发之所以能够促进开放，是因为开放需要载体和空间，在这个载体和空间内可以进行思想解放、思维创新、战略创新、制度创新、管理创新、技术创新、实践创新等先行先试的实践活动。我国改革开放的实践经验证明，开发区的建设成就是以开发促开放的结晶。4 个经济特区，海南建省，14 个沿海开放城市，3 个开放区域，三沿（沿海、沿边、沿江）开放，省会城市开放，浦东新区、滨海新区、皖江承接产业转移示范区、两江新区、兰州新区、西咸新区、舟山新区等的开发开放，所有这些都是因为这些载体的开发而促进了这些地区的开发开放，进而推动了全国开发开放大格局的形成。

浦东开发开放是为了在更高层次、更宽领域、全方位上进一步推动和提升整个中国的开放格局和开发等级。这是由浦东开发开放时的国内外局势决定的。我国改革开放10年后的1990年,国际国内形势急骤变化,改革开放是收还是放,是维持当时改革开放的局面停步不前还是继续在更大规模和更高层次上扩大开放,是当时中国最高领导层必须作出的事关中国发展全局的战略抉择。在邓小平改革开放战略思维的指导下,中国选择了全方位、宽领域、多层次的开放战略。全方位、宽领域、多层次的开放呼唤一个更加开放的载体:这个载体非浦东莫属,因为浦东同时具备了以下五个条件:她是亚太经济走廊的中点,她是中国沿海经济带的中点,她是长江经济带的龙头,她是迈向国际大都市上海市的有机部分,她是中国改革、开放、开发和发展的聚焦。因此,浦东开发开放是当时中国自改革开放以来通过"以开放促开发"实现国家发展战略的制高点。

二、以开放促开发

国内外的经验反复证明:在经济全球化的时代条件下,开放是一个国家和地区快速崛起的根本之路。当今世界是一个开放的世界,只有开放才能启动开发,只有大开放才能实现大开发。开放是开发成功与否的决定性因素,开放是开发的第一推动力。邓小平曾经指出:"现在有一个香港,我们在内地还要造几个'香港',就是说,为了实现我们的发展战略目标,要更加开放。"[①]开发需要资金、技术、信息、人才、产业、企业、产品、市场,获得这些生产要素最主要的途径是通过构建开放型经济体系和扩大开放广泛吸纳国内外各种生产要素,因此,扩大开放自然就促进了开发。以开放促开发的提法,最早出自1983年4月中共中央、国务院批准加快海南岛开发建设问题讨论纪要,提出海南实行"以对外开放促进内部开发"的方针。总结改革开放以来我国开放战略实施的成功经验,党的十七大报告指出:"事实雄辩地证明,改革开放是决定当代中国命运的关键抉择,是发展中国特色社会主义、实现中华民族伟大复兴的必由之路",并提出"拓展对外开放广度和深度,提高开放型经济水平"。这是对我国开放战略的充分肯定,也为"以开放促开发"奠定了坚实的理论基础。

浦东开发开放从一开始就力图通过外资外贸来促进各类经济要素在浦东新区的快速集聚,着力推动物流、资金流、技术流、人才流和信息流在流量、速度、规模和质量等方面的快速提升,进而构筑浦东新区大外资、大外贸、大开放并最终实现大开发的新格局。为此,浦东引进和完善了证券、期货、黄金、钻石等要素市

---

① 《邓小平文选》第3卷,人民出版社1993年10月第1版,第369页。

场,面向世界吸收和引进科技成果和资源,按照国际惯例在全球范围内配置资源,兼收并蓄,海纳百川,博采众长,推陈出新,以大开放战略促进了浦东开发开放的成功和浦东经济、社会和文化的大发展。

三、以改革促开放

开放需要与国际惯例接轨,开放需要采用市场经济体制,开放需要以产权为基础,于是开放形成对全球统一的经济体制、企业制度、市场制度、产权制度等现代市场经济制度以及现代市场经济法制的需求。同理,浦东开发开放推动了浦东社会主义市场经济体制、现代企业制度、现代产权制度、政府制度、社会制度等方面的全面改革。通过推进改革不断完善有利于科学发展的体制机制,以改革促开放,把深化改革作为加快开放的根本动力,有效地开拓国内市场和国际市场,充分利用国内资源和国外资源,进而最终实现以改革促开放的伟大战略。2005年起,中央赋予浦东进行社会主义市场经济综合配套改革试点既是对浦东开发开放过程中以改革促开放实践的支持也是对浦东进一步深化以改革促开放的实践的激励。以改革促开放、以开放促改革,开放推动改革进一步深化,同时又以改革的不断深化来提升对外开放的水平和层次,这正是中央赋予浦东进行社会主义市场经济综合配套改革试点的本义所在。

四、以改革促开发

改革带来的保障功能、顺畅功能、效率功能,调动了各类开发主体的积极性、主动性和创造性,因此,改革开放是开发的发动机和加速器,是加快开发的根本动力和根本途径。以改革促开发,以开放促开发,开发的成功体现了改革的成就、开放的成就,开发成果体现了开发区综合实力的提升、综合竞争力的提升、国际竞争力的提升、经济社会文化发展水平的提升。

关于浦东的改革,时任浦东新区区委常委、宣传部部长陈高宏认为,浦东的改革主要围绕三方面进行:一是围绕“准、通、透”3个字来进行政府的行政管理体制改革。(1)“准”主要是搞事权的梳理。比照发达国家市场经济下,哪些事情是政府该干的,哪些事情是市场该干的,又有哪些事情该社会干,都把它梳理清楚,有些事情可能一时还实现不了,但未来的方向知道在哪里。事权梳理清楚后,如横向,采用了分权的办法,有些事让社会中介机构、行业管理机构去做,尽量把政府的工作集中到制定规章、研究政策、监管、指导、协调等核心职能上去,把具体审批等权力放下去;纵向,改变上下一般粗的政府模式,形成职能互补和错位的政府架构。所有的街道不再有经济指标,街道的主要精力是社区建设、社区管理、社区服务,通过服务管理营造良好环境,促进经济发展。(2)"通"就是解决效率问题,政令畅通、信息畅通、服务畅通、效率高。为此,我们出台了五项制度:问责制、社会化的评估制、体制外的投诉制、电子监察制、市场准入制度,精减审批程序、减少行政收费等。(3)"透",就是增加透明度。凡是涉及老百姓利益的事都要先公示、再听证,人大、政协提意见。二是围绕"聚、流、升"3个字来改革经济的运行方式。(1)"聚",就是要让所有的经济要素,特别是功能性要素能在本区域内聚起来。譬如,集聚人才、集中金融机构。(2)"流",要让聚起来的经济要素能够按照市场信号,第一时间实现跨区域、跨领域、跨行业的流动,实现新的配置。(3)"升"就是要将本地企业向产业链的高端引导,将能级升上去,鼓励并引导企业由生产中心向研发中心转变。三是转变城乡两元经济和社会结构"三二一"的概念。"三"就是把"城区、郊区、开发区"融合到一起,走一体化道路,这是我们体制改革的重点,由利益博弈变为利益整合;"二"就是两元并轨,改变农村的生产方式、生活方式,实现基础设施一体化、社会事业一体化、就业和社会保障一体化、文化公共服务一体化;"一"就是一区发育,我们正在尝试"村资分离",就是村里建立资产管理委员会,或者实行"村资"镇管村用,村委会就是纯粹搞社区建设和村民服务,在农村城市化进程中逐渐发育成城市社区。

浦东新区的上述改革是社会主义市场经济体制改革和构建社会主义和谐社会的进一步深化,通过这些改革,浦东新区的各项制度、机制和体制进一步适应浦东开发开放的需要,进一步适应经济全球化的需要,进一步适应浦东承担国家战略的需要,进一步适应上海迈向全球城市的需要,进一步适应浦东建设现代化、多功能、国际化新城区的需要。总之,进一步实现了以改革促开发开放的战略目的。

五、以开发验证改革开放

开发的成就验证了改革的成效,验证了开放的成效,体现了发展的水平和阶段。改革、开放和开发都具有试验功能,这种在小范围内的试验所积累的经验和模式可以推广到国内其他地区,可以让国内其他地区在制定改革、开放、开发和发展的战略时避免或少走不必要的弯路和付出较小的代价,进而推动开发、改革和开放在全国更大范围内进行,从而摊薄了整个中国的改革、开放、开发过程中的试验成本(其中包括交易成本、建设成本、运营成本、纠错成本等)。浦东的开发验证了邓小平倡导的社会主义市场经济的正确性,也验证了中国促进发展的国家战略的正确性,同时也向世界昭示了中国在更高层次、更宽领域、全方位坚持改革开放的决心、信心和勇气。

六、以改革、开放、开发促发展

改革是为了发展,开放也是为了发展①,开发也是为了发展,改革、开放和开发都是为了推动区域发展和国家发展。改革、开放、开发与发展之间存在着内在的、有机的联系,四者是不可分割的整体,相互促进、相互融合、相互贯通、相互转化。就浦东来说,四者的关系可以用"浦东开发开放及其模式的飞机模型"来形象地展示出来(参见图2-6)。发展是深化改革的根本出发点,发展中遇到的难点是推进改革的重点,改革、开放和开发是加快发展的重要途径,而发展正是改革、开放和开发的最终目的和最终目标。开放是深化改革的动力,改革是扩大开放的条件,开发是在改革和开放过程中进行的,开发区域则是改革和开放的载体和空间。改革、开放、开发三者互动共同推动了开发区的城市发展、经济发展、社会发展、生态环境友好、资源节约等,进而促进了区域经济、社会和文化的大发展。

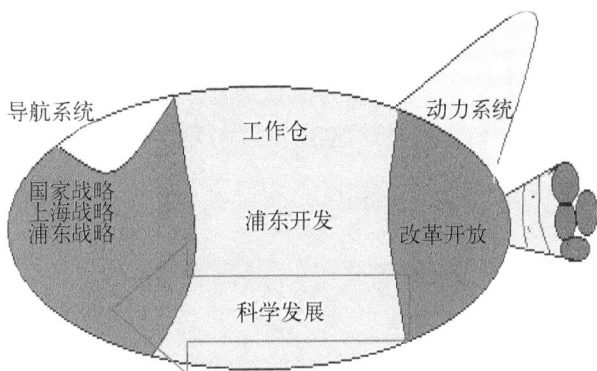

图2-6　"浦东开发开放及其模式的飞机模型"

改革、开放、开发与发展之间的互动关系贯彻了科学发展观的根本原则。科学发展观的本质内涵是:人与自然的和谐发展,人与人的和谐发展,自然、环境、生态、经济、社会、政治、文化的和谐发展。正确处理改革、开放、开发与发展的关系,推动区域的科学发展正是科学发展观的实践活动。

———————————

① 邓小平同志指出:"世界各国的经济发展都要搞开放,西方国家在资金和技术上就是互相融合、交流的。"(《邓小平文选》第3卷,人民出版社1993年10月第1版,第367页)

本书正是在厘清了开发与改革、开放、发展之间的诸多关系的基础上通过实地调查、查阅历史档案、统计数据处理等方式，在科学发展观的指导下，再现浦东25年的开发开放历程，总结浦东25年开发开放的成功经验，进而完成浦东开发开放的探讨。

第七节　浦东开发开放的成就

浦东开发开放被誉为"中国改革开放的象征，上海现代化建设的缩影。"美国前国务卿基辛格曾说："浦东宣布开发开放之初，几乎所有的美国人都认为不过是一句口号。但我认为是真的。现在看来，我说对了。许多美国人并不了解中国，他们不知道，中国人只要想干一件事，就一定能干成。因为你们能把资金、人力、物力集中起来办大事。"[①]挪威国王哈拉尔五世对浦东的评价："浦东开发是全球城市开发中的一个非常独特的成功例子，世界上几乎所有城市开发事先都未经过全面规划，因此城市建设的随意性很大，效果并不好，而浦东是经过仔细规划后再进行建设，这非常可贵。"[②]

上述国际知名人士的赞誉是以浦东开发开放成就为基础的。浦东开发开放成就可以概括为三个方面。一是四大开发区的建成；二是现代化、国际化的大都市城区的建成；三是为上海迈向全球城市作出了巨大贡献。

一、四个国家级开发区的建成

25年来，浦东开发开放逐步完成了四个国家级开发区的开发开放任务。

1. 陆家嘴金融贸易开发区

25年来，陆家嘴金融贸易开发区已经从昔日黄浦江边的"烂泥渡"发展成为当今世界瞩目的"金融城"，成为上海国际金融中心的核心区域、上海中央商务区的重要组成部分、全球格局中的高端航运服务集聚区。陆家嘴金融贸易区的功能主要集中在"一道三区"，即以世纪大道为轴线串联的小陆家嘴地区、竹园商贸区和花木行政文化区。金融办公和总部大楼主要集中在小陆家嘴地区；各省市和中央部委建设的"省部楼"布局在东方路、张杨路沿线；行政管理、文化科教职能的公共建筑坐落在花木地区。陆家嘴金融贸易区的贸易功能主要集中在浦东

---

①②　参见赵启正：《浦东逻辑——浦东开发与经济全球化》，上海三联书店2007年3月第1版。

大道沿线的航运服务集聚区,此外还开发建设了浦江沿岸的滨江旅游休闲带、以新国际博览中心为代表的现代会展商务中心等。小陆家嘴二层连廊进一步完善陆家嘴中心区交通和服务功能,商业配套环境更趋优化。旨在改善民生、提高环境品质,以增加养老、医疗、卫生、文化、菜场、停车等公共服务设施为主的老社区改造规划已编制完成并开始全面实施。陆家嘴作为国内金融机构最密集、金融要素市场最完备的地区之一,金融流量涵盖全国 31 个省、市、自治区,集聚着证券、期货、钻石、产权、石油等 10 多个国家级要素市场,以股票、货币、债券、外汇、商品期货、金融期货、黄金、产权市场等为主要内容的现代金融市场体系日渐成熟,基本确立了国内金融市场中心的地位。各类金融机构的集聚对楼宇的需求呈持续上扬态势,使陆家嘴金融贸易开发区也成为全球发展楼宇经济最成功的地区之一。"十二五"期间,陆家嘴金融贸易区将形成"一核、一轴、一带"的发展路径。"一核"是指"聚合陆家嘴金融核心区"1.7 平方公里,增加上海船厂 0.7 平方公里,吸纳跨国公司总部、外资银行主报告行、国内大型银行等高端金融机构为主的金融核心区;"一轴"是以世纪大道为中心轴线,依托竹园商贸中心、新上海商业城、世纪公园(生态服务)、上海博览中心,提升金融核心发展轴的综合功能;"一带",以陆家嘴金融贸易区为核心,以黄浦江两岸综合开发为契机,把环球影城主题公园、世博会场馆区、陆家嘴金融贸易区连为一体,形成一条以总部经济、商业贸易、金融、会展旅游等现代服务业发展的滨江旅游休闲产业带。

2014 年 12 月 12 日,陆家嘴金融贸易开发区成为中国(上海)自由贸易试验区拓展区,为该区进一步提升开发开放水平创造了新的战略机遇。

2. 金桥出口加工区的建成

25 年来,金桥从一片农田变身为高科技、现代化、多功能的现代产业园区,初步形成了先进制造业和生产性服务业协调发展的格局,已成为上海外向型高新技术产业的重要基地之一。在推进先进制造业和生产性服务业的发展过程中,金桥开发区还重点培育新兴战略性产业。

"十一五"初期,金桥提出了"两轮驱动、转型发展",先进制造与生产性服务业两翼齐飞、协调互动,总体上实现"优二进三"。2006 年 7 月,"上海金桥生产性服务业集聚区"获上海市经委批准正式挂牌;2007 年 7 月,金桥被命名为"中国服务外包基地上海示范区";2009 年 6 月,金桥被命名为生产性服务业功能区;2011 年,金桥获批上海市服务业综合改革试点园区、上海国家高技术服务业园区。2011 年 8 月,中国服务外包示范城市(上海)金桥示范园区启动,金桥成为"中国服务外包产业基地",以信息技术外包和业务流程外包为核心,吸引全球企业集团的服务外包中心、知名软件企业、设计公司,以及其他业务流程环节外包服务机构等入驻。随着金桥产业集群的形成,产业链日益完善,已有多家跨国公司将其全球性总部、亚太区总部和大中华区总部迁至金桥。

"十一五"期间,金桥重点培育新能源汽车和ICT信息通信两个产业。在金桥园区内,汽车基地约2.1平方公里,吸收投资额达20亿美元/平方公里,是全国占地面积最小、土地利用和产出效率最高的汽车产业基地。2011年,金桥汽车及零部件业产值达1 048.37亿元,同比增长11.1%。以上海通用、联合汽车电子、泛亚汽车技术中心等企业为代表,使金桥新能源汽车产业形成强大的技术升级优势和发展后劲。由电子信息产业(IT)和通信技术产业(CT)逐渐融合形成的信息通信(ICT)产业,使金桥开发区成为上海发展数字通信工程的核心基地,也成为国家3G网络和下一代互联网及宽带光纤接入网建设的战略要地。上海贝尔、华为、大唐电信等制造商纷纷落户,中国移动视频产品创新基地、中国电信全国视讯运营中心等通信运营商也扎堆金桥。2011年,金桥创建"国家新型工业化产业示范基地"金桥开发区信息通信产业迈入国家级产业示范基地序列。预计到"十二五"末,金桥信息通信产业将实现产值1 000亿元、营业收入2 000亿元,成为汽车及零部件产业后的第二个达到千亿元级规模的产业集群;形成3—4家规模在200亿元以上、3—5家规模在100亿元以上,并对产业链起到引领作用的龙头企业;建成3—4家国家级重点实验室;新引进信息网络文化等企业150家,形成具有金桥特色的中国"无线之都",成为产业融合与创新发展的示范园区。

在开发开放过程中,金桥开发区的大亮点即是始终关注生态文明建设,2000年8月,其通过国家环保总局现场评审,成为ISO14000国家示范区;2005年,金桥成为"上海市循环经济试点园区";2009年,金桥获评"上海市节水型示范园区";2010年11月,经国家环保部、商务部、科技部验收,金桥成为上海国家级开发区中首家国家生态工业示范园区。金桥开发区的另一个亮点是生态宜居、设施先进、配套完善的国际社区的开发建设。碧云国际社区已成为上海规模最大、社区配套功能最完善、综合环境最具创意特色的新型社区之一。开发者参考国外社区的建设经验,运用大量先进技术和材料,比如大批量的木结构房屋,建筑风格的多样融合,集美、英、意、德、法等各国特色于一社区。同时,推出了符合国际化家庭居住需求的住宅租赁标准和物业服务标准;教育医疗配套、商业休闲配套方面,从早教中心、幼儿园到国际中小学,直至中欧国际工商学院,实现国际化教育体系的全覆盖,设有上海首家公立涉外国际医院,可用英文做礼拜的教堂,上万平方米的绿茵场,百余家国际生活品牌供应商,每年上百余场社区活动,吸引着数万名国内外人士参与。国际社区的建设,除了租赁和服务的运营收益,更为金桥和上海带来了丰厚的人才和投资回报。落户上海的 500 强企业中,有45％左右的 CEO、高层管理者都生活在碧云社区。

2014 年 12 月 12 日,金桥开发区成为中国(上海)自由贸易试验区拓展区,为该区进一步提升开发开放水平创造了新的战略机遇。

3. 外高桥保税区的建成

上海外高桥保税区虽只是全国十五个保税区之一,但其年度贸易额超过1 000 亿美元,占全国保税区贸易额的 50％,成为全国第一个国家级进口贸易促进创新示范区。

从最初的商贸到逐步的汇集物流、配送、订单处理等,外高桥保税区已成为跨国公司实体性总部经济的汇集地。区内设立保税区商品市场,发挥保税商品展示功能。已经设立 3 个综合性市场,10 个专业性市场,分别为化妆品、汽车、工程机械、酒类、手表、医疗器械、文化传媒等,会员企业达到 1 万多家。

外高桥保税区逐步拓展国际贸易、保税仓储、出口加工三大功能,引进了2 000 多家贸易公司和 60 多家世界著名跨国公司的物流分拨中心,加工贸易出口快速增长,物流网络遍布 165 个国家和地区,物流分拨功能进一步增强,现代海运和港口经济稳步发展,已成为国内最大的保税区和新兴港口。

2013 年 9 月 28 日,外高桥保税区整体成为中国(上海)自由贸易试验区的有机组成部分,为该区的开发开放提供了进一步提升的战略机遇。上海自贸试验区总体方案共包含 98 项改革事项,目前已全部进入实施阶段。其中,形成了27 项复制、推广的经验,包括境外投资备案管理制度、外商投资项目备案管理制度、注册资本认缴制、企业年度报告公示、贸易监管、跨国公司外汇资金运营管理等事项。28 项经国家有关部门认定后可推广的创新措施。

4. 张江高新技术产业园区的建成

1992 年,张江被划定为国家高科技园区。1999 年 8 月,上海实施"聚焦张江"战略,以集成电路、生物医药、软件三大主导产业为核心,以金融信息服务、文化创意设计、光电子、新材料和新能源等产业为延伸的产业结构业已形成;以企业为技术创新主体、以大学和科研院所为知识创新主体、以政府和社会中介为管理服务主体的区域创新体系初见雏形,实现了依靠要素投入的外延式增长方式向依靠技术创新的内涵式发展跨越。

以集成电路行业为例,在引进中芯和宏力两个项目之前,张江没有一家芯片设计公司。投资超过 14 亿美元的"中芯国际"和投资达到 16 亿美元的宏力两大重量级的芯片代工厂一落户,从事芯片设计、测试、封装的企业,作为芯片代工厂的上、下游纷至沓来。目前,张江集成电路产业占据全国 20％的市场份额,占全球 1.5％,并形成了从芯片设计、制造、测试、封装等完整的产业链条。

而作为张江另一大支撑产业的生物医药,GE 医疗(中国)全球领先的生命科学研发培训中心 FastTrak(中国)在张江正式扩建落成。新落成的 FastTrak 研发中心将凭借在生物医疗领域中集生产、研究、培训于一体的综合优势,通过全新技术的引入和系统化的人才培养。"张江药谷"将实现与 GE 分布全球的研发技术"同速"的实力。据统计,目前全球前 12 大药厂,已经有 7 家在张江设立了中国区研发中心,如罗氏、诺华、辉瑞等。

经过 25 年的建设发展,张江国示范区已经形成了科技创新要素集聚、产学研联动发展、服务平台较为健全、战略性新型产业加速崛起的良好局面。目前,张江示范区已形成生物医药、电子信息、文化创意、航空航天、先进装备制造、汽车及零部件等七大战略性新兴产业集群和文化科技融合产业集群健康发展。其中,生物医药产业、新一代信息技术中的集成电路产业和新能源汽车产业在全国继续领先;高端装备制造、新能源、新材料、节能环保产业位于全国先进行列。以网络动漫、网络视听、数字出版、多媒体和文化创意产业为主的 6 个文化科技融合特色产业集群形成新的产业高地。

张江高科技园区建有国家上海生物医药科技产业基地、国家信息产业基地、国家集成电路产业基地、国家半导体照明产业基地、国家 863 信息安全成果产业化(东部)基地、国家软件产业基地、国家软件出口基地、国家文化产业示范基地等多个国家级基地。拥有多模式、多类型的孵化器,建有国家火炬创业园、国家留学人员创业园。引进国内一大批科研教育机构入驻,支持以企业体的产学研联盟实施重大共性技术攻关项目。成为技术创新的示范基地;科技成果孵化与转化基地;科技创业人才、研发机构和科技企业的集聚基地;产学研一体化综合改革的试验基地,成为上海技术创新和发展自主知识产权的重要平台。

2011 年,国务院批复同意上海张江高新区成为国家第三个国家自主创新示范区。为增强张江示范区的示范带动作用,经上海市政府批准,2011 年、2012 年和 2014 年先后三次将张江示范区面积从 296 平方公里扩大到 470 余平方公里,再到 531 平方公里,将上海 17 个区县内知识经济集聚区域基本纳入张江高新区管理范围。包括张江核心园、漕河泾园、闸北园、青浦园、嘉定园、金桥园、杨浦园、徐汇园、长宁园、虹口园、松江园、闵行(莘庄)园、普陀园、奉贤园、金山园、崇明园、临港园、陆家嘴园、宝山园、黄浦园、静安园和世博园，共 22 个园区，至此，上海所有区县都将拥有张江高新区的所属园区，为优化张江示范区空间布局奠定了基础，基本形成与上海城市创新带和战略性新兴产业发展地带相吻合的沿江沿海、沿沪宁线和沪杭线三大创新带。

2014 年 12 月 12 日，陆家嘴金融贸易开发区成为中国（上海）自由贸易试验区拓展区，为该区进一步提升开发开放水平创造了新的战略机遇。

二、现代化国际化大都市城区的建成

25 年来的浦东开发开放已经把浦东建成为上海市外向型、多功能、现代化的新城区，拥有先进的综合交通网络、完整的市政公用设施、便捷的通信系统、高端的产业结构以及良好的生态环境的现代化国际大都市新城区。

浦东的城区空间框架是"一轴三带六个功能区域"。即从陆家嘴到浦东国际机场是浦东城市发展的中轴线，沿黄浦江发展带、中部发展带、滨江临海发展带是城市发展的三带。"一轴"、"三带"的布局和态势，集中体现了国家战略的要求，也充分反映了上海市的城市形态和发展方向。六个功能区域分别为陆家嘴功能区域、金桥功能区域、张江功能区域、外高桥功能区域、三林世博功能区域和川沙功能区域。

三、对上海迈向全球城市的巨大贡献

浦东开发开放不仅使上海彻底摆脱城市基础设施老化、产业结构层级低、总体经济实力下降的困难局面，而且也为上海这座百年老城在新的历史条件下的再度腾飞、迈向全球城市作出了巨大贡献，发挥了巨大作用。

1. 奠定了上海市功能拓展的重要基础

浦东开发开放以来的实践证明，浦东高起点、高强度、宽领域、全方位的开放，为上海建成国际经济、金融、贸易、航运中心奠定了重要基础。四个国家级开发区的建成为上海的城市功能拓展发挥了核心作用，使上海城市功能从相对单一的工业生产基地转变成为多功能中心。

2. 彻底改变了上海城市的空间布局

浦东开发开放为上海城市发展提供了新的发展空间，也为上海能够按照建设国际大都市的要求对 6 300 平方公里的城市空间进行更加科学的城市总体规划，大致分为五个层次：第一层即城市核心层约 5 平方公里的中央商务区，主要发展金融、贸易、信息和管理等高层次第三产业；第二层约 30 平方公里的中心商业区,是汇集全国名、特、优商品的主要商业区;第三层约 100 平方公里的中心城区,以第三产业和居住为主,并保留一部分无污染的城市型工业;第四层约 1 000平方公里,重点发展高科技含量、高附加值的工业,集中建设了 9 个市级工业区和一批大型居民住宅区;第五层约 5 000 平方公里,主要发展第一产业和以制造业为主的第二产业,并形成若干个工业园区和旅游度假区。

3. 从根源上调整了上海的产业结构

上海的产业结构、产业布局和整体经济结构因为浦东开发开放进程的逐步深化而得到了优化。

浦东开发开放之初,上海产业结构中第三产业的比重较低,第二产业中传统工业的比重较大。浦东开发开放坚持优先发展以金融为核心的现代服务业、以自主创新为核心的高科技产业,逐步形成了现代化服务业和先进创造业共同推进经济发展的格局,为全市产业结构调整起到了先导作用。浦东开发开放使大量外资外技进入浦东及上海其他地区,促进了上海工业结构向高级化、集约化方向发展,汽车、通信和精细化工等行业的技术水平跨入世界先进行列,电子信息、生物医药、新材料、光机电一体化等高新技术产业快速成长。

在浦东开发开放过程中,浦西以浦东为“龙头”推动产业结构的调整。一批老牌国有企业和集体企业在浦东与外商投资嫁接,组建中外合资、合作企业,提升了浦东的产业能级;一批国有企业在资本市场募集发展资金,改善资本结构,建立健全了现代企业制度和现代产权制度,实现了基于产权制度的市场化改造;一批国有企业在产业升级中开始了有进有退的战略调整;一大批混合所有制经济和非公经济迅速发展也为国有企业的改革调整提供了包括资本嫁接、产业结构调整、劳动力就业等方面的前提条件。

4. 使上海成为国内市场与国际市场连接的重要纽带

浦东开发开放以相对自由的投资环境、优惠的投资政策以及完备的基础设施吸引了大量的外资,积极拓展上海和浦东交通、通信、信息等方面的枢纽口岸功能,成为国内市场与国际市场连接的重要纽带。按照“延伸周边、辐射江浙、服务全国”的要求,为发挥浦东和上海在全国经济的辐射作用,上海建设了航空港、深水港和信息港,加快建设城市高速公路网、黄浦江越江通道、东海大桥、上海长江大桥等重要交通设施和轨道交通网,进一步密切浦东新区与周边区县及长江三角洲区域的联系,进一步强化浦东交通信息枢纽的地位。由内环线、外环线、郊区干线公路、东西发展轴线等城市综合交通体系将浦东与浦西连成一片。快速干道、轻轨等现代化交通动脉和密布新区的不同等级道路相连,形成便捷、畅通的网络，并和空港、海港、铁路、内河航道及黄浦江越江工程(大桥、隧道、地铁等)共同组成立体化的综合交通体系。

5. 提升了上海服务全国的功能

浦东作为上海"四个中心"功能的重要承载区域，为提升上海服务全国的功能发挥了应有的作用。

开发开放浦东后，上海制定了"开发浦东、服务全国、优势互补、互惠互利、联动发展、共同繁荣"的区域经济协作政策，提出让兄弟省市共享浦东开发开放资源，要"打长江牌"、"中华牌"、"世界牌"，要在为全国服务中加快发展自己等思路。同时制定了一系列鼓励、吸引外省市企业到上海发展的政策。对凡是到上海落户的外资或外地企业，均一视同仁，给予"国民待遇"，并在投资计划、进出口、财税、户籍、土地使用、融资等方面推出各种优惠政策。在扩大对外开放的同时积极扩大对内开放，积极创造平等竞争的市场环境，吸引中央各部委和兄弟省市的企业共同参与浦东开发开放。这些项目绝大多数已成为各地对外联系的"窗口"、改革开放的"试验田"和内地企业与外资企业嫁接的基地，从而带动和促进了全国改革开放和经济的发展。充分发挥浦东证券、金融、产权交易等要素市场的作用，形成上海和浦东在资金、项目、要素配置等方面的服务功能；努力完善浦东在人才引进培训和科技开发等方面的优势，使浦东和上海成为全国面向市场经济的人才基地和科技产业化基地，使上海初步成为全国资金流、商品流、技术流、人才流和信息流的集散地和交汇枢纽。

6. 提升了上海在全球城市体系中的比重

25 年来的浦东开发开放把浦东建成为上海市外向型、多功能、现代化的新城区，提升了上海在全球城市体系中的比重。在此基础上，2014 年 2 月，在上海市人民政府发布的《关于编制上海新一轮城市总体规划的指导意见》中，明确了未来上海发展目标的定位是："在 2020 年基本建成'四个中心'和社会主义现代化国际大都市的基础上，努力建设成为具有全球资源配置能力、较强国际竞争力和影响力的全球城市，为打造中国经济升级版，实现中华民族伟大复兴的中国梦作出应有贡献。"

第三章

浦东开发开放：战略重点与开发主体

研究开发开放需要了解开发开放的对象，即开发开放什么、开发开放客体是什么，开发开放客体的具体内容又受到开发开放所要实现的最终目标的界定和约束，基于开发开放客体的现实状况和开发的最终目标，可以全面概括开发开放客体的完整内容。

一般来说，开发开放之前的区域是一片等待开发开放的"处女地"，而开发开放完成后的区域则成为环境、生态、经济、政治、文化和社会等良性循环的全面繁荣的城区。因此，一个开发区的环境、生态、经济、政治、文化和社会等领域的全面建设任务就是这个地区的开发开放客体的全部内容。从现代城市（包括城区）系统的现状来看，每个城市（城区）系统的上述领域都可以综合为支撑体系、经济体系和社会体系（参见图 3-1）三个子体系，这些子体系之间存在着相互依存、相互贯通、相互转化、互为因果、互为条件、融为一体的紧密联系——城市发展的框架体系。因此，开发开放客体就是开发区三个体系的总和。开发开放客体的具体内容可参见图 3-2 所示。

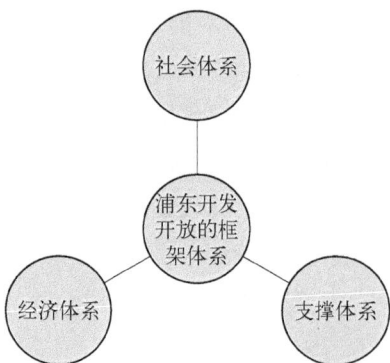

图3-1 浦东开发开放的框架体系示意图

在浦东开发开放过程中，浦东四个开发公司是最重要的开发主体。浦东四个开发公司是为了推进浦东开发开放进程而组建的，浦东开发开放的客观进程

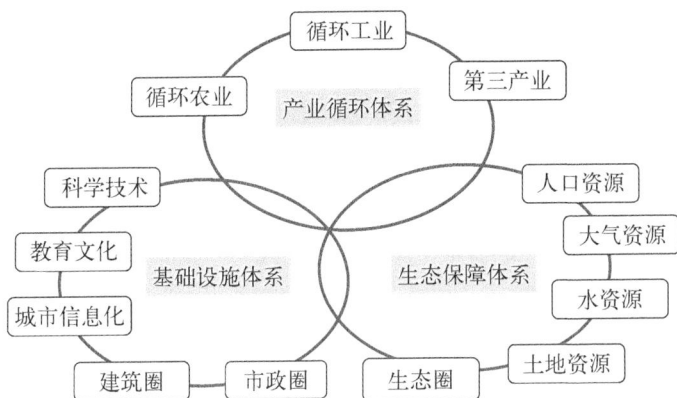

图 3-2　开发开放客体的系统内容

既是浦东开发公司的运营空间和载体,也是浦东开发公司运营的成果。25 年来,浦东开发开放的战略重点是四个国家级开发区,四个国家级开发区 25 年的开发开放情况从客体层面反映和折射了浦东开发开放的情况,浦东开发公司的成长和壮大是直接与浦东四个国家级开发区的开发开放进程相伴的。由此可见,本书关于浦东开发开放的研究需要在浦东开发开放主客观进程的研究基础上,研究浦东开发公司与四个国家级开发区开发开放之间的关系。为此,本章的重点即是对 25 年来浦东四个开发公司的运营与四个国家级开发区开发开放客观进程展开实证研究。

第一节　陆家嘴金融贸易区开发公司与陆家嘴金融贸易区

一、陆家嘴金融贸易区开发公司

1990 年 9 月,经上海市政府批准,成立了陆家嘴金融贸易区开发公司(以下简称陆家嘴开发公司)。

1. 成长历程

公司自成立以来的成长历程可分成五个阶段。

第一阶段(1990—1997):实行"土地空转,滚动开发"。其推动了陆家嘴金融贸易区快速、大规模、成片、滚动开发。但由于当时开发公司只负责土地批租,具体项目开发建设由通过招商引资而进区的境内外投资者负责实施推进,造成了开发项目之间协调性不够,初始规划中地下连通、空中连通的要求未能实现。

第二阶段(1997—1999):在亚洲金融危机中求发展。受亚洲金融危机的影响,商业地块批租进展缓慢,但商品住宅需求开始启动,在征得上级政府部门同意后,开发公司对先前的区域规划进行了局部调整,将几块原来规划为商贸小区的土地改为住宅用地并批租出去。

第三阶段(2000—2004):提出新的发展战略。期间,陆家嘴集团发展战略的重点是五大板块(地产板块、房产板块、物业板块、高科技板块和会展旅游板块),但公司95%以上的营业收入仍然来源于传统土地批租业务。上马的非土地批租项目表现不佳,为后来集团公司进行业务整合、关停并转埋下了伏笔。

第四阶段(2004—2014.12):主营业务的战略调整。2002年7月1日出台的《土地法》要求6类经营性土地开发权必须通过“招、拍、挂”方式取得,开发公司原有的土地批租方式被叫停。陆家嘴集团适时进行了主营业务发展战略的调整:首先,从地产独大过渡到地产房产并举。选择地段好、能够带来高附加值的地块自行开发房产。其次,从短期项目为主过渡到长短期项目并举。一方面,不断降低土地批租业务、房产开发销售业务等短期项目在公司营业收入中所占比重;另一方面,不断提升房产租赁业务、物业管理业务等长期项目在公司营业收入中的比重。长期项目主要有四类:甲级写字楼、研发楼宇(如软件园)、商业和办公楼(如96广场、1 885广场、世纪大都会等)、高端公寓出租项目(如名城花园)等。再次,从住宅项目为主过渡到各类功能性房产项目并举。功能性房产有5A级的智能化办公楼宇、国际会展业的房地产、专业园区和区域商业中心等。最后,从单一地域开发经营到跨地域开发经营,陆家嘴股份公司于2004年3月取得天津小伙巷地块的土地使用权。

第五阶段(2014.12至今):建设自由贸易区拓展区。

2. 开发地域

1990年以来,陆家嘴开发公司承担了陆家嘴金融贸易区内金融中心区、竹园商贸区、龙阳综合区和其他零星地块的土地成片开发,如图3-3所示。

3. 开发项目

25年来,陆家嘴开发公司积极规划投资了陆家嘴金融贸易开发区内包括甲级写字楼、商业中心、星级酒店、国际社区、都市科研等功能在内的各类商业地产。主要负责陆家嘴金融贸易区内土地开发、综合经营和协调管理工作。主持了陆家嘴金融中心区(CBD)、竹园商贸区、东城社区、六里现代生活区、陆家嘴软件园等区域的综合规划开发工作。除主业房地产及与之配套产业外,还涉及旅

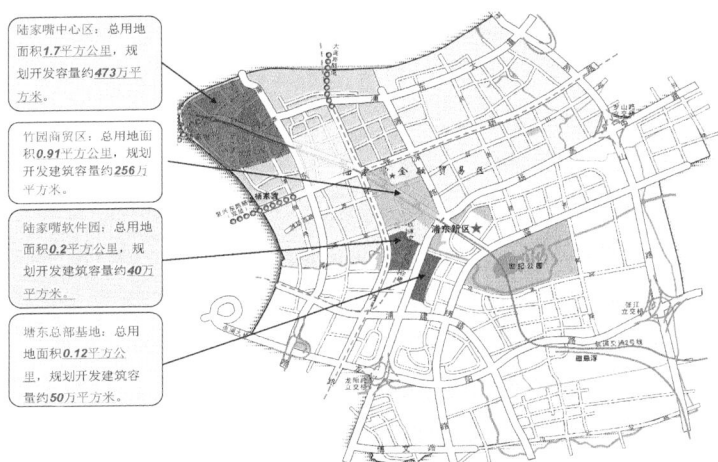

陆家嘴中心区：总用地面积**1.7**平方公里，规划开发容量约**473**万平方米。

竹园商贸区：总用地面积**0.91**平方公里，规划开发建筑容量约**256**万平方米。

陆家嘴软件园：总用地面积**0.2**平方公里，规划开发建筑容量约**40**万平方米。

塘东总部基地：总用地面积**0.12**平方公里，规划开发建筑容量约**50**万平方米。

图 3-3　陆家嘴开发公司所开发的土地示意图

游会展、金融贸易、高科技、城市综合服务等产业，初步形成一业为主、多元化经营格局。

（1）办公建筑产品：均位于城市中心区，具备先进的设计理念、卓越的建筑品质和完善的物业管理，专为世界顶级知名公司打造，达到国际级甲 A 标准。如投资建设了浦东滨江大道、陆家嘴中心绿地、世纪大道等一批旅游休闲和市政交通项目，有效提升了区域投资环境，完善了服务功能。集团参与投资的上海新国际博览中心成功举办了第十一届上海国际汽车工业展览会、第十五届华东进出口商品交易会（华交会）、第七届上海国际工业博览会（工博会）、中国国际建筑博览会等国内外知名展会等。（2）商业建筑产品：包括商业中心、酒店、商铺等，主要是为陆家嘴金融贸易区配套服务的功能性产品，均为公司长期持有，持续经营。（3）国际社区产品：宽敞明亮的居室、业态丰富的商铺、一应俱全的会所、细致周到的服务，为陆家嘴金融贸易中心的各类人才打造"安居"环境。（4）研发建筑产品：即上海陆家嘴软件园，位于浦东新区的中心位置。（5）会展建筑产品：即上海新国际博览中心，于 2001 年 11 月 2 日正式开业。拥有完善而先进的设施，是举办各种展览会、会议及节事活动的理想场地。（6）社会住宅项目：公司自 1994 年起投资建设了各类社会住宅项目。（7）社会公益项目：各类社会公益项目构筑起城市中一道道亮丽的风景线，不仅改善了金融城的生态环境和人文环境，更进一步丰富了陆家嘴金融城的城市服务功能。"世纪大道"和"陆家嘴中心绿地"、"滨江大道"已成为浦东新区颇具时代标志性的城市景观。

25年来,陆家嘴开发公司认真执行国家战略和上海市发展战略,通过土地经营、资本动作、市政建设、动拆迁、项目规划和建设等艰苦细致的工作,最终把陆家嘴地区打造成现代化、国际化的金融贸易核心区域。

4. 资金筹措

陆家嘴开发公司的开发资金来源主要有:(1) 政府以地折资:1990年9月,市政府向陆家嘴开发公司注入土地,折价6.7亿元人民币。(2) 对外贷款:陆家嘴开发公司向中国国际信托投资贷款3 000万元人民币。(3) 境外资金:1991年9月,陆家嘴开发公司与香港泽鸿发展有限公司、中国人保投资信托公司、中国人保上海分公司、上海实业(集团)有限公司合资成立上海陆家嘴金融贸易区联合发展有限公司(以下简称陆家嘴联合公司),获得开发资金4 410万美元(人民币23 730万元)。1991年10月根据市政府的统一协调安排,陆家嘴开发公司与香港泽鸿发展有限公司、中国人保投资信托公司、中国人保上海分公司、上海实业(集团)有限公司五方共同成立了上海陆家嘴金融贸易区联合发展有限公司(中外合资企业),陆家嘴集团以当初的69公顷土地折资控股55%。此外开发公司以土地折资1 500万美元,境外公司出1 500万美元资金,各占50%股份组成正大集团。(4) 公司上市:1992年,陆家嘴开发公司整体上市,当时注册资金为71 500万元,其中国家股67 000万元,占93.7%;法人股3 000万元,占4.2%;公开发行社会个人股票1 500万元,占2.1%。1994年12月9日,上海市外国投资工作委员会批复同意上海市陆家嘴金融贸易区开发股份有限公司转为中外股份有限公司,并更名为上海陆家嘴金融贸易区开发股份有限公司。注册资本73 300万元,其中人民币股票(A股)为53 300万元,占72.7%,人民币特种股票(B股)为20 000万元,占27.3%。陆家嘴股份公司通过市场共筹措资金19.3亿元人民币(发行A、B股及配股所得),在资本市场上筹措开发资金。

5. 治理结构、组织结构和企业结构

(1) 治理结构:在25年的运营过程中,先后出现陆家嘴集团、陆家嘴股份公司和陆家嘴联合公司三家公司,一开始是合署办公,"一套班子,三块牌子"。2000年后,三家公司正式分体运营,实行董事会领导下的总经理负责制。

(2) 组织结构及改制:1992年5月,陆家嘴开发公司改制为陆家嘴金融贸易区开发股份有限公司(以下简称陆家嘴股份公司)。同年11月,重新恢复陆家嘴开发公司,而陆家嘴股份有限公司为其子公司。1993年6月8日,陆家嘴股份公司在上海证券交易所上市交易。1997年12月10日,陆家嘴开发公司改制并组建集团公司,为国有独资企业,是当时上海市重点扶持的54家国有大企业之一。2002 年,证监会出台《上市公司治理准则》,要求完善上市公司治理结构,规范上市公司运作,特别要求作为大股东的集团公司与上市公司要做到"五分开"(即业务、资产、人员、机构、财务的完全独立)。2007 年 3 月 9 日,证监会再次下发《关于开展加强上市公司治理专项活动有关事项的通知》,要求加强上市公司独立性,改善日常运作的规范程度,提高透明度。为适应这一要求,集团公司和股份公司的改制更加规范,更加符合现代企业制度的要求。

(3) 企业结构:从 2004 年开始,集团开始对旗下各类企业进行有计划的重组,通过歇业注销、资产重组、减资、转让、整合等多种形式,配合以转让、资产重组、整合、减资等形式,逐步对集团资产进行梳理、优化,以歇业注销为主要形式(134 家转制企业中,有 97 家采取了歇业注销的形式)。

6. 公司职能

陆家嘴开发公司是伴随着陆家嘴金融贸易区建立而成立的,职能主要有:(1) 规划职能:小陆家嘴核心区规划是以规划竞赛方式向全球 10 家规划设计单位发出邀请,最后在 5 家方案基础上融合而成现在的小陆家嘴核心区规划布局。(2) 开发职能:承担了开发区规划、土地前期开发、建设、配套、动迁和安置居民等陆家嘴金融贸易区的开发任务。(3) 招商引资职能。(4) 综合管理职能。

7. 运行模式

回顾 20 年的发展,陆家嘴开发公司的运行模式具有以下主要特征:(1) 依托市区两级政府。20 世纪 90 年代初期,浦东开发开放及其模式是中国进一步扩大改革开放的旗帜,是振兴上海的抓手和平台。陆家嘴开发公司依托市区两级政府,汇聚各方人才,多渠道筹集资金,推进土地开发,采取建设规划的国际竞标,在很短时间里迅速打开陆家嘴金融贸易区的开发局面。(2) 实行土地空转成片滚动开发。浦东开发选择了"土地空转,成片开发,快速滚动"的土地开发战略。四个开发区和开发公司进行总体规划和分片规划,进行居民和企业的动拆迁,进行道路和网线的敷设,进行招商引资。(3) 采取多种方式筹资集资。开发公司以"空转"获得的土地开发使用权,进行"以地抵押"、"以地合资"、"以地上市"、"以地招商",从而获取大量源源不断的建设开发资金。实践证明,这种方式时间短,见效快,能滚动,可持续,特别是在浦东开发的初始阶段,有效地解决了建设资金匮乏的瓶颈。(4) 推进主营业务的结构性调整。1997 年亚洲金融危机之后,陆家嘴开发公司适时地进行了主营业务结构的调整转型,逐步压缩土地转让和房屋销售在总收入中的比重,逐步提高物业经营在总收入中的比重,逐步从地产独大向地产房产并举的方向调整;资产结构由短期资产为主向长短期资产并举的方向调整；由商品住宅开发项目为主向高端商业房产的方向调整；土地资源由批租转让为主向集团公司自行开发的方向调整；房地产项目由以浦东新区为主逐步向上海市和外地的跨区域拓展的方向调整。(5)形成具有核心竞争力的产品。经过20年的成长，陆家嘴开发公司具有核心竞争力的主要有四类：高端的城市综合体开发(指集五星级酒店、5A级以上办公楼、大型商场、高档酒店式服务公寓等多种业态于一体的大型城市综合体开发)、甲级或超甲级写字楼、高星级酒店和高档酒店式公寓、订单商务地产。(6)培育出了陆家嘴品牌。陆家嘴开发公司的企业品牌是和其旗下的上市公司的业绩、中央商务区规划及开发能力、企业团队联系在一起的，也是和小陆家嘴地区、整个浦东新区、上海金融城建设、陆家嘴软件园、高端商务楼宇等联系在一起的。所有这些成为陆家嘴集团开发公司的品牌内涵。(7)实现资产、利润、人才结构的调整。2004年，杨小明调任陆家嘴集团，当时集团同样面临转型之惑。他提出不再"卖地为生"，从单纯的土地批租逐步过渡到自行开发，将核心地块开发成高附加值的战略资源。集团资产结构由短期流动性资产为主(2006年约为70%)逐步调整到长期与短期资产结构基本平衡，并最终转向以长期非流动性资产为主的模式。利润结构由以短期销售利润为主逐渐调整为租售利润并举，进而实现长期租金利润为主的模式。在人才结构方面，形成领袖、领军、领队、领班四个层级的人员结构。

二、陆家嘴金融贸易区

1. 地理位置

陆家嘴金融贸易区是1990年经国务院批准设立的我国唯一的以金融、保险、证券为主导产业的国家级开发区，规划面积31.78平方公里。其中1.7平方公里的陆家嘴中心区(被称为小陆家嘴)，规划边界为黄浦江——浦东南路——东昌路，区域地理位置十分优越，如图3-4所示。

2. 开发情况

截至2008年，小陆家嘴区的开发情况为：陆家嘴中心区总用地面积为168.7公顷，其中开发用地面积为119.5公顷，道路用地为49.2公顷。规划区内公共设施用地33.70公顷，占规划用地面积的20.0%；居住用地10.89公顷，占规划用地面积的6.5%；市政公用设施用地3.60公顷，占规划用地面积的2.3%；工业用地0.60公顷，占规划用地面积的0.4%；公共绿地31.07公顷，占规划用地面积的18.4%；在建或空地39.67公顷，占规划用地面积的23.5%。

该区域各类开发用地的分布状况(2008)如图3-5所示。

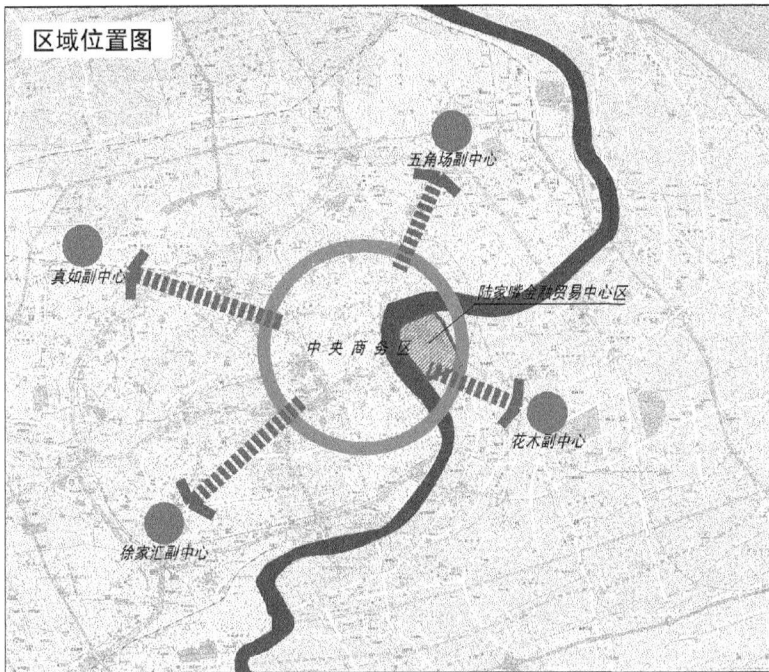

图 3-4 陆家嘴金融贸易区的地理方位示意图

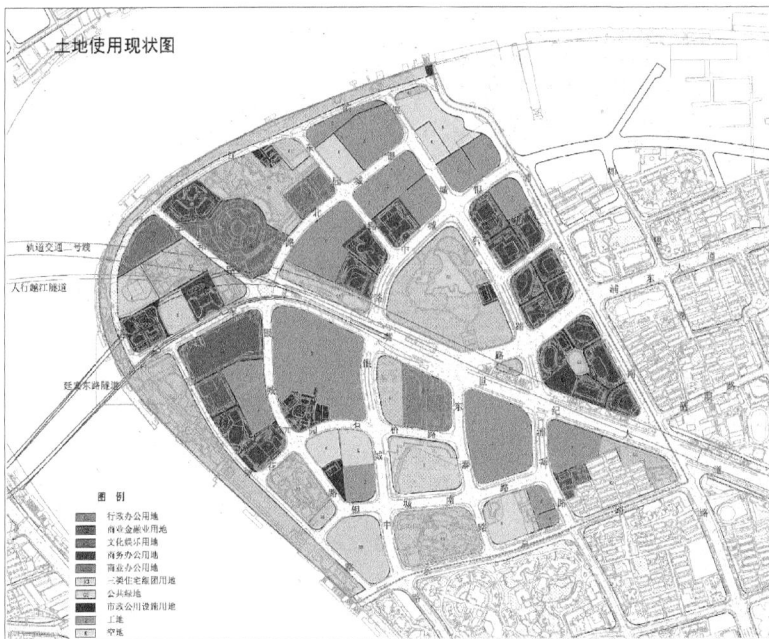

图 3-5 小陆家嘴区域开发情况示意图

已建成的延安东路等 5 条越江隧道、2 号线等 5 条地铁线,以及南浦、卢浦、杨浦等过江大桥,在黄浦江上构筑成立体交通体系,再加上浦东机场、虹桥机场、外高桥港等,使陆家嘴开发区不仅与上海市区保持畅通的交通联系,而且同全国和世界也紧密相连。

3. 开发进程

25 年来,小陆家嘴的城市建设是与陆家嘴开发公司的项目进展同步的。图 3 - 6 展示了 1994、1997、2003、2008 四个不同年份的陆家嘴开发公司在金融中心区开发地块上的楼宇项目(以开工时间为划分标准)空间布局情况,这四个不同年份的项目格局可明显地展示小陆家嘴城市面貌的变迁和金融城的逐步形成过程。

4. 开发成果:打造国际金融城

经过 25 年的开发开放,陆家嘴金融贸易区已经成为金融企业、投资机构、跨国公司总部、要素市场、各类服务中介机构的汇聚区,成为上海建设国际金融中心的核心地域载体,以 492 米高(101 层)的上海环球金融中心、468 米高的东方明珠电视塔和 420.5 米高(88 层)的金茂大厦为代表的高楼群,已成为上海现代化城区的新景观。2.5 公里长的滨江大道、10 万平方米的陆家嘴中心绿地、5 公里长的景观道路世纪大道、连接浦西浦东的外滩观光隧道和现代化的大楼群,形成了上海这个大都市的独特景观。已建成使用的商务楼宇 200 多栋,楼宇经济已成为陆家嘴金融贸易区主要增长点,吸引了 5 600 多家功能性企业和机构。

(1)金融功能强大,中外金融机构及各类金融资源集聚强度高。小陆家嘴中心区创造了"中外资金融保险机构集聚数量、单位面积实收外资金融机构资本金额、外资银行营业领域与品种、外资银行营运资本总额和营业税超过 1 000 万元的外资银行数量"等五项"全国第一",已经成为扬名中外的亚太新兴"资本集聚极"(Capital-pole)和上海国际金融中心的核心地域载体之一。2009 年 1 月,上海证监局正式迁入浦东新区。至此,国内金融监管机构"一行三会"——中国人民银行上海总部及银监会、证监会、保监会的上海局都已落户浦东,标志着上海国际金融中心向前迈进了一大步。在小陆家嘴中心区 1.7 平方公里的范围内,金融地理格局已经形成:世纪大道以北集聚的是中资银行、保险类金融机构;世纪大道以南集聚的是外资金融机构和新兴资产管理机构。与之配套,花木行政文化区聚集了中央驻沪金融监管部门,张江银行卡产业园成为金融机构后台机构集聚地,外高桥成为金融机构数据中心或备份中心。陆家嘴的 400 多幢高等级写字楼里已经汇集了全球 600 多家金融机构,占上海全市 80% 以上,每

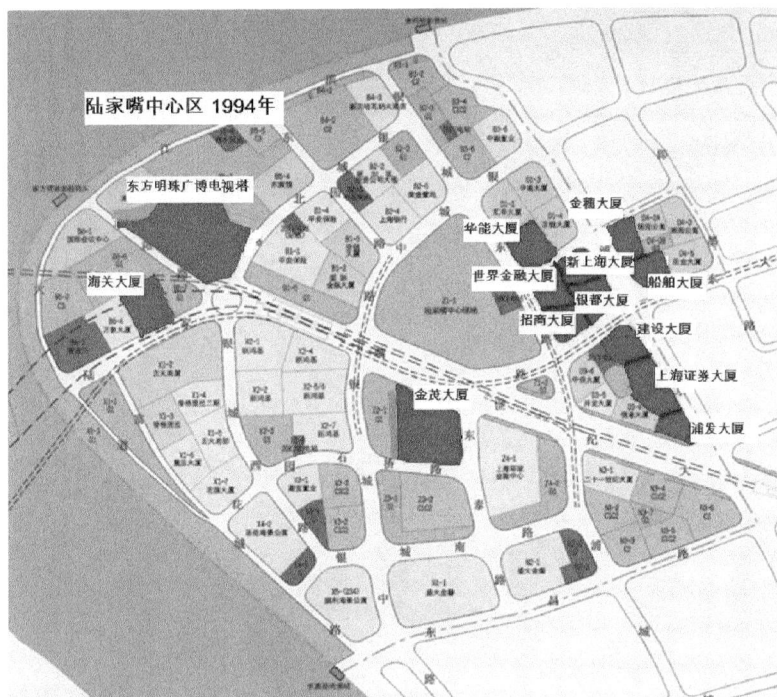

陆家嘴中心区 1994年

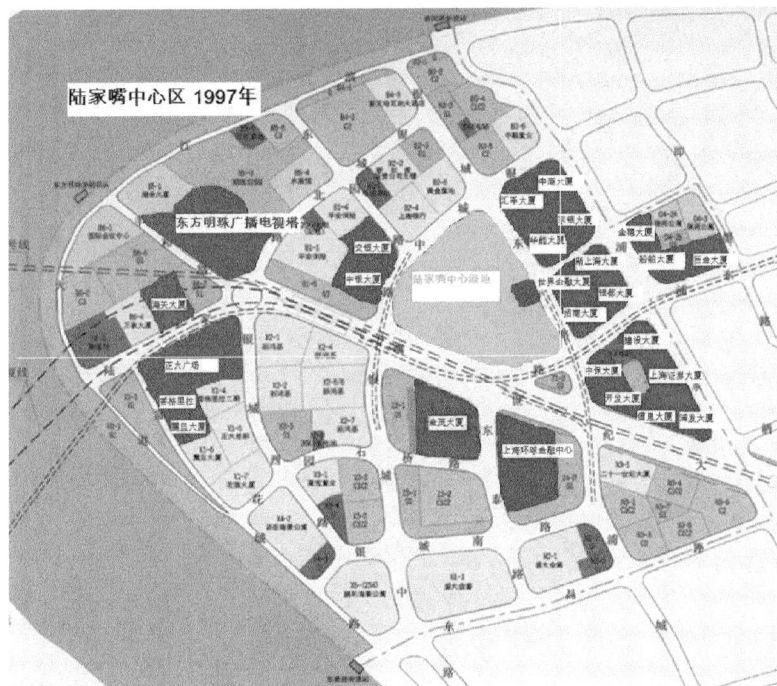

陆家嘴中心区 1997年

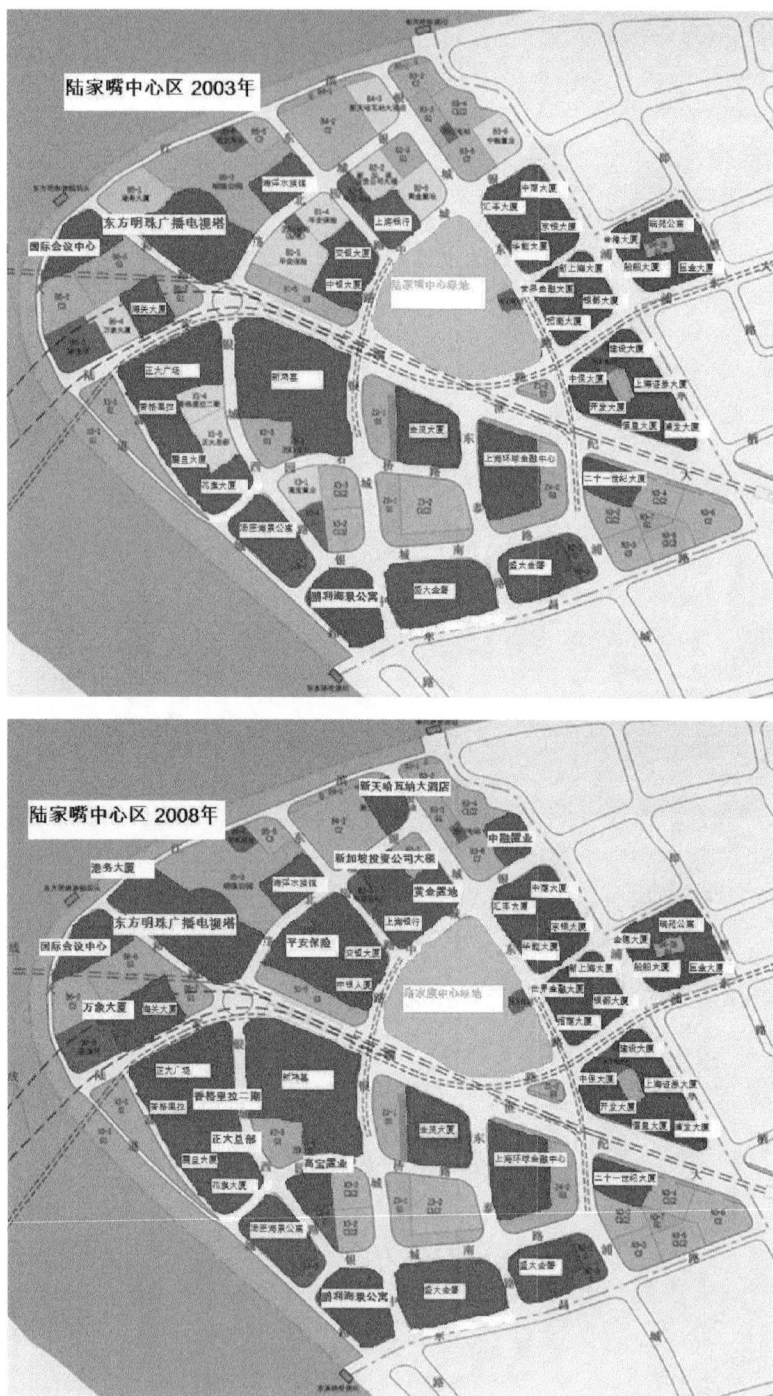

图 3 - 6 小陆家嘴的开发进程

年产生 300 亿元的税收。每天有数千亿元资金在浦东的上海证券交易所、上海期货交易所等要素市场自由流动，陆家嘴金融城已经成为全球金融要素最齐全的区域，并正在崛起为堪与纽约、伦敦并列的国际金融中心。

（2）要素大市场发展迅速。建成了证券、期货、钻石、石油、产权、房地产、人才等 8 家国家级和市级要素市场，充分体现了上海浦东开发及陆家嘴 CBD 的辐射效应，强化了上海服务全国的功能，成为中国对外经济合作交流的市场和平台。

（3）国际贸易中心初具规模。经由陆家嘴区内各类中外贸易类企业的"一般贸易"进出口，成为我国加入 WTO 后的重要国际接口（Interface）和贸易平台。吸引了批发零售企业 2 070 家，租赁和商务服务企业 1 012 家，楼均入驻法人单位近 50 家。

（4）总部经济逐步形成。世界著名跨国公司和国际金融财团各类总部（包括区域总部、研发总部、培训总部、投资总部等）云集小陆家嘴，使该区域的总部经济和头脑经济快速形成。300 多家有影响的国内外大集团、大企业，如斯米克、汤臣、宝钢等进驻陆家嘴。中央各部委、全国各省市及国外的几十家大集团、大企业在区内投入巨资，成为省部楼宇和星级酒店的集聚地。

（5）现代服务业蓬勃发展。陆家嘴区域内的法律与咨询业务量分别跻身全国前十强，吸引了法律、会计等专业服务机构 1 900 多家；而上海国际会议中心、上海新国际博览中心、世纪公园、世纪广场等为主要载体，陆家嘴已成为亚太新兴的国际会议中心和旅游目的地；金茂凯悦大酒店、香格里拉大酒店、新亚汤臣大酒店等众多高星级宾馆，使陆家嘴的"楼宇餐饮"呈现强劲的发展势头。楼宇经济成为崭新增长点，涌现出一批"亿元级（税收）办公楼"和"5 000 万元级（税收）CBD（中央商务区）功能建筑集群"，已成为国内单位面积耗费资源最少、产出效益最高的经济载体。

三、陆家嘴开发公司与开发区的互动

在回顾和总结了陆家嘴金融贸易区及其开发公司的生成、成长过程基础上，我们不难发现陆家嘴金融贸易区与开发公司之间存在着你中有我、我中有你的相互依赖关系；在相互依赖基础上，我们也不难发现陆家嘴金融贸易区与开发公司在生成、成长过程中的互动关系；在互动关系中，我们也不难发现"陆家嘴金融贸易区开发开放模式"和"陆家嘴开发公司模式"逐步生成并完善。经过本课题组的研究，我们可以把上述关系作如下阐述。

1. 陆家嘴开发公司与陆家嘴金融贸易开发区的主客体关系非常紧密

如前所述，浦东开发开放的完整内容中包括了主体和客体的相关内容。就陆家嘴金融贸易开发区的开发开放来看，陆家嘴开发公司是开发的主体，而陆家

嘴金融贸易开发区则是开发的客体。主体与客体之间是辩证统一的关系,因此,陆家嘴开发公司的模式可以从陆家嘴金融贸易开发区的开发开放模式中得以反映。可以这样说,从陆家嘴金融贸易开发区的开发开放进程中陆家嘴开发公司所留下的"痕迹"出发,可以概括出"陆家嘴开发公司模式"的相关内容。25 年来,在陆家嘴开发公司的主导下,从土地开发到招商引资,从基础设施到楼宇建设,从金融贸易区的打造到国际金融城的建设,从金融机构集聚、要素市场集聚、国际贸易集聚、总部集聚到其他现代服务业的生成,陆家嘴金融贸易开发区的开发开放一步步向前推进。完善了陆家嘴金融贸易开发区城市基础设施建设,使之向现代化、国际化、多功能城区迈进;开发了众多适合不同需求的楼宇(甲级写字楼、商业中心、星级酒店、国际社区、都市科研等功能在内的各类商业地产),使之成为服务经济的有机内容和重要载体;培育了国际金融、国际贸易、要素市场、总部经济、软件等现代化服务业,使之成为服务经济中的核心产业;打造出了"陆家嘴"这一区域品牌,使之成为浦东新区亮丽的风景区、浦东开发开放的典型展示和旗帜,进而形成和完善了"陆家嘴开发开放模式",等等。在上述陆家嘴金融贸易开发区开发开放业绩中,处处体现着陆家嘴开发公司的"痕迹",在上海市政府和浦东新区政府的全力支持下,陆家嘴开发公司是主导陆家嘴金融贸易开发区开发开放的重要主体,因此,陆家嘴金融贸易开发区开发开放业绩及其开发开放模式也丰富和完善了"陆家嘴开发公司模式"的内容,使"陆家嘴开发公司模式"既区别于浦东新区的其他三家开发公司模式,也区别于浦东以外的各类开发公司模式。

2. 陆家嘴金融贸易开发区的开发开放进程体现了陆家嘴开发公司的成长和开发业绩

陆家嘴开发公司是伴随着陆家嘴金融贸易开发区的开发开放进程而生成、成长和壮大的。可以这样说,没有陆家嘴开发公司在陆家嘴金融贸易开发区的开发开放进程中的各种作为,就没有"陆家嘴开发公司模式"。"陆家嘴开发公司模式"的丰富内涵之一包括了陆家嘴开发公司在陆家嘴金融贸易开发区的开发开放进程中的各种作为的总和,这一总和就是陆家嘴开发公司的成长和开发业绩。因此,只有在陆家嘴金融贸易开发区的开发开放进程中概括出陆家嘴开发公司的各种作为,只有在陆家嘴开发公司的各种作为中概括出关于陆家嘴开发公司所形成和完善的各种范式、规程、程序,才能全面、准确地概括出"陆家嘴开发公司模式"的正确内涵。而正是因为陆家嘴金融贸易开发区的开发开放进程中的具体内容区别于浦东其他三个开发区的内容,正是因为陆家嘴开发公司的各种作为区别于浦东其他三个开发公司的内容,才使"陆家嘴开发公司模式"既区别于浦东新区的其他三家开发公司模式，也区别于浦东以外的各类开发公司模式。

3. 陆家嘴金融贸易开发区开发开放进程中形成了陆家嘴金融贸易开发区的开发开放模式

上述陆家嘴金融贸易开发区 25 年的开发开放实践证明，在上海市政府的主导下，在陆家嘴开发公司的全面主持下，陆家嘴金融贸易开发区的开发开放走过了一段成功的道路，丰富和深化了浦东开发开放的内容和内涵。不仅如此，陆家嘴金融贸易开发区的开发开放，无论在内涵、内容上还是在模式上，都完全区别于浦东其他三家开发区，完全区别于世界各国已经开发完成或者正在开发的开发区，形成了陆家嘴金融贸易开发区独特的开发开放道路，在这一独特的开发开放进程中自然而然地形成了"陆家嘴金融贸易开发区的开发开放模式"。

4. "陆家嘴开发开放模式"形成过程中也自然而然地形成了"陆家嘴开发公司模式"

上述陆家嘴开发公司 25 年的运营实践证明，其自身的生成、成长既全面、系统地主导和推动了陆家嘴金融贸易开发区的开发开放进程，也把自己的"命运"全面、全部"捆绑"在陆家嘴金融贸易开发区的开发开放进程的身上。因此，陆家嘴金融贸易开发区的开发开放进程规定了"陆家嘴金融贸易开发区的开发开放模式"的轨迹和内涵，陆家嘴金融贸易开发区的开发开放进程、"陆家嘴金融贸易开发区的开发开放模式"又规定了陆家嘴开发公司运营的轨迹和内涵，而陆家嘴金融贸易开发区的开发开放进程、"陆家嘴金融贸易开发区的开发开放模式"和陆家嘴开发公司运营的轨迹和内涵，这三者共同规定了"陆家嘴开发公司模式"的结构和内涵。

5. "陆家嘴开发公司模式"隶属于"陆家嘴金融贸易开发区的开发模式"，并是其中的有机内容

现代企业理论告诉我们，公司不是孤立地存在于社会经济生活中的，而是社会经济系统中的一个子系统。公司需要向社会经济系统取得资源、劳动力、装备等生产要素，需要利用土地、厂房、生态、环境从事各项经济行为，需要向社会经济系统输送产品进而树立在社会经济系统中的品牌和形象。因此，公司实际上是整个社会经济生活中的有机组成部分。

与之相应，公司模式也不可能是孤立于社会经济模式的，而是整个社会经济模式中的一个子模式。这一子模式与整个社会经济模式之间是水乳交融的关系，而绝不是若即若离的关系。

6. 陆家嘴开发公司在自身的生成和成长过程中自然而然地生成和完善了"陆家嘴开发公司模式"

现代企业理论告诉我们,企业作为一个相对独立、完整和系统的组织形态也存在着自身的运动轨迹、规程、范式和程序,这就是"企业组织模式"。就开发类企业来讲,"企业组织模式"可以从成长历程、开发地域、开发项目、资金筹措、企业结构(治理结构、组织结构、企业结构)、企业职能、运行模式等七个方面来概括和总结。上述关于陆家嘴开发公司 25 年来的运营的总结正是从这七个方面展开的,表明陆家嘴开发公司作为企业,其自身内部的"企业组织模式"既符合"企业组织模式"的一般规范,也拥有自身的特点,从而体现了"陆家嘴开发公司模式"在内涵上的普遍性和特殊性。因此,上述陆家嘴开发公司"企业组织模式"是"陆家嘴开发公司模式"的有机内容。

由此可见,陆家嘴开发公司的运营绝非孤立于陆家嘴金融贸易开发区的开发开放,"陆家嘴开发公司模式"也绝非是孤立于"陆家嘴金融贸易开发区的开发开放模式"。相反,陆家嘴开发公司的运营推动了陆家嘴金融贸易开发区的开发开放,"陆家嘴开发公司模式"是"陆家嘴金融贸易开发区的开发模式"的有机组成部分。上述 25 年来陆家嘴开发公司的运营和陆家嘴金融贸易开发区的开发开放进程的考察结果,完全可以得出并证明这一结论。

第二节　外高桥保税区开发有限
公司与外高桥保税区

一、外高桥保税区开发有限公司

1. 公司简介

1990 年 12 月,经上海市政府批准成立了上海外高桥保税区开发有限公司(以下简称外高桥开发公司),承担上海外高桥保税区区域综合开发与经营任务,具体包括,保税区 10 平方公里以及保税物流园区 1.03 平方公里、物流园区二期 2.73 平方公里、微电子产业园区 1.67 平方公里区域的综合开发、综合服务以及综合配套,并承担上海外高桥功能区新市镇的开发建设。主要业务包括:园区内市政道路、物业管理、酒店服务等配套业务,外高桥保税区及外高桥功能区域内的工业、商业、住宅开发业务,现代物流贸易业务。经过 25 年的运营,如今的外高桥集团已初步形成了工业房产和物流贸易两大主营业务板块。

2. 历史沿革

自成立以来，外高桥开发公司的成长可分为四个阶段，如图3-7所示：

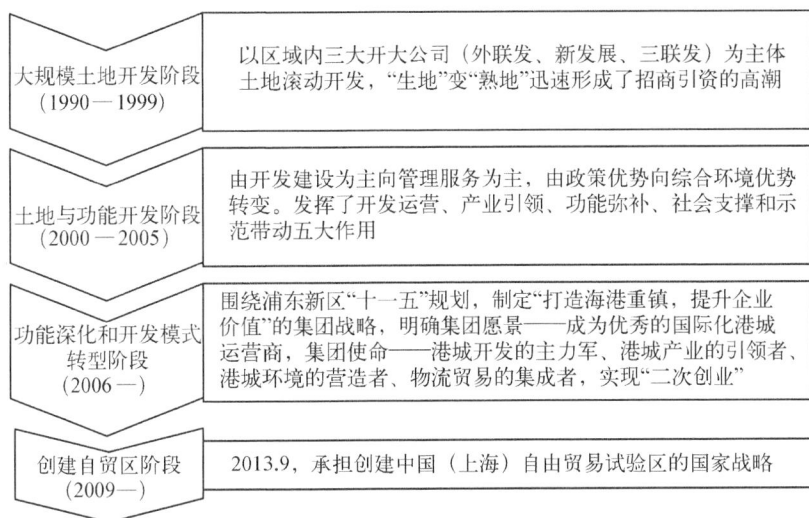

大规模土地开发阶段 （1990—1999）	以区域内三大开大公司（外联发、新发展、三联发）为主体 土地滚动开发，"生地"变"熟地"迅速形成了招商引资的高潮
土地与功能开发阶段 （2000—2005）	由开发建设为主向管理服务为主，由政策优势向综合环境优势 转变。发挥了开发运营、产业引领、功能弥补、社会支撑和示 范带动五大作用
功能深化和开发模式 转型阶段 （2006—）	围绕浦东新区"十一五"规划，制定"打造海港重镇，提升企业 价值"的集团战略，明确集团愿景——成为优秀的国际化港城 运营商，集团使命——港城开发的主力军、港城产业的引领者、 港城环境的营造者、物流贸易的集成者，实现"二次创业"
创建自贸区阶段 （2009—）	2013.9，承担创建中国（上海）自由贸易试验区的国家战略

图3-7　外高桥开发公司的历史沿革

3. 治理结构、组织结构和企业结构

治理结构和组织结构：集团公司设立了执行董事、监事会、经理层。执行董事处于决策的核心地位，但公司的合并、解散、增减资本和发行公司债券，由上海市浦东新区国资委决定；监事会处于监督评价地位；经理层负责公司的日常经营管理，是决策的执行者。公司内设企业发展部、投资管理部等8个职能部门，负责公司日常管理和各项业务的开展。

企业结构：集团公司以资产为纽带拥有9家直属公司。上市公司是集团的主要经营实体，集聚了大部分经营性资产和招商、客服等功能。集团对上市公司拥有决策、指导的权力。

4. 集团的战略定位

近年来，为加快建设上海国际航运中心，浦东新区提出了"三区"（外高桥保税区、洋山保税港区、浦东机场综合保税区）、"三港"（外高桥港、洋山港、浦东空港）联动发展的战略举措。"三区三港"联动发展，有利于解决浦东新区目前在航运方面存在的分散管理、各自为政问题，有利于"三区三港"的管理体制创新、政策资源整合，进一步发挥综合优势和集聚效应。鉴于以上背景，外高桥开发公司提出了新的战略定位。公司的战略定位是,围绕未来外高桥港城区域的总体发展目标,成为优秀的国际化港城开发商、运营商。具体包括以下四个方面:(1) 成为港城开发的主力军,从单一的开发区开发商转变成为开发区、港城区的开发商和运营商;(2) 成为港城产业的引领者,开辟新模式、创造新流程;(3) 成为港城环境的营造者,推进港城产业配套体系向国际化水平看齐,推进生活配套体系向国际化港城标准看齐;(4) 成为物流贸易的集成者,构建联结国内国外物流贸易的市场平台。

在"三区三港"基础,2013 年 9 月 29 日,经国务院批准,开始创建中国(上海)自由贸易试验区。自贸试验区设立一年来,围绕加快政府职能转变、推动体制机制创新,营造国际化、市场化、法治化营商环境等积极探索和大胆尝试,取得了阶段性成果。对外释放了我国继续扩大开放的明确信号,对内形成了全面深化改革的积极氛围,成为我国进一步改革开放的"风向标"。

5. 运行模式

25 年来,外高桥开发公司在外高桥保税区开发开放过程中积极发挥开发营运、产业引领、功能完善、社会支持和示范带动等五大作用,切实履行了党中央、上海市和浦东新区政府赋予的各项经济责任、社会责任和生态责任,形成开发建设和管理服务并举、实现集团公司从发挥政策优势向发挥综合环境优势转变。通过"土地回购"、"腾笼换鸟"等方式,承接先进制造业、现代服务业的载体;把高技术含量、高知识集聚、高附加价值和高管理水平的项目作为招商重点;形成围绕临港经济的中高端现代服务产业(培育先进制造业需求的应用性研发产业;区域联动型的保税与非保业务联动的服务业;展示贸易型服务业);完善发展机制、融资机制、投资机制、监管机制、考核机制、激励机制,着力完善国有资产的布局,做大做强国有资本和国有企业,保证国有资产的保值增值,增强国有资本的活力、控制力、影响力。

二、外高桥保税区

经国务院批准,上海外高桥保税区于 1990 年 6 月设立,同年 9 月正式启动开发,是全国第一个和目前全国 15 个保税区中经济总量最大的保税区。保税区的行政机构是外高桥保税区管理委员会,外高桥保税区管理委员会是上海市人民政府的派出机构,依据上海市人大制定的《上海外高桥保税区条例》等法规,统一管理保税区的行政事务。海关依据《保税区海关监管办法》实施海关业务监管。

1. 地理位置和基础设施

外高桥保税区位于上海市东北端,濒临长江入海口,地处黄金水道(长江)和黄金岸线(中国海岸线)的交汇点,紧靠外高桥港区。

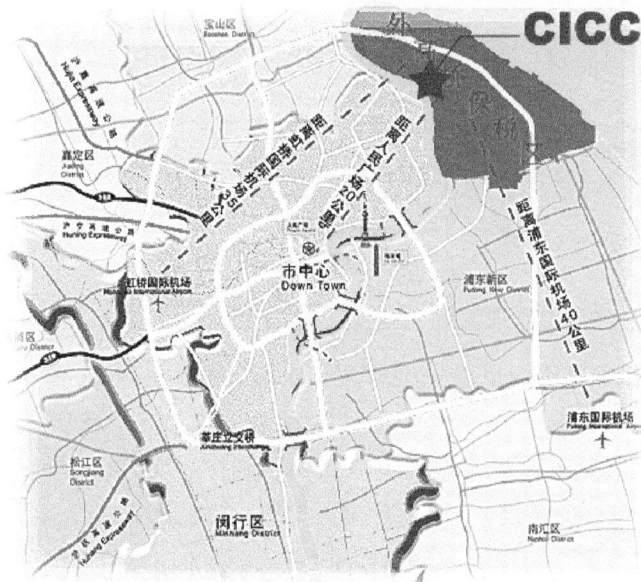

图 3-8　外高桥保税区地理方位示意图

（1）区内基础设施齐全。譬如：保税区海关在全国率先建成了 EDI 报关系统，海关报关当场就可办妥；保税区热力公司利用外高桥电厂的设施和余热开发的集中供热项目。

（2）区外交通便利。杨高路、张杨路、杨浦大桥、中环线、外环线、翔殷路隧道、外环隧道、轨道交通 6 号、10 号线和沪崇苏高速公路、规划中的浦东铁路，组成了现代化的立体交通网络，将外高桥保税区同市区及周边城市紧密相连。

（3）国际交往便捷。外高桥港口已开辟通往香港、日本、南非、中南美、地中海、东南亚、沙特等 9 条国际航线，2 家中国航运公司、5 家外国航运公司共投入 19 条船进行营运，为进一步形成具有自由港功能的国际航运中心及货物人流的集散中心奠定了"硬件"基础。与保税区紧邻的外高桥港区 1—5 期完成集装箱吞吐量占上海港近六成。

2. 政策优势

外高桥保税区的政策优势主要体现在特殊的海关和通关政策许可方面，表现为以下三个方面。

（1）封关与管理。外高桥保税区是设有隔离设施的实行特殊管理的经济区域，保税区运营区域周围设置了永久性隔离 3 米高的围网。截至 1995 年，按照"量力而行，滚动开发"的原则，先后进行了 3 次扩大封关。

表 3 - 1　外高桥保税区的 3 次扩大封关

时　间		隔离、封关情况
第一次封关	1991 年 8 月 28 日	动工建首期工程,隔离地域 0.453 平方公里
	1992 年 3 月 10 日	实施隔离
第二次封关:1993 年 4 月 17 日		通过海关总署验收,封关面积扩大到 2 平方公里,隔离墙总长 9.36 平方公里
第三次封关:1994 年 12 月底		新封关 3.5 平方公里,封关面积增至 5.5 平方公里

外高桥保税区是上海以港口经济为导向的自由贸易区,在保税区与境外之间实行贸易自由、金融自由、货物进出自由,免征关税和进口环节税,免验许可证件,免予常规的海关监管手续(国家禁止进出口和特殊规定的货物除外)。

(2) 开通"港区直通道"。1998 年 9 月 28 日,保税区正式开通了区港海关监管"直通道",保税货物可以通过外高桥港区与保税区之间的保税通道直接由外高桥港区进入保税区。"直通道"大大方便了保税区货物的进出,减少了货物流通环节,有利于加大进出保税区的物流量,促进保税区仓储业的发展,减轻外高桥港口"疏港"压力,推动上海转口贸易的迅速增长,实现了保税区"区内宽松,卡口管住,手续简化,通关便捷"的海关管理目标。

(3) 港区联动。2003 年,经国务院批准成立上海外高桥保税物流园区并实行保税区和港区联动试点。2004 年 4 月,外高桥保税物流园区通过国务院八部委验收后正式运行,实现了与上海各口岸的海运联动。

3. 开发进程

保税区规划面积 10 平方公里,由港区、仓储区、金融贸易区、出口加工区和生活区组成,首期开发 4 平方公里,二期开发 6 平方公里。

表 3 - 2　外高桥保税区一、二期开发情况

阶段	面　积	开发公司	时　间	进　程
一期	4 平方公里	外联发	1993 年年底	基本完成"七通一平"
			1995 年年底	绝大部分土地批租完毕
二期	6 平方公里	新发展三联发	1994 年上半年	开发启动
			1995 年年底止	已完成"七通一平"的面积约 3 平方公里,累计动迁居民 865 户、建成动迁用房 11.2 万平方米

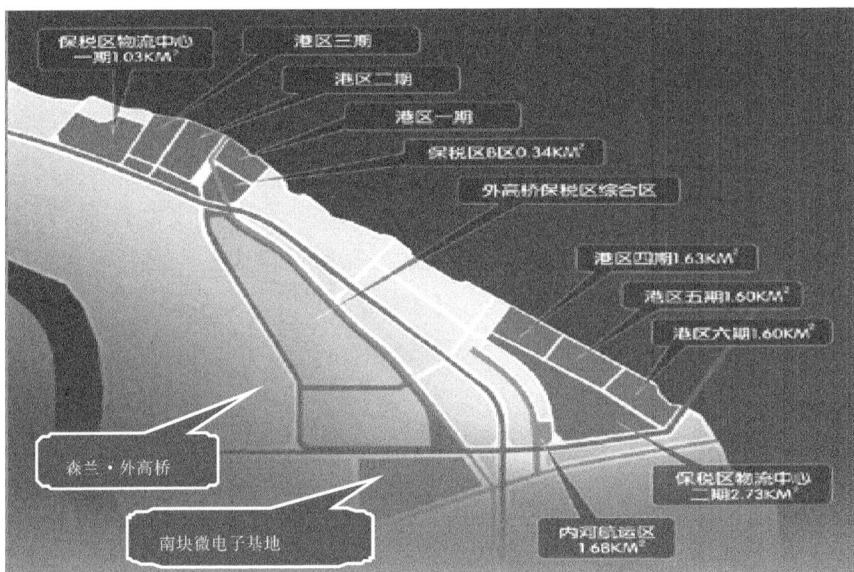

图 3 - 9　外高桥保税区开发进程示意图

4. 产业基地的开发

为加快保税区产业的培育，外高桥保税区开发了高科技产业基地和现代物流产业基地。

（1）高科技产业基地。1996 年，外高桥保税区启动了以计算机和微电子产品为主体的高科技产业基地的开发，规划占地 1 平方公里。美国惠普公司、英特尔公司、罗克韦尔公司、IBM 公司、荷兰菲利浦公司和中国的安徽裕安集团等多家高技术中外企业进区投资建厂，总投资 2 亿美元左右。主要生产彩色喷墨打印机、快闪存储芯片、全球定位系统（GPS）、电子通讯设备、CD - ROM、计算机显示屏及主板、高精度配套注塑件等产品。其中惠普计算机产品（上海）有限公司投资 2 900 万美元；菲利浦公司投资 2 200 万美元，组建独资企业菲利浦光磁电子（上海）有限公司；英特尔技术（中国）有限公司建了建筑面积 1.57 万平方米的新厂房。

（2）现代物流基地。上海外高桥保税物流园区规划占地面积 1.03 平方公里，重点发展仓储和物流产业，拓展国际中转、国际配送、国际采购和国际转口贸易四个功能。

5. 产业培育

25 年来，外高桥保税区经济快速发展，形成了国际贸易、现代物流、先进制造业三大口岸产业。

（1）国际贸易业。国际贸易为外高桥保税区贡献了80％的经济增量，平均15美元的进出口就为新区贡献1美元地方税收。保税区从事进出口贸易的企业有几千家，与192个国家和地区发生进出口贸易往来。通过把商流转化为货物流和资金流，外高桥保税区外汇收支总额达到760亿美元，成为上海市范围内的中外银行经常项目业务增长的重要来源，外高桥保税区已经成为浦东乃至上海最重要的国际贸易基地之一。

（2）现代物流业。保税区物流产业主要发展以"保税—滞后纳税"为特征的物流分拨和第三方物流，集聚了包括德国全球物流、DHL和美国UPS等世界知名物流企业在内的1 000多家物流仓储企业。

（3）先进制造业。外高桥加工制造业向研发、设计等上游环节和维修、技术服务等下游环节延伸升级，形成与长三角地区相配套的较为完整的加工制造链和产业体系，并成为跨国公司的订单中心、技术服务中心和研发中心。

6. 开发成就：国际贸易和物流中心

25年来，利用海关特殊监管区和税收优惠的政策优势，上海外高桥保税区已经发展成为集出口加工、国际贸易、转口贸易、先进制造、保税仓储、现代物流及保税商品展示交易等多种经济功能于一体的综合型保税区，是上海市重要的现代物流产业基地之一、上海市重要的进出口贸易基地之一和上海市微电子产业带的重要组成部分。

25年的开发造就了保税区独特的国际贸易功能：作为海关特殊监管区域，拥有保税存期不限、滞后纳税、分批出区、集中报关、进口保税、料件免税、区内加工贸易免增值税等贸易功能。境内交易人民币和外汇均可支付，境外交易不办理核销等外汇政策，为国际贸易提供了类似境外的交易结算环境；提供仓储物流、商业加工、保税展示等服务，尤其是商品展示服务功能，保税区先后成立了三大综合交易市场以及进口汽车、进口医药、进口钟表、进口红酒、进口机械、进口化工等10多个专业保税交易市场，成为保税交易市场会员的投资企业达到5 286家。两个国家级贸易服务平台：中国国际商品中心，着重培育以酒类、医疗器械类、机床类为核心的长期展示业态，形成以展促销的会展产业集群；国际文化贸易平台，是保税区文化产品贸易场所。形成航运服务中心、国际贸易中心、商品展示交易中心、国际技术服务中心等现代服务产业在外高桥保税区的集聚。

7. 前景展望

根据"三区三港"联动发展的要求和未来 10 年的战略规划(2008—2017)，上海外高桥保税区将利用地理区位、政策环境、产业规模、基础设施等方面的综合优势，发展成为具备国际竞争力的现代化港城。从上海国际航运中心建设的整体布局出发，以港航经济为纽带、国际贸易为导向、现代物流和先进制造业为基础，带动航运、金融、港城配套等产业蓬勃发展，营造区域布局科学合理、产业结构优化提升、国际贸易航运物流金融服务繁荣发达的现代化港城。

三、外高桥开发公司与外高桥保税区的互动

在回顾和总结了 25 年来外高桥保税区及其开发公司的生成、成长过程基础上，我们不难发现外高桥保税区与开发公司之间同样也存在着你中有我、我中有你的相互依赖关系；在相互依赖基础上，我们也不难发现外高桥保税区与开发公司在生成、成长过程中的互动关系；在互动关系的基础上，我们也不难发现"外高桥保税区开发开放模式"和"外高桥开发公司模式"的生成和逐步完善过程。经研究，我们可以把上述关系作如下阐述。

1. 外高桥开发公司与外高桥保税区的主客体关系非常紧密

就外高桥保税区开发开放来看，外高桥开发公司和外高桥保税区管委会是开发的主体，而外高桥保税区则是开发的客体。因此，"外高桥开发公司模式"同样可以从"外高桥保税区开发开放模式"中得以反映。同样，从外高桥保税区开发开放进程中外高桥开发公司所留下的"痕迹"出发可以概括出"外高桥开发公司模式"的相关内容。25 年来，在外高桥开发公司的主导下，从土地开发到招商引资，从基础设施到基地建设，从国际贸易、保税物流业的培育到市场平台、国际金融和先进制造业的发展，从保税区的打造到现代港城的建设，外高桥保税区的开发开放一步步向前推进：完善了外高桥保税区城市基础设施建设，使之向现代化、国际化、多功能现代港城迈进；开发了国际贸易平台、保税物流基地、高新技术产业基地，使之成为高新技术产业、现代物流业、国际贸易业的重要载体；培育了国际贸易、现代物流等现代化服务业和以高新技术产业为主的先进制造业；打造出了"外高桥"这一区域品牌，使之成为浦东新区乃至整个上海市国际贸易和国际航运的重要标识，进而形成和完善了"外高桥保税区开发开放模式"，等等。在上述外高桥保税区开发开放业绩中，处处体现着外高桥开发公司的"痕迹"，在上海市政府的全力支持下，外高桥开发公司和外高桥管委会是主导着外

高桥保税区的开发开放进程的主体,因此,外高桥保税区开发开放业绩及其开发开放模式也丰富和完善了"外高桥开发公司模式"的内容,使"外高桥开发公司模式"既区别于浦东新区的其他三家开发公司模式,也区别于浦东以外的各类开发公司模式。

2. 外高桥保税区开发开放进程体现了外高桥开发公司的成长和开发业绩

外高桥开发公司是伴随着外高桥保税区的开发开放进程而生成、成长和壮大的。可以这样说,没有外高桥开发公司在外高桥保税区的开发开放进程中的各种作为,就没有"外高桥开发公司模式"。"外高桥开发公司模式"的丰富内涵包括了外高桥开发公司在外高桥保税区的开发开放进程中的各种作为的总和,这一总和就是外高桥开发公司的成长和开发业绩。因此,只有在外高桥保税区开发开放进程中概括出外高桥开发公司的各种作为,只有在外高桥开发公司的各种作为中概括出关于外高桥开发公司所形成和完善的各种范式、规程、程序,才能全面、准确地概括出"外高桥开发公司模式"的正确内涵。而正是因为外高桥保税区的开发开放进程中的具体内容区别于浦东其他三个开发区的内容,才使"外高桥开发公司模式"既区别于浦东新区的其他三家开发公司模式,也区别于浦东以外的各类开发公司模式。

3. 外高桥保税区开发开放进程中形成了外高桥保税区开发开放模式

上述外高桥保税区25年的开发开放实践证明,在上海市政府的主导下,在外高桥开发公司和外高桥保税区管委会的全面主持下,外高桥保税区的开发开放走过了一段成功的道路,丰富和深化了外高桥保税区开发开放的内容和内涵。不仅如此,外高桥保税区的开发开放,无论在内涵、内容上还是在模式上,都完全区别于浦东其他三家开发区,完全区别于世界各国已经开发完成或者正在开发的开发区,形成了外高桥保税区独特的开发开放道路,在这一独特的开发开放进程中自然而然地形成了"外高桥保税区的开发开放模式"。

4. "外高桥开发开放模式"形成过程中也自然而然地形成了"外高桥开发公司模式"

上述外高桥开发公司25年的运营实践证明,其自身的生成、成长既全面、系统地主导和推动了外高桥保税区的开发开放进程,也把自己的"命运"全面、全部"捆绑"在外高桥保税区的开发开放进程的身上。因此,外高桥保税区的开发开放进程规定了"外高桥保税区的开发开放模式"的轨迹和内涵,外高桥保税区的开发开放进程、"外高桥保税区的开发开放模式"又规定了外高桥开发公司运营的轨迹和内涵,而外高桥保税区的开发开放进程、"外高桥保税区的开发开放模式"和外高桥开发公司运营的轨迹和内涵,这三者共同规定了"外高桥开发公司模式"的结构和内涵。

5. "外高桥开发公司模式"隶属于"外高桥保税区开发开放模式"并是其中的有机内容

和前面关于陆家嘴开发公司的论述一样,公司模式不可能是孤立于社会经济模式的,而是整个社会经济模式中的一个子模式。这一子模式与整个社会经济模式之间是水乳交融的关系,而绝不是若即若离的关系。外高桥开发公司是因为外高桥保税区的开发开放而生成、成长和壮大起来的,因为,外高桥保税区的开发开放进程制约着外高桥开发公司的生成、成长和壮大。与之相应,"外高桥保税区开发开放模式"制约着"外高桥开发公司模式"。不仅如此,"外高桥开发公司模式"隶属于"外高桥保税区开发开放模式"并是其中的有机内容。

6. 外高桥开发公司自身的生成和成长过程中自然而然地生成和完善了"外高桥开发公司模式"

现代企业理论告诉我们,企业作为一个相对独立、完整和系统的组织形态,也存在着自身的运动轨迹、规程、范式和程序,这就是"企业组织模式"。就开发类企业来讲,"企业组织模式"可以从成长历程、开发地域、开发项目、资金筹措、企业结构(治理结构、组织结构、企业结构)、企业职能、运行模式等七个方面来概括和总结。上述关于外高桥开发公司 25 年来的运营的总结正是从这七个方面展开的,表明外高桥开发公司作为企业,其自身内部的"企业组织模式"既符合"企业组织模式"的一般规范,也拥有自身内部的特点,从而体现了"外高桥开发公司模式"在内涵上的普遍性和特殊性,因此,上述外高桥开发公司"企业组织模式"是"外高桥开发公司模式"的有机内容之一。

由此可见,外高桥开发公司的运营绝非孤立于外高桥保税区的开发开放,"外高桥开发公司模式"也绝非是孤立于"外高桥保税区的开发开放模式"。相反,外高桥开发公司的运营推动了外高桥保税区的开发开放,"外高桥开发公司模式"是"外高桥保税区的开发模式"的有机组成部分。上述 20 年来外高桥开发公司的运营和外高桥保税区的开发开放进程的考察结果,完全可以得出并证明这一结论。

第三节 金桥出口加工区开发公司与
金桥出口加工区

一、金桥出口加工区开发公司

1. 历史沿革

1990年9月,经上海市政府批准,上海市国资委以土地折价(2.4亿元)作为国有资本金注册成立了金桥出口加工区开发公司(以下简称金桥开发公司)。

1992年11月,国有独资的金桥开发公司改制为金桥股份公司并上市,市国资委首笔投入的2.4亿元作为国家股并占金桥股份公司总股本的49.18%。

1992年12月,恢复国有独资的金桥开发公司建制,同时市财政将4.78平方公里土地(折价4.7亿元人民币)注入金桥开发公司。

1993年12月,浦东新区国资办向金桥开发公司投入2.53平方公里土地,折价人民币1.03亿元,至此,金桥开发公司注册资本共计5.73亿元人民币。

1995年12月,经上海市政府批准,金桥开发公司改制为上海金桥集团公司,集团公司注册资本合计5.73亿元(其中,4.7亿元为上海市国资委投入,1.03亿元为浦东新区国资委投入)。

1997年9月,根据浦东国资委(1997)2号"关于授权上海金桥(集团)有限公司统一经营上海金桥集团范围内国有资产的批复",将金桥股份公司31 200万股国家股(计人民币3.12亿元)纳入金桥集团公司,并相应增加了金桥集团公司注册资本人民币3.12亿元,使集团公司的注册资本增加至8.85亿元人民币(5.73亿元+3.12亿元)。

2. 治理结构、组织结构和企业结构

金桥开发公司的治理结构和组织结构在20世纪90年代是"四块牌子,一套班子"的组织构架。2000年起,实行董事会领导下的总经理负责制,即公司董事会按公司章程对重大决策负责,公司总经理为公司日常经营管理的主要负责人。

金桥集团公司与股份公司形成了"二室九部"组织结构。计划发展部、土地部、建设工程部、招商部和安全质量部是集团公司的建设发展系统;党委办公室、办公室、人力资源部和财务部是内部支持系统;投资管理部、财务部、审计监察部和计划发展部是投资管理系统,构成"一中枢三系统"运行模式。

前金桥集团的企业结构表现为拥有全资子公司8家,控股子公司5家,参股子公司17家,产业门类向房地产主业和开发区多元配套服务辅业聚集。

3. 开发公司发展战略的变迁

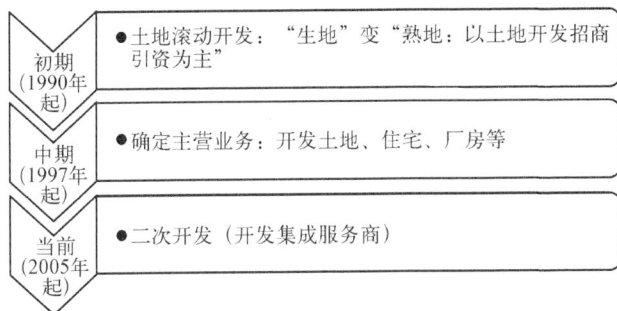

图 3‑10 金桥开发公司发展战略的变迁

4. 筹资方式

金桥开发公司的投融资模式与陆家嘴集团开发公司模式类同,其中金桥的投资主体和项目分布如图3‑11所示:

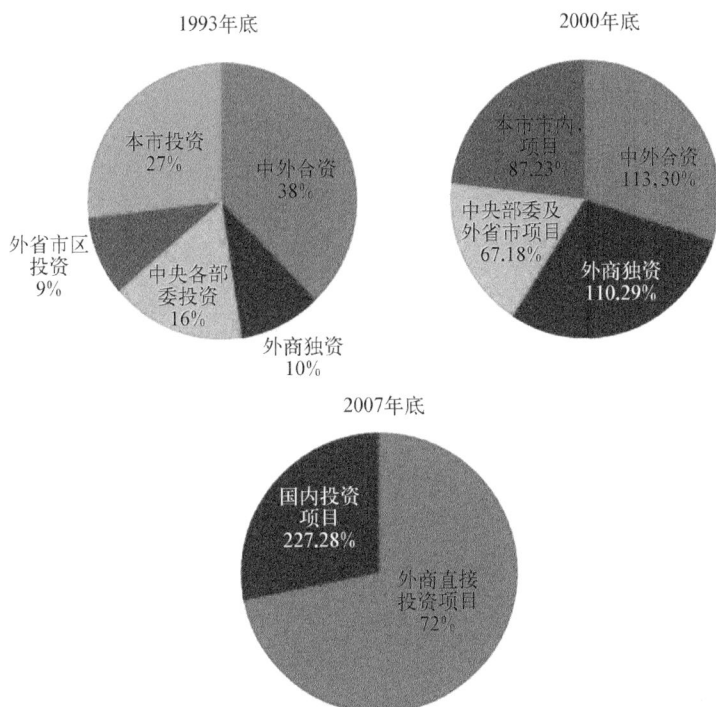

图 3‑11 金桥开发公司投资主体和项目分布示意图

资料来源:浦东新区统计年鉴及金桥集团提供材料。

5. 政府与企业关系

金桥开发公司成立初期,公司承担金桥重点小区内的政府动迁、市政设施等基础设施建设;开发过程中也承担着金桥重点小区的部分政府职能。

2003年,金桥出口加工区管委会成立,全面负责金桥出口加工区范围内的政府管理工作。

2004年11月,金桥功能区管委会成立,全面负责包括出口加工区在内的一区两镇三街道的政府事务,金桥出口加工区管委会仅仅负责区内的企业事务。

2008年8月,金桥功能区管委会与集团公司为形成新的投资项目洽谈合作机制:开发区重大招商项目由管委会和集团公司组成谈判小组,管委会经发处处长和财税处处长直接为客户介绍招商引资审批政策和财税政策。

二、金桥出口加工区

经国务院批准,1990年9月,国家级金桥出口加工区成立。

1. 地理位置

位于上海市浦东新区中北部,西连陆家嘴金融贸易区,北接外高桥保税区,南近张江高科技园区。几经扩建,开发区规划总面积27.38平方公里(其中,北区19.94平方公里;南区7.44平方公里,含海关监管下的出口加工区2.83平方公里)。北区位于浦东新区中部,规划面积19.94平方公里,主要发展先进制造业、生产性服务业、生活居住和综合配套服务;南区位于浦东新区东南部,规划面积7.44平方公里,距离浦东国际机场仅20公里、洋山深水港60公里,空运、海运、陆运均极为方便,适宜发展出口加工、保税物流、研发设计和维修服务。

2. 开发地图

25年来,金桥出口加工区规模不断扩展,从8.9平方公里(1990)到19平方公里(1993)、20平方公里(1997)、24平方公里(2000),再到27平方公里(2002)。

金桥出口加工区(南区)开发进程:2001年,海关监管区方案通过,将南区3平方公里实施封闭管理;2002年,金桥出口加工区(南区)管委会及海关办事处成立;2002年6月,通过海关总署等8部委验收,首期1.5平方公里实施封关运行;2003年,浦东出入境检验检疫局金桥南区办事处揭牌;截至2007年11月

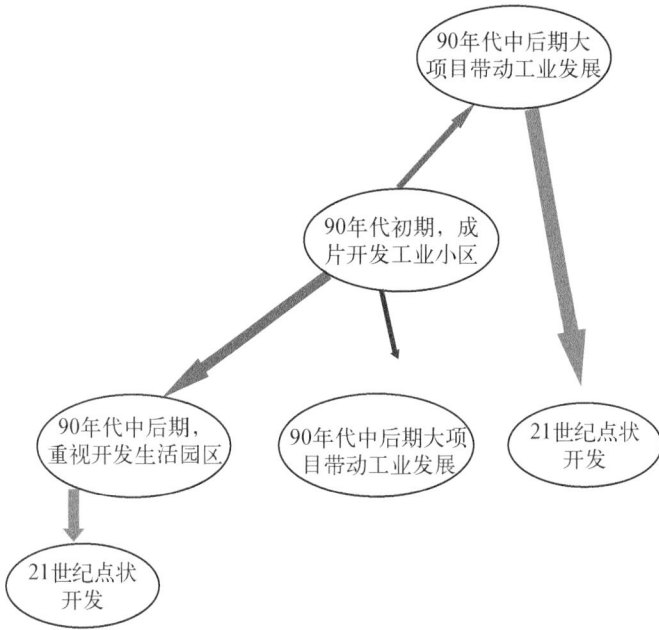

图 3 - 12 金桥出口加工区的开发地图

底,区内注册企业 30 家,投资总额 3.2 亿美元;2009 年 3 月,金桥出口加工区
(南区)保税物流功能正式启用。

3. 开发项目

25 年来金桥开发公司的项目构成情况如图 3 - 13、3 - 14 所示。

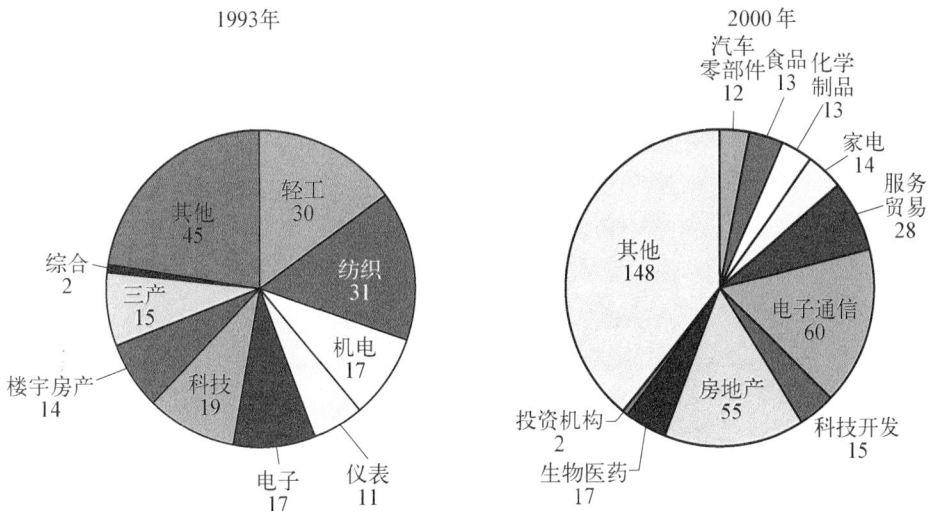

2007年

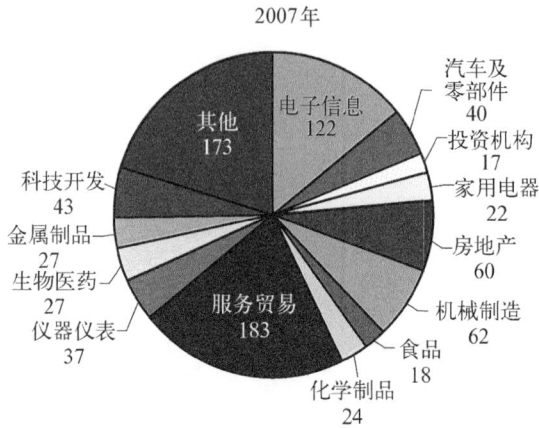

图 3‑13　1993、2000、2007 年金桥出口加工区项目引进行业构成情况分布(项目数: 个)

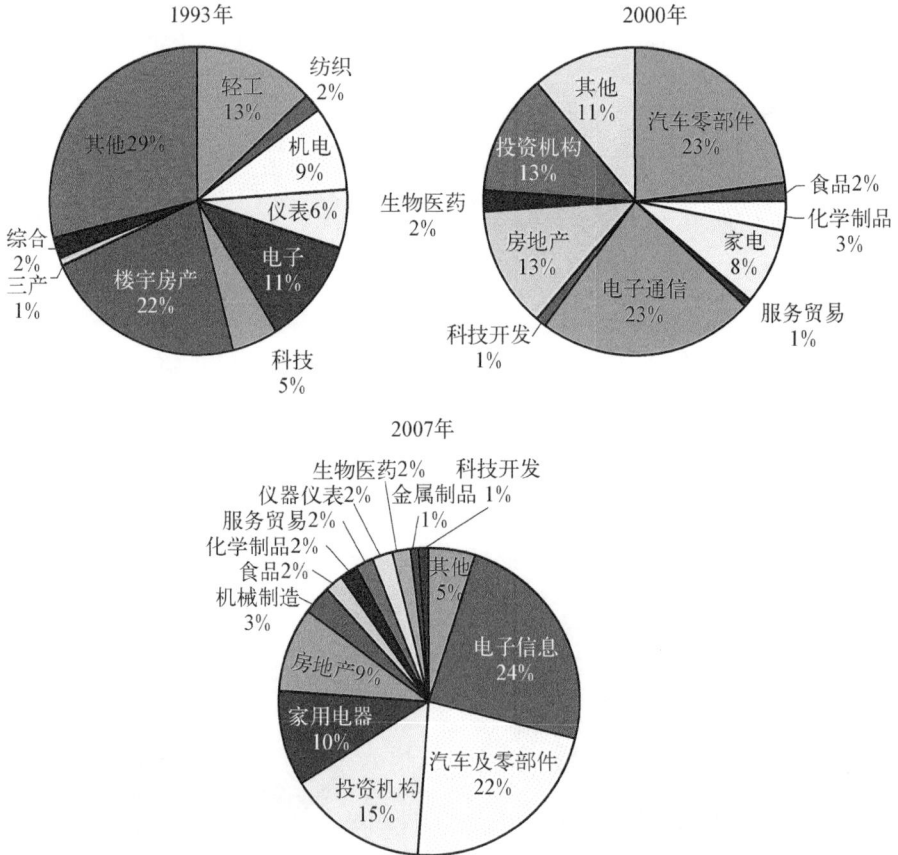

1993年

2000年

2007年

图 3‑14　1993、2000、2007 年金桥出口加工区项目引进情况分布(投资额: 万美元)

资料来源: 浦东新区历年年鉴。

4. 产业培育

金桥出口加工区的产业培育以出口加工业为导向。与此同时，开始发展现代服务业。1997 年，杨小明出任总经理，他提出，"当时我们叫发展'2.5 产业'，也就是生产性服务业，包括金融保险、物流、研发、设计服务等，因为介于制造业与服务业中间，就被形象地称为'2.5 产业'"。金桥的"2.5 产业"推进了区内的产业转型和提升。

（1）先进制造业。经过 25 年的产业培育，金桥出口区已经成为上海规模最大的先进制造业基地：电子信息、汽车制造及零部件、现代家电、生物医药与食品加工为主导的金桥高科技产业。金桥出口加工区的产业演变情况如图 3-15 所示。

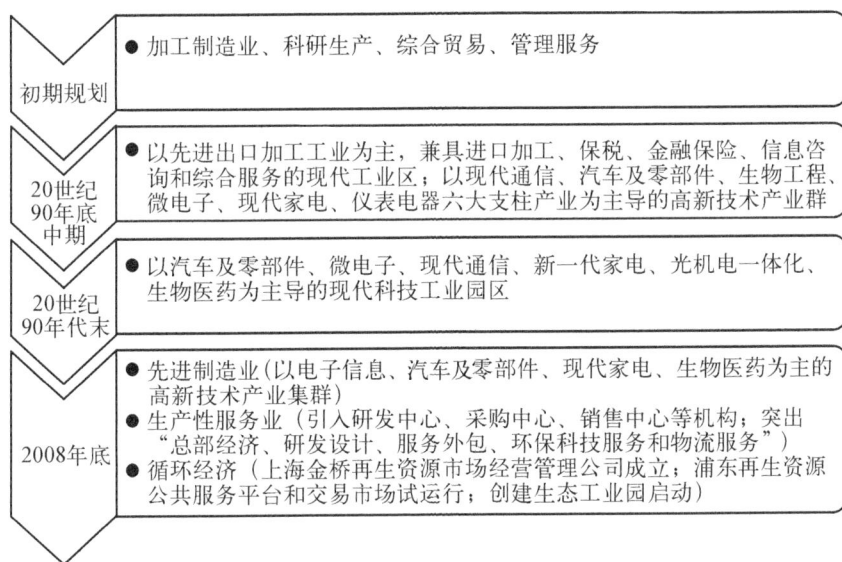

初期规划	● 加工制造业、科研生产、综合贸易、管理服务
20世纪90年底中期	● 以先进出口加工工业为主，兼具进口加工、保税、金融保险、信息咨询和综合服务的现代工业区；以现代通信、汽车及零部件、生物工程、微电子、现代家电、仪表电器六大支柱产业为主导的高新技术产业群
20世纪90年代末	● 以汽车及零部件、微电子、现代通信、新一代家电、光机电一体化、生物医药为主导的现代科技工业园区
2008年底	● 先进制造业(以电子信息、汽车及零部件、现代家电、生物医药为主的高新技术产业集群) ● 生产性服务业（引入研发中心、采购中心、销售中心等机构；突出"总部经济、研发设计、服务外包、环保科技服务和物流服务"） ● 循环经济（上海金桥再生资源市场经营管理公司成立；浦东再生资源公共服务平台和交易市场试运行；创建生态工业园启动）

图 3-15 金桥出口加工区产业演变

成功引来通用汽车亚太地区总部入驻。2008 年 3 月，公司与通用汽车（中国）投资有限公司签订《土地使用权转让合同》，协议转让本公司及联发公司权属下的 T6 和 T8 的工业用地约 12 万平方米。GM 项目的引进对金桥出口加工区的开发开放来说意义重大：首先，GM 项目的引进使得金桥工业园的汽车产业链进一步完善。GM 作为汽车产业的全球领先企业，其研发中心和地区总部是产业链的前端和高端，GM 项目落户浦东金桥，极大地带动了浦东金桥乃至上海的汽车产业的发展水平。尤其 GM 项目中包括的功能，完全把金桥单一的汽车制造业推向多功能、产业链完整的汽车产业的高端，极大地增强了金桥开发区汽车产业的积聚效用和整体竞争力。其次,GM项目的引进有助于金桥开发区向综合性功能产业区转型。GM项目与本地区已有的通用汽车、上汽等相关企业形成更大范围的前后向、纵横向联合,加快科学成果转化进程,增强产业集聚效应,培育和发展开发区内与此相关联的生产性服务业,促进开发区向综合性功能产业区转型。再次,GM项目的引进,标志着金桥开发区正在从资源型开发逐步向集约型开发转变。GM项目的引进直接带动了18.44万平方米的厂房的改造和建设。同时,也带动了现代产业园二期约46.47万平方米研发、办公楼及配套项目的开发。最后,给金桥开发公司的各项物业带来了丰富的客户资源。GM项目总投资约2.5亿美元,功能包括GM亚太总部、中国总部、全球采购中心、汽车研发中心、工程中心、客户服务中心、全球新能源研发中心等。其一,GM项目入驻所增加的就业岗位将为碧云国际社区的别墅和公寓带来丰富的客户资源。其二,GM项目全球采购中心的功能为国内的汽车零部件的供应商提供市场机会,将使得更多的汽车供应商和配套商聚集金桥,进一步完善金桥的汽车产业链,为公司提供更多的客户资源。

（2）现代服务业

开发建设了金桥生产性服务业园区。一期园区集聚了柯达、摩托罗拉、热点、比欧西、华为等一批跨国公司、国内大企业地区总部和研发机构。二期园区成功引进"通用中国园区"龙头项目入驻,吸引了十几家总部经济项目和几十家独立或非独立的跨国公司及国内大企业研发机构。2010年7月19日,通用汽车中国前瞻技术中心在浦东金桥正式动工。通用前瞻技术研究中心在全球范围内仅有两个,位于美国密歇根州的技术研究中心诞生于1920年,是全球第一个前瞻技术中心,而中国新建的前瞻技术研究中心包括通用汽车中国研究院、车辆工程实验室、动力总成实验室和前瞻设计中心等四大部门,研究的重点包括先进驱动系统、动力总成、可替代能源、电池技术和材料技术。通用汽车中国前瞻技术中心落户金桥,还带来了众多世界一流的研发机构聚集金桥。这些研发机构大多与金桥的产业密不可分、与金桥的企业密不可分、与金桥的产品密不可分。它们给金桥带来了深刻的转型:从"代工厂"向"智慧谷"转型、从"金桥制造"向"金桥智造"转型。

与现代服务业的发展相适应,金桥开发区的传统服务业也独具特色,体现了服务于国际高端人才需求的需要。金桥开发区内的碧云国际社区,是上海规模最大、综合环境最具创意特色的国际社区之一,也是上海最成熟的、各类高层次境外人士聚居度最高的标志性国际社区之一。这里有集休闲、娱乐、教育于一体

```
┌─────────────────────────────────────┐
│          重点发展两类十大产业          │
└─────────────────────────────────────┘
        │                       │
┌───────────────┐       ┌───────────────┐
│   先进制造业   │       │   现代服务业   │
└───────────────┘       └───────────────┘
```

| 电子信息 | 汽车及零部件 | 重要装备制造 | 现代家电 | 生物医药 | 研发设计 | 软件服务外包 | 现代物流 | 工业设备维护 | 工业循环利用 |

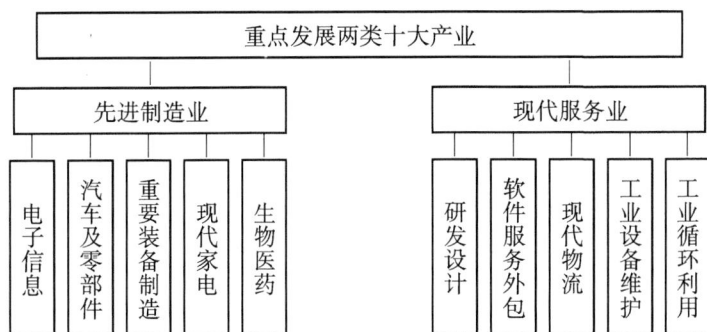

图 3-16　金桥出口加工区十一五期间重点发展先进
制造业和现代服务业两大产业

资料来源：金桥公司网站。

的多元化国际社区、亚洲最好的橄榄球场，有英国布莱尔前首相的母校德威国际学校，也有红枫路的时尚休闲街、装修高雅最具中国味的瓷器工艺品店，以及正宗的意大利咖啡、新鲜清淡的日本料理，还可以在"the market palce"里找到烧烤炉。目前，居住在社区里的家庭近 3 000 户，约 7 000 人，其中，外籍家庭和人口占 1/3，他们来自世界上 28 个国家和地区。"西有虹桥古北社区，东有金桥碧云社区"的说法，印证了碧云国际社区的社会影响力。拥有近 200 栋别墅、500 多栋公寓的碧云国际社区已经成为金桥开发公司的第一品牌。碧云国际社区包括碧云别墅和碧云花园两个子品牌。碧云别墅是上海引入水景住宅概念的第一个高档别墅楼盘，也是碧云国际社区的标志性建筑之一。1999 年，在"圈点上海——建国 50 周年建筑颁奖典礼"上，碧云别墅荣获"新中国 50 年上海最佳住宅大奖"。2005 年，在由"cityweekend"举办的"首届上海年度最佳涉外租赁别墅评选活动"中，"碧云别墅"荣获"最佳豪华别墅"大奖和"最佳社区别墅"提名奖。碧云花园始建于 2001 年，坐落于碧云国际社区城市主干道碧云路上，为碧云国际社区又一标志性建筑群。碧云国际社区的成功开发和运营所积聚的开发、营运能力，是公司核心竞争力之一。

5. 开发成果：先进制造业和现代服务业基地

25 年来，得益于我国改革开放的宏观环境，得益于浦东开发开放及其模式的国家战略，金桥的开发成果主要体现在如下三方面。

第一，金桥出口加工区通过引进具有世界先进水平的现代制造业以及跨国公司的研发机构，促进产业集群发展，走出了一条在开放条件下实现新型工业化的道路。金桥汽车、电子通信、现代家电、生物医药食品等四大主导产业产值占比超过 90%，而且每个产业门类已成集群发展格局。比如由通用汽车、联合汽车电子、汇众、康宁、李斯特、同济同捷等组成的汽车产业集群，涵盖了从前沿研发、动力总成、关键零部件研发设计、整车生产、技术检测等各个环节，年产值近700 亿；而由中国移动、中国电信、大唐电信、华虹 NEC、上海贝尔、上海华为、摩托罗拉、诺基亚西门子、索广、联芯科技、葡萄城等组成的电子通信（ICT）产业集群，既包括通信设备企业、终端设计制造企业，又包括集成电路和芯片制造企业，还包括测试仪表制造企业和软件系统企业、通信内容提供商，年产值超过 500 亿元。25 年来金桥开发区累计实现工业总产值 13 053 亿元，年均增长43%；累计实现销售收入 16 760 亿元，年均增长 30%，发展成为上海重要的先进制造业基地和现代服务业集聚区，成为展示上海和浦东改革开放成果的重要窗口。

第二，金桥出口加工区已经成为绿色、循环、低碳型的现代开发区。从开发伊始，金桥出口加工区就将生态环境建设纳入园区总体规划，1992 年，制定了《金桥出口加工区环境保护规划》。2000 年 8 月，通过了国家环保总局现场评审，成为 ISO14000 国家示范区。1997 年，经国家科技部批准，由于金桥北区科技企业较为集中，被命名为"金桥现代科技园区"。2002 年 6 月，金桥（南区）海关监管区一期 1.55 平方公里通过国家海关总署等八部委联合验收，正式封关运行。2005 年，成为"上海市循环经济试点园区"。2009 年，获评"上海市节水型示范园区"。2009 年 6 月，建立了全国第一个再生资源公共服务平台。2006 年 8月，委托上海大学和上海环境科学研究院编制了《金桥出口加工区生态工业园建设规划》。2009 年，金桥开发区单位 GDP 能耗 0.157 吨标准煤/万元（上海为0.801，原浦东为 0.302）。2010 年 10 月，国家环保部、商务部、科技部组织现场验收，金桥成为"国家生态工业示范园区"。25 年来，金桥的生态工业文明成效显著，2009 年 12 月投入运行的金桥生态信息平台和环境监测平台，实行全程自动监测，提供 24 小时实时绿色指标数据，平台所监测的数据显示，金桥的生态环境越来越好。

在金桥的生态工业文明开发和建设过程中，企业始终是开发和建设的主体。比如通用汽车和申美饮料等企业积极推进循环冷却水处理系统改造、中水再生补水、潜能利用、系统节能改造示范工程，实现了水资源循环使用和能源梯级利用。庄臣公司采取"绿色清单"流程，从源头上控制有毒有害材料。贝尔公司充分利用太阳能和风能，建立了公共道路照明—风光互补绿色能源系统。美亚金桥能源有限公司和多美滋公司分别实施了烟气脱硫工程和燃料油改进工程,大大降低了园区 SO_2 排放量。上海通用发布了"绿动未来"全方位战略发展规划,提出到 2015 年在车辆整体性能提升 14％的基础上整体油耗再降低 15％。

第三,金桥开发区在既有开发成就基础上还表现为三个"三多":一是金桥企业有"三多":知名企业多,56 家世界 500 强企业;名牌产品多,世界名牌金桥造;研发机构多,90 多个研发中心。二是金桥人群有"三多":外籍人士多,仅在碧云国际社区就有来自世界 28 个国家和地区的 6 000 多人;白领青年多,3 万多名青年成为企业骨干;产业工人多,5 万多人忙碌在生产一线。三是金桥车辆有"三多":小汽车多(通用年产小汽车多,上班族私家车多),大客车多(企业配备班车多),非机动车多(工人上下班)。在 20 多平方公里的金桥开发区,吸引了 1 500 多家中外企业入驻、15 万中外人士就业,已开发土地单位面积产出超过 150 亿元(人民币)/平方公里。

三、金桥开发公司与金桥开发区的互动

在回顾和总结了金桥出口加工区及其开发公司的生成、成长过程基础上,我们不难发现,和陆家嘴、外高桥一样,金桥出口加工区与开发公司之间存在着你中有我、我中有你的相互依赖关系;在相互依赖基础上,我们不难发现金桥出口加工区与开发公司在生成、成长过程中的互动关系;在互动关系基础上,我们也不难发现"金桥出口加工区的开发开放模式"与"金桥开发公司模式"之间的内在联系。经过本课题组的研究,我们可以把上述关系作如下阐述。

1. 金桥开发公司与金桥出口加工区的主客体关系非常紧密

如前所述,浦东开发开放的完整内容中包括了主体和客体的相关内容。就金桥出口加工区的开发开放来看,金桥开发公司是开发的关键主体之一,而金桥出口加工区则是开发的客体。主体与客体之间是辩证统一的关系,因此,"金桥开发公司模式"可以从"金桥出口加工区开发开放模式"中得以反映。可以这样说,从金桥出口加工区的开发开放进程中金桥开发公司所留下的"痕迹"出发可以概括出"金桥开发公司模式"的相关内容。25 年来,在金桥开发公司的主导下,从土地开发到招商引资,从基础设施到楼宇建设,从金桥出口加工区的打造到先进制造业和现代服务业基地的建设,金桥出口加工区的开发开放一步步向前推进:完善了金桥出口加工区城市基础设施建设,使之向现代化城区迈进;开发了先进制造业和现代服务业基地,使之成为先进制造业和现代服务业发展的

重要载体;培育了先进制造业和现代服务业等领域的众多核心产业;打造出了"金桥"这一区域品牌,使之成为浦东新区亮丽的风景区之一,进而形成和完善了"金桥开发开放模式",等等。在上述金桥出口加工区开发开放业绩中,处处体现着金桥开发公司的"痕迹",在上海市政府的全力支持下,金桥开发公司主导着金桥出口加工区的开发开放,因此,金桥出口加工区开发开放业绩及其开发开放模式也丰富和完善了"金桥开发公司模式"的内容,使"金桥开发公司模式"既区别于浦东新区的其他三家开发公司模式,也区别于浦东以外的各类开发公司模式。

2. 金桥出口加工区的开发开放进程体现了金桥开发公司的成长和开发业绩

金桥开发公司是伴随着金桥出口加工区的开发开放进程而生成、成长和壮大的。可以这样说,没有金桥开发公司在金桥出口加工区的开发开放进程中的各种作为,就没有"金桥开发公司模式"。"金桥开发公司模式"的丰富内涵正是金桥开发公司在金桥出口加工区的开发开放进程中的各种作为的总和,这一总和就是金桥开发公司的成长和开发业绩。因此,只有在金桥出口加工区的开发开放进程中概括出金桥开发公司的各种作为,只有在金桥开发公司的各种作为中概括出关于金桥开发公司所形成和完善的各种范式、规程、程序,才能全面、准确地概括出"金桥开发公司模式"的正确内涵。而正是因为金桥出口加工区开发开放进程中的具体内容区别于浦东其他三个开发区的内容,正是因为金桥开发公司的各种作为区别于浦东其他三个开发公司的内容,才使"金桥开发公司模式"既区别于浦东新区的其他三家开发公司模式,也区别于浦东以外的各类开发公司模式。

3. 金桥出口加工区的开发开放进程中形成了"金桥出口加工区开发开放模式"

金桥出口加工区25年的开发开放实践证明,在上海市政府的主导下,在金桥开发公司的全面主持下,金桥出口加工区的开发开放走过了一段成功的道路:从出口加工起步,大力发展先进制造业,培育和繁荣了汽车制造、电子制造业,使之成为金桥出口加工区的主导产业和关键产业;从生活服务起步,适应区内众多外籍人员需要,培育和完善了以碧云社区为代表的国际社区综合服务,并使之成为金桥出口加工区的经济增长点;从生产服务出发,适应国际国内经济形势的变化和金桥独特的区位价值以及产业优势,培育和繁荣各类现代服务业,使之成为金桥出口加工区的主导产业。在上海浦东金桥出口加工区,有两条呈"十"字交叉的道路，一条是南北向的金桥路，它将产业区和生活区有机分割；另一条是东西向的新金桥路，它将先进制造业和生产性服务业紧密相连。丰富和深化了金桥出口加工区的开发开放的内容和内涵。不仅如此，金桥出口加工区的开发开放，无论在内涵、内容上还是在模式上，都完全区别于浦东其他三家开发区，完全区别于世界各国已经开发完成或者正在开发的开发区，形成了金桥出口加工区独特的开发开放道路，在这一独特的开发开放进程中自然而然地形成了"金桥出口加工区开发开放模式"。

浦东开发开放 25 年来，金桥一直致力于实体经济的规模经营，推动先进制造业的快速发展和转型升级，并由此带动生产性服务业（即 2.5 产业）的快速集聚和能量释放，从而形成先进制造业和生产性服务业"二元融合"、"两轮驱动"的"金桥模式"：突出生产性服务，构架生产和服务一体化，突破过去产品传统的生产流通方式，以市场发展需要为支持，以生产性服务为主体，以研发设计、虚拟工厂、总部经济、商贸运营、服务外包为表现手法，从而把整个产业价值链联系起来。在金桥，2.5 产业的快速发展是先进制造业产业链和价值链向前端拓展、向后端延伸的必然结果，也是金桥探索转变发展方式、调整经济结构的必然选择。为推动 2.5 产业聚集发展，金桥开发区通过回购土地、厂房改造等途径规划建设面积达 360 万平方米的生产性服务业集聚区——Office park。

4. "金桥开发开放模式"形成过程中也自然而然地形成了"金桥开发公司模式"

金桥开发公司 25 年的运营实践证明，其自身的生成、成长既全面、系统地主导和推动了金桥出口加工区的开发开放进程，也把自己的"命运"全面、全部"捆绑"在金桥出口加工区的开发开放进程的身上。因此，金桥出口加工区的开发开放进程规定了"金桥出口加工区的开发开放模式"的轨迹和内涵，金桥出口加工区的开发开放进程、"金桥出口加工区的开发开放模式"又规定了金桥开发公司运营的轨迹和内涵，而金桥出口加工区的开发开放进程、"金桥出口加工区的开发开放模式"和金桥开发公司运营的轨迹和内涵，这三者共同规定了"金桥开发公司模式"的结构和内涵。

5. "金桥开发公司模式"隶属于"金桥出口加工区的开发模式"并是其中的有机内容

现代企业理论告诉我们，公司不是孤立地存在于社会经济生活中的，而是社会经济系统中的一个子系统。公司需要向社会经济系统取得资源、劳动力、装备等生产要素，需要利用土地、厂房、生态、环境等要素从事各项经济行为，需要向社会经济系统输送产品进而树立在社会经济系统中的品牌和形象。因此,公司实际上是整个社会经济生活中的有机组成部分。

与之相应,公司模式也不可能是孤立于社会经济模式的,而是整个社会经济模式中的一个子模式。这一子模式与整个社会经济模式之间是水乳交融的关系,而绝不是若即若离的关系。

6. 金桥开发公司自身的生成和成长过程中自然而然地生成和完善了"金桥开发公司模式"

现代企业理论告诉我们,企业作为一个相对独立、完整和系统的组织形态也存在着自身的运动轨迹、规程、范式和程序,这就是"企业组织模式"。就开发类企业来讲,"企业组织模式"可以从成长历程、开发地域、开发项目、资金筹措、企业结构(治理结构、组织结构、企业结构)、企业职能、运行模式等七个方面来概括和总结。上述关于金桥开发公司 25 年来的运营的总结正是从这七个方面展开的,表明金桥开发公司作为企业,其自身内部的"企业组织模式"既符合"企业组织模式"的一般规范也拥有自身内部的特点,从而体现了"金桥开发公司模式"在内涵上的普遍性和特殊性。因此,金桥开发公司"企业组织模式"是"金桥开发公司模式"的有机内容。

由此可见,金桥开发公司的运营绝非孤立于金桥出口加工区的开发开放,"金桥开发公司模式"也绝非是孤立于"金桥出口加工区的开发开放模式"。相反,金桥开发公司的运营推动了金桥出口加工区的开发开放,"金桥开发公司模式"是"金桥出口加工区的开发模式"的有机组成部分。从 25 年来金桥开发公司的运营和金桥出口加工区的开发开放进程的考察结果中,完全可以得出并证明这一结论。

第四节　张江高科技园区开发公司与张江高新技术开发区

一、张江高科技园区开发公司

1. 发展历程

经上海市政府批准,上海张江高科技园区开发公司(以下简称张江开发公司)于 1992 年 7 月 28 日成立,主要负责张江高科技园区 25 平方公里区域的土地成片开发和经营管理。

1992 年 9 月,上海市张江高科技园区综合发展公司成立,负责园区动迁劳动力安置、市政工程和绿化工程建设和管理。

1992 年 12 月,上海市张江高新技术发展促进中心成立,负责孵化高新技术企业、促进高新技术产业化、开展风险投资和科技服务。

1993 年 2 月,上海市张江高科技园区房地产公司成立,负责园区房地产投资、开发、经营、租赁和管理。

1993 年 3 月,上海市张江高新技术产业园区进出口公司成立,负责园区进出口等业务。

1996 年 4 月,上海张江高科技园区开发股份有限公司成立并张江高科成功上市。

2002 年 12 月,张江开发公司改制为上海张江(集团)有限公司,注册资本 10 亿元。下辖 1 家上市公司即上海张江高科技园区开发股份有限公司,6 家基地公司,即张江集成电路产业区开发公司(2001 年 7 月,张江开发公司与新区土控公司合资成立,开发微电子基地二期)、张江生物医药基地开发公司(2001 年 7 月)、东区联合发展公司、银行卡产业园开发公司、863 信息安全产业基地公司(2000 年,张江开发公司与龙头股份、交大慧谷、金宏投资、四川新希望等公司合作成立)、张江微电子港公司(2000 年,张江开发公司与台湾汤臣集团公司合作成立,开发集成电路研发、孵化区)。此外,还有浦东软件园公司、孙桥现代农业发展公司、置业公司、综合发展公司、热力中心、张江创新学院等。这些开发主体的建立,使张江高科技园区形成了"多元开发、多元投资、协作招商、有序竞争"的格局。

2005 年年底以前,集团公司的主营业务是工业性房地产业和园区性服务业,外加一些高科技项目投资。

2006 年起,张江集团公司实施战略转型,主营业务从以开发建设、招商引资为主转为开发运营、集成服务、高科技投资并重。

经过"起步、聚焦和改革"三个发展阶段,始建于 20 世纪 90 年代初的张江高新区,如今已形成以张江高科技园区为核心的"一区多园"发展格局。据统计,张江高新区的高技术产业产值占全上海的 60％;经认定的高新技术和技术先进型企业数量分别突破 3 000 家和 200 家,占上海全市总量的 55％以上,名列全国前茅。世界首台 20 流明微型激光投影仪、世界首款第三代电子书、中国第一款具有自主知识产权的商用微机电陀螺仪、世界上最大容量和首次商业运营的超级电容车等重要产品都诞生于此,并取得国际话语权。集成电路领域集中全国40%的企业,芯片制造业产值占全国的33%,封装测试占40%,TD‐SCDMA 手机芯片占有率超过70%,涵盖了设计、流片、封装、测试、设备、材料等多个环节。生物医药研发、制造单位达到 400 多家,形成了国内最完善的生物医药研发和产业链,覆盖了药物发现、评价、动物实验、临床试验等新药创制环节;核高基软件、嵌入式软件、钢铁生产控制软件、动漫软件等领域的研发水平、市场份额等方面均位居全国前列;建成了中国最大的软件产业基地之一,网络游戏、动漫、数字、新媒体等文化类企业 380 家。历经 20 年的积淀,张江高新区已成为我国科技资源最密集的区域之一。"十一五"时期,张江高新区经济总量以年均 30%以上的速度不断攀升,已建成面积中平均每平方公里技工贸收入达 183.85 亿元,已经成为上海创新驱动和转型发展的主战场和生力军。

2. 治理结构、组织结构和企业结构

治理结构:公司设立了执行董事、监事会、经理层。决策层、监督层、经营管理层各司其职,各负其责。执行董事处于决策的核心地位,但公司的合并、解散、增减资本和发行公司债券,由上海市浦东新区国资委决定;监事会处于监督评价地位;公司经理层负责公司的日常经营管理,是决策的执行者。公司内设企业发展部、投资管理部等 8 个职能部门,负责组织管理和开展各项业务。

张江集团与基地公司关系:主要是资产关系,基地公司不是完全的独立法人,是有限法人治理制度,具体内容是:基地公司的主要资源是土地,而土地是政府作为注册资本注入张江集团,张江集团再注入基地公司。这就保证了基地公司在战略方向、资本运作、现金流量上必须和集团保持一致;基地公司又是一个独立的市场主体,有充分的销售权、客户服务权、人事管理权、企业内部资金运作权,但是对外投资、对外担保、对外借款、重大经营目标活动,必须通过集团公司董事会。

企业结构:张江集团公司作为张江集团的母公司,由张江高科技园区开发公司改制建立,在集团中发挥主导作用,是集团的投资中心和决策中心,对外代表张江集团。整个张江集团由综合发展公司、热力中心、进出口公司等 4 家全资子公司、8 家控股子公司,以及参股公司、契约公司共同组成。在张江集团化过程中,随着"聚焦张江"战略的深化、体制机制的创新、多元化发展模式的引入,使整个公司的资产规模、经营实力不断增强。其中,2001 年和 2002 年,园区通过引进社会资本、民间资本和海外资本,相继组建了各具特色的"一园四基地",改变了"聚焦"之初主要由企业和政府投入的局面。与此同时,张江公司还充分运用股权经营、政府回租、杠杆收购、增资扩股等各种金融工具，多渠道融资 50 多亿元人民币，为集团公司改制奠定了基础。

3. 张江集团在开发运营过程中成长

1996 年 4 月，张江高科技园区开发股份有限公司（以下简称"张江高科"）挂牌上市。公司秉承"打造自主创新园区运营蓝筹股"的经营理念，树立"成为最具竞争力的中国自主创新园区运营发展商"的战略目标，制定并全力实施"以张江园区特色房产营运为主导，以高科技产业投资和专业化创新服务提供为两翼"的"一主两翼"发展战略。张江高科承担着张江高科技园区开发、运营、创新服务等重大项目，打造了包括张江园区地标性建筑的"张江大厦"和以完善的设施、优美的环境、优质的服务著称的"科技领袖之都"在内的众多精品高端房产。

2006 年初，张江集团提出了"金字塔"式的组织架构，以张江集团为基，专业基地公司为体，上市公司为顶，重新构建了资源的有效配置路径和方式；上市公司张江高科成为张江集团旗帜性企业。

公司致力于为园区客户提供最为优质的服务，多年来为园区内世界 500 强客户成功打造了一系列最适合于产业办公需求的精品特色物业。

二、张江高新技术开发区

1. 地理位置

上海市张江高科技园区成立于 1992 年 7 月，位于浦东新区中部，规划面积 25 平方公里，分为技术创新区、高科技产业区、科研教育区、生活区等功能小区。

2. 开发历程

1992—2002 年，张江高科技园区开发公司累计开发了张江园区内 10 平方公里的土地。1992 年 10 月 30 日，园区第一期（2 平方公里）正式启动，其中包括："软件城"（0.3 平方公里），"908 微电子工程"（1 平方公里），"通讯工程"（0.5 平方公里），住宅基地一期（30 万平方米）。1993 年，园区达到 3.5 平方公里的开发规模，完成 2 平方公里七通一平，完成标准厂房和通用仓库 9 万平方米，建成 10 万平方米厂房和动迁房基地，引进项目投资 15 亿元人民币。1999 年 8 月，上海市委、市政府作出了"聚焦张江"的战略决策，在张江打造 4 个基地：技术创新和科技成果转化、产业化的示范基地；产学研综合改革的先试先行基地；创新型人才、研发机构和高新技术企业集聚和辐射的基地；与市场经济、知识经济发

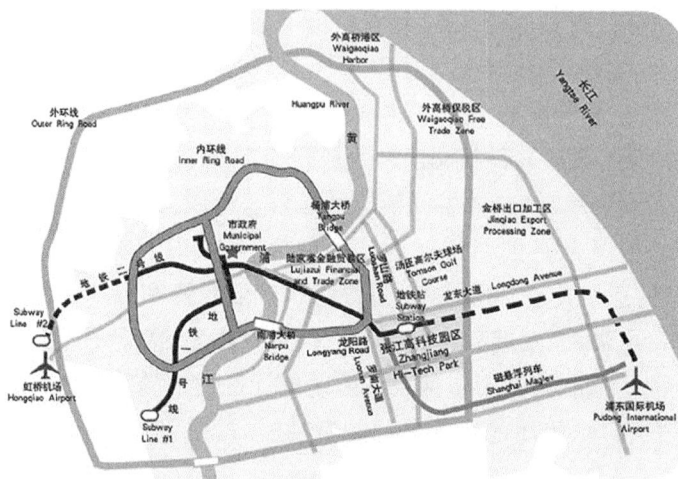

图 3-17 张江开发区地理方位示意图

展想适应的科技服务基地。自此,张江园区步入了快速发展阶段。2000 年,园区累计完成"七通一平"的土地面积 4.0 平方公里,在开发土地面积 1.5 平方公里。

从 2002 年开始,张江开发公司先后引进社会、民间资本和海外资本 4.5 亿元,相继成立各具特色的"一园四基地"。2002—2007 年共开发了 9.64 平方公里的土地。

2006 年 7 月,"上海高新技术产业开发区"更名为"上海张江高新技术产业区",成为上海市"一区六园"(张江高科技园区、漕河泾新兴技术开发区、金桥现代科技园、上海大学科技园、中国纺织国际科技产业城、嘉定民营科技密集区)之一。张江的规划面积由 22.13 平方公里扩大至 42.11 平方公里。

2011 年,国务院批复同意上海张江高新区成为第三个国家自主创新示范区(以下简称张江示范区)。上海市张江高新技术产业开发区管理委员会作为上海市政府的派出机构,负责张江高新区建设国家自主创新示范区的协调推进。

2014 年,经国务院批准,张江高新技术产业开发区成为中国(上海)自由贸易试验区的组成部分。

3. 开发地图

(1) 17 平方公里

1995 年 3 月,市规划院完成《张江高科技园区结构规划(调整)方案》。北至龙东大道、东至申江路、西以世纪大道为界、南至川杨河,占地面积 15.8 平方公里;分为 4 个区域:高级商住区、科研教育区、高科技产业区、生活配套区。

(2) 25 平方公里

2000 年 1 月 17 日,张江高科技园区的规划开发面积从 17 平方公里扩展到 25 平方公里(技术创新区、科研教育区、科技产业区、高科技中试产业区、生活服务区和张江集镇)。

4. 开发项目

图 3‑18　张江高科技园区规范及项目情况

5. 产业培育

张江园区内已有两大类芯片全球占有率第一,承担 99 项重大新药创制国家专项,金融后台服务平台等十大产业平台正在形成,已经成为我国培育集成电路、新能源、生物医药等战略性新兴产业集群的孵化器。经过多年的开发,园区构筑了生物医药创新链和集成电路产业链的框架。

6. 开发成果

开发了众多国家级基地:园区建有国家上海生物医药科技产业基地、国家信息产业基地、国家集成电路产业基地、国家半导体照明基地、国家 863 信息安全产业化(东部)基地、国家软件产业基地、国家软件出口基地、国家文化产业示范基地、国家网游动漫产业发展基地等多个国家级基地。其中张江"药谷"已经形成了产学研一体化。参见图 3－19。

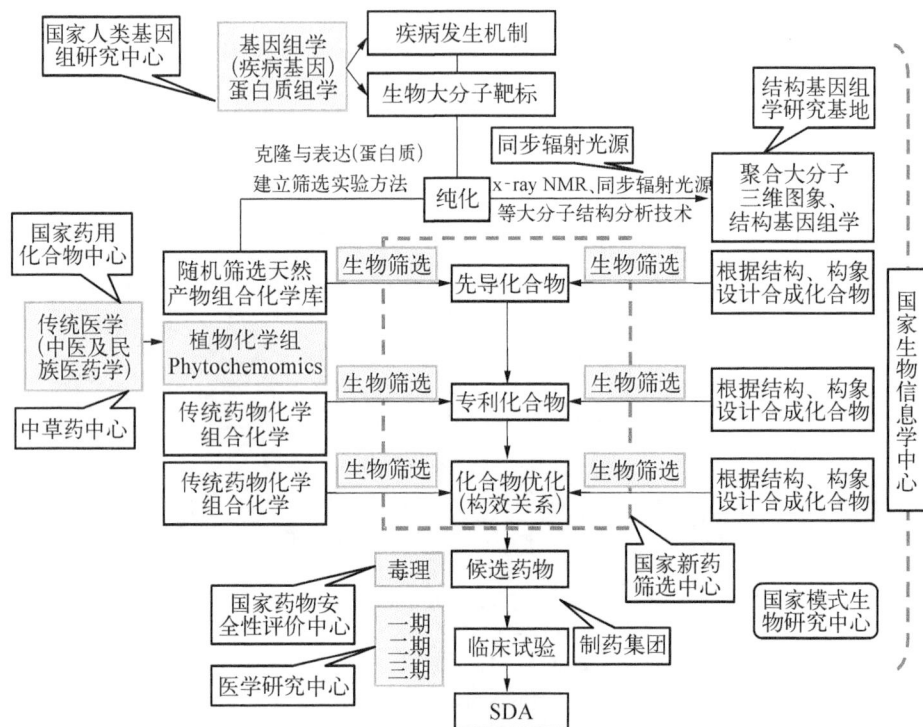

图 3－19　张江——国家的"药谷"

总之,作为全球高新技术企业的集聚地以及国内自主创新企业的培育地,园区涌现出了一大批的自主创新成果,成为上海乃至国家自主创新战略的重要承载地。

三、张江开发公司与张开发区的互动

同金桥开发公司与金桥开发区的互动关系类似,张江开发公司与张江开发区的互动关系也具体体现在如下六个方面。

1. 张江开发公司与张江高新技术开发区的主客体关系非常紧密

如前所述,浦东开发开放的完整内容中包括了主体和客体的相关内容。就张江高新技术开发区的开发开放来看,和陆家嘴、外高桥、金桥等开发区一样,张江开发公司是开发的主体,而张江高新技术开发区则是开发的客体。主体与客体之间是辩证统一的关系,因此,"张江开发公司的模式"可以从"张江高新技术开发区的开发开放模式"中得以反映。可以这样说，从张江高新技术开发区的开发开放进程中张江开发公司所留下的"痕迹"出发可以概括出"张江开发公司模式"的相关内容。25年来，在张江开发公司的主导下，从土地开发到招商引资，从基础设施到楼宇建设，从高新技术开发区的打造到高新技术城的建设，张江高新技术开发区的开发开放一步步向前推进：完善了张江高新技术开发区城市基础设施建设，使之向高新技术新城迈进；开发了众多适合高新技术产业培育和发展需要的众多高新技术产业基地，使之成为高新技术产业的重要载体；培育了以生物制药和集成电路为代表的高新技术产业，使之成为高新技术产业集聚地；打造出了"张江"这一区域品牌，使之成为浦东新区高新技术产业集中地，进而形成和完善了"张江开发开放模式"，等等。在上述张江高新技术开发区开发开放业绩中，处处体现着张江开发公司的"痕迹"，在上海市政府的全力支持下，张江开发公司主导着张江高新技术开发区的开发开放，因此，张江高新技术开发区开发开放业绩及其开发开放模式也丰富和完善了"张江开发公司模式"的内容，使"张江开发公司模式"既区别于浦东新区的其他三家开发公司模式，也区别于浦东以外的各类开发公司模式。

2. 张江高新技术开发区的开发开放进程体现了张江开发公司的成长和开发业绩

张江开发公司是伴随着张江高新技术开发区的开发开放进程而生成、成长和壮大的。可以这样说，没有张江开发公司在张江高新技术开发区的开发开放进程中的各种作为，就没有"张江开发公司模式"。"张江开发公司模式"的丰富内涵正是张江开发公司在张江高新技术开发区开发开放进程中的各种作为的总和，这一总和就是张江开发公司的成长和开发业绩。因此，只有在张江高新技术开发区开发开放进程中概括出张江开发公司的各种作为，只有在张江开发公司的各种作为中概括出关于张江开发公司所形成和完善的各种范式、规程、程序，才能全面、准确地概括出"张江开发公司模式"的正确内涵。而正是因为张江高新技术开发区开发开放进程中的具体内容区别于浦东其他三个开发区的内容，正是因为张江开发公司的各种作为区别于浦东其他三个开发公司的内容，才使"张江开发公司模式"既区别于浦东新区的其他三家开发公司模式，也区别于浦东以外的各类开发公司模式。张江高科技园区采用了公司建设—政府回租—授权经营的开发模式。由开发公司筹集资金进行开发建设，建成后的设施由政府回租，政府再把这些国有资产授权给开发公司进行经营管理。这样，政府无需承担一次性的巨额建设资金，每年只需付给开发公司一定数额的租金就可以启动开发开放进程。

3. 张江高新技术开发区开发开放进程中形成了张江高新技术开发区的开发开放模式

张江高新技术开发区25年的开发开放实践证明,在上海市政府的主导下,在张江开发公司的全面主持下,张江高新技术开发区的开发开放走过了一段成功的道路,丰富和深化了张江高新技术开发区的开发开放的内容和内涵。不仅如此,张江高新技术开发区的开发开放,无论在内涵、内容上还是在模式上,都完全区别于浦东其他三家开发区,完全区别于世界各国已经开发完成或者正在开发的开发区,形成了张江高新技术开发区独特的开发开放道路,在这一独特的开发开放进程中自然而然地形成了"张江高新技术开发区开发开放模式"。

4. "张江开发开放模式"形成过程中也自然而然地形成了"张江开发公司模式"

张江开发公司25年的运营实践证明,其自身的生成、成长既全面、系统地主导和推动了张江高新技术开发区的开发开放进程,也把自己的"命运"全面、全部"捆绑"在张江高新技术开发区的开发开放进程的身上。因此,张江高新技术开发区的开发开放进程规定了"张江高新技术开发区的开发开放模式"的轨迹和内涵,张江高新技术开发区的开发开放进程、"张江高新技术开发区的开发开放模式"又规定了张江开发公司运营的轨迹和内涵,而张江高新技术开发区的开发开放进程、"张江高新技术开发区的开发开放模式"和张江开发公司运营的轨迹和内涵,这三者共同规定了"张江开发公司模式"的结构和内涵。

5. "张江开发公司模式"隶属于"张江高新技术开发区开发开放模式"并是其中的有机内容

现代企业理论告诉我们,公司不是孤立地存在于社会经济生活中的,而是社会经济系统中的一个子系统。公司需要向社会经济系统取得资源、劳动力、装备等生产要素,需要利用土地、厂房、生态、环境从事各项经济行为,需要向社会经济系统输送产品进而树立在社会经济系统中的品牌和形象。因此,公司实际上是整个社会经济生活中的有机组成部分。与之相应,公司模式也不可能是孤立于社会经济模式的,而是整个社会经济模式中的一个子模式。这一子模式与整个社会经济模式之间是水乳交融的关系,而绝不是若即若离的关系。由此推论,"张江开发公司模式"隶属于"张江高新技术开发区的开发模式"并是其中的有机内容。

6. 张江开发公司自身的生成和成长过程中自然而然地生成和完善了"张江开发公司模式"

现代企业理论告诉我们，企业作为一个相对独立、完整和系统的组织形态也存在着自身的运动轨迹、规程、范式和程序，这就是"企业组织模式"。就开发类企业来讲，"企业组织模式"可以从成长历程、开发地域、开发项目、资金筹措、企业结构（治理结构、组织结构、企业结构）、企业职能、运行模式等七个方面来概括和总结。上述关于张江开发公司25年来的运营的总结正是从这七个方面展开的，表明张江开发公司作为企业，其自身内部的"企业组织模式"既符合"企业组织模式"的一般规范也拥有自身内部的特点，从而体现了"张江开发公司模式"在内涵上的普遍性和特殊性。因此，张江开发公司"企业组织模式"是"张江开发公司模式"的有机内容。

由此可见，张江开发公司的运营绝非孤立于张江高新技术开发区的开发开放，"张江开发公司模式"也绝非是孤立于"张江高新技术开发区的开发开放模式"。相反，张江开发公司的运营推动了张江高新技术开发区的开发开放，"张江开发公司模式"是"张江高新技术开发区的开发模式"的有机组成部分。从25年来张江开发公司的运营和张江高新技术开发区的开发开放进程的考察结果中，完全可以得出并证明这一结论。

第四章

浦东开发开放：模式借鉴与创新模式

　　25 年来,浦东开发开放实践既在城市建设、经济建设、社会建设、文化建设、生态建设等领域取得了开发、开放、改革、发展等方面的巨大成就,也逐步形成和完善了浦东开发开放的范式、程序、程式,即模式。本章将集中研究和概括浦东开发开放模式的具体内容,在此之前,我们需要弄清模式的一般含义。

　　关于模式,顾自安认为:"当把解决某类问题的方法总结归纳到理论高度,那就是模式。"①著名的建筑工程设计大师 Alexander 认为:"每个模式都描述了一个在我们的环境中不断出现的问题,然后描述了该问题的解决方案的核心。通过这种方式,你可以无数次地使用那些已有的解决方案,无需再重复相同的搜索与认知工作。"②综合前人所述,笔者认为,所谓模式(Model),是基于一定的环境条件和文化传统而形成的关于某一类现象的相对定式、范式,是在理论上的一种抽象、设计和构造,是解决某一类问题的一般程序。

　　模式不是一成不变的,模式不是空洞的。胡锦涛同志在纪念党的十一届三中全会召开 30 周年大会上发表的讲话中指出:"世界上没有放之四海而皆准的发展道路和发展模式,也没有一成不变的发展道路和发展模式。"我们要"坚持不懈地把改革创新精神贯彻到治国理政各个环节……不断完善适合我国国情的发展道路和发展模式"。

---

① 顾自安:《关于群体的行为模式》。http://www.jjxj.com.cn/news_detail.jsp? keyno=9633。
② 来源:http://dev.csdn.net/article/69/69421.shtm。

因此，总结 25 年来浦东开发开放所取得的成就和经验可以从多维角度进行。在前面三章的基础上，本章着重研究和探索开发区开发模式及浦东开发开放模式。

第一节　模式借鉴：开发区开发模式

20 世纪 50 年代以来，随着开发区的蓬勃发展，国外展开了开发区开发模式的研究和探索；20 世纪 80 年代以来，随着中国改革开放和开发区的建立，国内也进行了这一问题的研究和探索。这些研究和探索从不同的层面、不同的角度对开发区开发模式进行了概括和总结。在前人研究的基础上，本节主要展开对开发区开发模式的综合性、整体性的研究。

一、国外的探索

国外学者关于开发区开发模式研究的理论来源是开发区的建设和实践。国外开发区的建设最早可以追溯到公元前 10 世纪古代地中海沿岸的亚洲西南部（位于今叙利亚和黎巴嫩境内）的腓尼基（Phoenicia），善于航海和经商的腓尼基人将其南部海港提尔及其北非殖民地迦太基划为特殊商业贸易地区。从 16 世纪开始，随着资本主义生产方式在地中海沿岸的兴起，人类经济发展史上出现了以自由港、自由贸易区为特征的开发区形态，主要从事对外贸易和转口贸易。世界上最早以自由港正式命名的开发区是 1547 年意大利创建的热那亚湾雷格亨（今里窝那）港。17—18 世纪，意大利的威尼斯（1661）、法国的马赛（1669）、西班牙的直布罗陀（1705）等自由港或自由贸易区相继开发。19 世纪，丹麦的哥本哈根、葡萄牙的波尔图、德国的不来梅和汉堡（1882）等城市先后被宣布为自由港或划出一部分地方为自由贸易区。20 世纪初，瑞士、希腊、瑞典等国相继设立自由港或自由贸易区，美国也从 1934 年开始在沿海地区建立自由贸易区和具有自由港特征的对外贸易区。1948 年，巴拿马开发了科隆自由贸易区。现代开发区的建设是从 20 世纪中叶开始的，以美国硅谷为标志。据统计，截至 20 世纪中叶，全世界有 26 个国家和地区设立了 75 个自由港和自由贸易区。

在这些开发区的建设过程中，逐步形成了不同层面的开发模式。

1. 开发区形态模式

一是 Science park，名称有孵化器（Incubator）、科学园（Science Park）、科技

工业园(High-Tech Park)、高技术产品出口加工区、高技术集聚区(High-Tech Clustering)、技术城(Technopolis)等。Science park 以研发为主,入驻的客户主要是研发机构、技术性公司、科技创业企业、企业孵化器等。如美国的北卡三角科技园、法国尼斯的索菲亚科技园、新加坡科技园。二是 Industrial park,主要以工业企业为主,如新加坡的裕廊工业园区。现实中的开发区大多是混合型的,既有 Science park 的成分,也有 Industrial park 的内容。

2. 开发的空间布局模式

(1)据点开发模式:选择优势区位作为开发重点,进行集中投入,促进生产要素和经济活动在此集聚,逐步带动周边的发展,又称增长极开发模式。(2)点轴开发模式:在若干个增长极之间,建立交通网络、动力供给网络、信息传递网络、水源供给网络以及其他各种基础设施,形成商品流、人流、资金流、技术流、信息流的集聚点和通道等,构成点轴空间结构。点轴开发理论最早由波兰经济家萨伦巴和马利士提出。(3)网络开发模式:依托点轴体系,通过新旧点轴线的不断交织,在空间上形成一个网络体系,实现开发区的网络开发。(4)梯度开发模式:利用客观的经济梯度推移机制,首先把经济基础较好、水平相对较高的地区作为开发重点,再依次开发中等发达地区、不发达地区。(5)跳跃开发模式:即跳出老城、建设新城的开发模式。(6)反梯度开发模式:资源丰富的落后地区在开放条件下实现经济的起飞与跳跃发展。(7)TOD(traffic-oriented development)模式即公共交通导向型开发模式,倡导者是彼得·卡尔罗普,主张把土地的开发利用和公共交通的使用密切联系起来。(8)SOD(service-oriented development)大型公共设施引导开发模式:通过大型公共服务设施的建设带动周边土地高效有序开发。(9)EOD(ecology-oriented development)生态环境引导开发模式:充分保护生态与合理利用生态资源,创造"绿色财富",带动周边土地的开发。营造"生活—生产—生态"的"三生"和谐系统。

3. 土地一级开发模式

在开发区及其空间布局开发的基础上,接下来是开发区内的土地开发,土地开发可分为一级、二级开发。土地一级开发主要有两种:(1)以政府为主的模式:通过组建"政府土地发展公司",由政府提供土地开发启动资金和融资担保(可发行土地开发债券),统一征地、统一开发。(2)以民间为主,政府辅助支持的模式:由各级政府投资、开发区域所在单位投资、发行土地债券吸收社会投资等方式筹集启动资金组建土地发展股份有限责任公司。

4. 土地二级开发模式——工业地产开发模式

在土地一级开发的基础上是各种功能性的房地产的开发，即土地的二级开发，其中最典型的模式是工业地产开发模式，主要有以下四种：工业开发区开发模式、主体企业引导模式、工业地产商模式和综合运作模式。

二、我国的探索

改革开放以来，我国建立了各种类型的开发区。这些开发区的开发模式，有些内容是直接对国外开发理论和开发区开发模式的模仿和借鉴，但在我国改革开放条件下结合中国特色社会主义市场经济体制改革，也有自己的独创，形成了中国特色的开发区模式。

1. 我国开发区的形态模式

经济特区、经济技术开发区、高新技术开发区和新区是我国改革开放以来形成的中国特色的四种开发区形态模式。（1）经济特区模式。"经济特区"一词是我国于1979年首先提出，并在深圳、珠海、汕头、厦门、海南五地加以实施。经济特区是在国内划定一个区域，在对外经济活动中采取较国内其他地区更加开放和灵活的特殊政策的特定地区，是中国政府允许外国企业或个人以及华侨、港澳台同胞进行投资活动的地区。我国的经济特区是在邓小平关于中国改革开放100年战略思维框架中的初步尝试。（2）经济技术开发区模式。1981年经国务院批准在沿海开放城市设立的以发展知识密集型和技术密集型工业为主并实行经济特区的某些较为特殊的优惠政策和措施的特定区域，后来在全国范围内设立。从发展模式看，以增加区域经济总量为目标，以外资拉动为主导方式，以制造加工业为主导产业。（3）高新技术开发区模式。指大学、科研机构和工业企业在一定的地区范围内集聚，形成教育、科技、经济和社会同步发展的一些知识密集、技术密集的"教学—科研—生产有机综合体"的产业开发区。1988年，北京的中关村成为我国第一个国家级高新技术产业开发区。1998年8月，中国国家高新技术产业化发展计划——"火炬计划"开始实施，在火炬计划的推动下，各地纷纷结合当地特点和条件，积极创办高新技术产业开发区。（4）浦东新区模式。"新区"首创于1990年上海的浦东开发，上海市委、市政府的开发思路是：一是把浦东作为上海的"新区"来开发，不把浦东搞成一个相对独立的经济体，这样既可以解决浦西的城市功能重塑问题，也可以依托浦西的城市功能开发浦东。二是把浦东作为功能开发区来开发，既开发开放了浦东，同时也推动了整个上海城市空间布局和产业结构的调整。浦东新区模式创立后，我国相继成立了天津滨海新区、重庆两江新区、西咸新区、兰州新区、天府新区、舟山新区，这是浦东新区模式扩展的典型范例。

2. 我国开发区的管理体制模式

政府和公司在开发区管理体制中的不同定位和演变形成了中国特色社会主义的开发区管理体制模式，可以归纳为三种基本类型。(1) 开发区与行政区管理合一的准政府的管委会体制：在开发区成立初期，往往由政府授权的开发区管委会对开发区实行封闭式管理，拥有土地划拨、项目审批、干部配置、体制创新等自由裁量权。经过 30 多年的探索实践，我国开发区的管理层级大致有三种类型：一是开发区管委会或管委会加开发公司一级管理，大部分功能单一的中小开发区采取这种管理结构；二是决策和经营两级管理，主要适用于一区多园的开发区。开发区有一个负责总体政策和规划的决策管理机构，下面每个园区还有具体的管理和经营机构。如北京中关村科技园区是由一区五园组成的。在管理层级上，设立了中关村园区大管委会和各区管委会两级管理机构。中关村大管委会主要负责总体发展战略、政策、条例和规划的制定，各区的管委会则负责区内具体发展规划、管理和服务；三是三级管理。如深圳高技术开发区采取决策、管理和经营服务三个层次。这种模式主要适用于分散的一区多园开发区。(2) 行政管理与公司化运作并存，包括两种情况：一种是随着开发区的开发过程的深化逐步演变为政府和开发公司并存的"双轨"管理体制。开发公司在人事、审批(备案)、年度考核等方面接受管委会的监督管理，并在管委会制定的发展框架内进行市场化运作；另一种是政企分离的开发区管理体制模式，开发区管委会只负责行政审批、行政管理和制定政策，而开发经营由独立的开发公司承担。(3) 公司制：20 世纪 90 年代末，我国的一些地方政府开始尝试放手由企业独立管理运营开发区，不再设立管委会机构，通过国有资产投资公司在开发公司的控股地位来约束和影响开发公司的决策行为和运营行为。开发公司在产权清晰、权责明确的基础上，公开聘用管理层，管理层对公司的控股股东或董事会负责。这种体制首创于蛇口，也称为"蛇口模式"。

3. 我国开发区的运营模式

我国各类开发区在运营过程中不断进行运营模式创新，大致经历了四个阶段的运营模式演变。

第一阶段(开发前期)，(1) 明确开发方针。我国大多数国家级开发区在开发之前就明确了"一区多园、统一规划、合理布局、规范政策、产业互补、特色鲜明"的开发方针，高起点规划、高标准建设、高效率管理、高速度发展。(2) 完善资金筹措模式。早期的开发建设除少量的注册资本金和启动资金外,主要是以土地(使用权)资产为基础,通过财政的贴息和担保,由开发公司通过借贷进行市政基础设施开发,之后快速招商,引进项目,通过土地资本的运作实现开发公司的损益平衡。

第二阶段(开发中期),随着入区企业建成投产并产生税收,管委会利用国务院给予开发区的税收返还政策,将留存的税收按比例拨付给开发公司用于市政基础设施和土地征用的滚动开发,实现了"滚动开发,良性循环"的运作。

第三阶段(开发后期),随着开发任务的完成,开发区管委会逐渐替代开发公司的主体地位:一方面,开发区管委会逐渐成为开发区规划控制及招商引资的主体,同时也成为开发区市政及公共配套建设的投资者;另一方面,随着开发公司在本开发区的开发任务的完成,开发公司或者承担本开发区的深化开发的任务,或者承担本开发区的日常运营任务譬如物业管理,或者寻找新的开发空间继续履行开发任务。

第四阶段(开发完成后的运营),开发过程中和开发任务完成后,我国的开发区逐步与所在城市融合并成为所在城市的产业示范区、经济增长极、产业聚集地、技术辐射源和现代化的新城区。

4. 我国开发区的空间布局模式

(1)区划布局。从开发区的区划布局来看,我国的开发区有三种基本形式:一是在人口稀少的地区划出一片土地作为开发区,开发区的功能主要是吸引产业投资,从事经济开发。这种模式通常是老城市在地理空间上的延伸和扩展。如苏州、天津开发区;二是在老城区边缘划出一块地方设立开发区,开发区管理部门不仅具有新区的经济开发功能,还有管理原有老城区的行政、经济和社会功能。这种模式主要是以开发区直接带动所在老城区的城市现代化。如青岛的黄岛开发区和陕西杨凌农业高新技术示范区;三是在老城区设立无边界的开发区,开发区和老城区合为一体。如北京的中关村海淀试验园区、杭州高新技术开发区的主区块等。

(2)扩张模式。随着开发区的发展,在空间上需要进一步扩张。我国开发区的扩张模式主要采取三种类型:一是扩展型。开发区内的土地开发完了,就向四周"摊大饼"似的扩大领地,如黄岛开发区就把开发区的范围扩展到整个黄岛县,由原来的 15 平方公里一下子扩展到 220 平方公里;二是组合型。把几个邻近的开发区合并为一个更大的开发区;三是走出去,利用开发区积累的实力、人才、经验、品牌走出去开发,如上海闵行、虹桥等开发区。

第二节 模式创新：浦东开发开放模式

经过 25 年的开发开放,浦东已经成为中国改革开放的旗帜和现代化建设的缩影。25 年的开发开放过程中,浦东从形态开发到功能开发,从经济开发到社会开发,探索出了独特的开发开放模式[①]。这一模式是在一定的国内外宏观背景下自然历史过程演变的结晶,具有重要的理论价值、实践价值、历史价值和示范价值。

25 年来,承担国家战略的浦东开发开放生动地、客观地、合乎逻辑地演绎了改革、开放、开发和发展之间的辩证关系。改革是为了发展,开放是为了发展[②],开发也是为了发展,改革、开放和开发都是为了推动区域发展和国家发展,改革、开放和开发是加快发展的重要途径。发展是深化改革的根本出发点,发展中遇到的难点是推进改革的重点,而发展正是改革、开放和开发的最终目的和最终目标。开放是深化改革的动力,改革是扩大开放的条件,开发是在改革和开放过程中进行的。改革、开放、开发三者互动共同推动了城市发展、经济发展、社会发展、生态环境友好、资源节约等,进而促进了区域经济、社会和文化的大发展。因此,改革、开放、开发与发展之间存在着内在的、有机的联系,四者是不可分割的整体,相互促进、相互融合、相互贯通、相互转化。就浦东开发开放来说,四者的关系可以用"浦东开发与改革开放的飞机模型"来形象地展示出来(参见本书第二章图 2 - 6 所示),具体内容表现为形成了系统完整的浦东开发开放模式[③],这一模式是在当时国内外宏观背景下自然历史过程演变的结晶,具有重要的理论价值、实践价值、历史价值和示范价值,即浦东开发开放的国家战略价值。

浦东开发开放的国家战略价值不仅体现在国家层面而且体现在上海层面,因为浦东发展是上海城市发展的有机组成部分,而经济特区是独立的行政区划,这就决定了浦东开发开放完全不同于和区别于经济特区模式,创造和选择了新

---

① 赵启正指出:"浦东开发开放及其模式放最大的收获,在于通过锲而不舍的实践,逐步形成了一系列鲜明的开发思路,这是一笔弥足珍贵的精神财富。"(赵启正:《浦东逻辑——浦东开发与经济全球化》,上海三联书店 2007 年 3 月第 1 版,第 5 页)

② 邓小平同志指出:"世界各国的经济发展都要搞开放,西方国家在资金和技术上就是互相融合、交流的。"(《邓小平文选》第 3 卷,人民出版社 1993 年 10 月第 1 版,第 367 页)

③ 赵启正指出:"浦东开发开放最大的收获,在于通过锲而不舍的实践,逐步形成了一系列鲜明的开发思路,这是一笔弥足珍贵的精神财富。"(赵启正:《浦东逻辑——浦东开发与经济全球化》,上海三联书店 2007 年 3 月第 1 版,第 5 页)

区模式,即国际大都市中的新区开发开放模式。基于国家和上海层面,本书认为浦东开发开放模式的具体内涵可以从六个前后相继的阶段加以概括:谋划、决策、政策、战略、规划、实施,详见第一章图1－2所示。

一、战略谋划

未雨绸缪,谋定而后动,是人类的本质特征。同样,一个区域的开发开放的逻辑起点是相关的战略谋划,战略谋划是解决"要不要做"的问题。关于浦东开发开放的战略谋划,其实质是"要不要"开发开放浦东的问题,这个问题可以从上海层面和国家层面来分析:从上海的城市发展层面来分析,浦东开发开放是为了从根本上突破浦西的区域空间局限和单一的工业功能缺陷,实现上海城市的功能升级和上海经济的振兴,因此上海的城市发展需要开发开放浦东;从国家层面来分析,是为了适应我国进一步扩大对外开放的需要,完善和提升我国大开放格局,发挥我国最大的经济中心城市——上海对整个中国经济发展的作用,带动我国长江三角洲和长江流域经济带的腾飞,因此中国的发展同样需要开发开放浦东。既然需要开发开放浦东,自然就进入了如何谋划浦东开发开放的问题。这一谋划是从上海地区政府开始的,最后上升到邓小平从国家战略高度的谋划。

1. 上海关于浦东开发开放的战略谋划

关于浦东开发开放起初是20世纪80年代上海市政府提出的城市发展战略构想。这一战略构想的形成和定型过程反映在以下四个历史事件中。1984年,上海市委、市政府制定了上海经济发展战略和上海城市总体规划,成立了浦东开发课题组,明确提出了开发浦东的设想;1986年7月,上海市委、市政府上报给中共中央、国务院的《上海市城市总体规划方案》就开发浦东新区进一步提出了如下设想:富有计划地积极建设和改造浦东地区,规划出一定地段发展金融、贸易、科技、文教、信息和商业服务设施,在陆家嘴附近形成新的金融、贸易中心,成为上海市中心的延续部分,使浦东成为上海对内、对外开放都具有吸引力的优美的社会主义现代化新区;1987年6月,上海市政府正式成立了"浦东新区中外联合咨询小组",形成了浦东开发的规划构想;1988年5月,上海市政府邀请了100多名中外专家在上海举行"开发浦东新区国际研讨会",明确了浦东开发是为了恢复上海过去在远东的经济、金融和贸易中心的地位。

上述构想的形成和定型过程使上海市政府和人民逐步在上海市如何加快城市发展的战略问题上形成共识,这一共识是上海市启动浦东开发开放的必要前提。然而,形成共识并不一定能够付诸实施,因为在中国既有的政治体制下,地方政府是否能够启动一个事关国家大局的重大项目必须得到中央的批准和支持,所以上海市是否能够启动浦东开发开放还要看中央的态度和取向。中央对地方的态度和取向一般表现为两个方面:一是批准和支持限于地方层面的"试验",譬如,深圳等经济特区的建设;二是上升到国家战略层面,举全国之力予以支持。历史已经表明,中央不仅批准了浦东开发开放而且上升到国家战略层面,其中的重要原因是邓小平从全球视野和国家战略高度形成了关于浦东开发开放的战略谋划。

2. 邓小平关于浦东开发开放的战略谋划

如果说上海关于浦东开发的战略谋划只是着眼于上海城市发展层面,那么,邓小平关于浦东开发开放则是从国家战略层面来谋划的。

整个 20 世纪 80 年代,中国改革开放的战略重点主要在广东福建沿海布局。开放战略的实施给当时的南中国带来了经济、政治、文化等方面的重大变化,推动了以深圳为代表的区域开发。然而,到 20 世纪 80 年代末 90 年代初,国内外局势中产生了不利于中国改革开放的因素,主要是:八九学潮、苏联解体、美国等西方国家对中国的经济制裁。

中国是否继续实行开放政策,开放的力度和空间是更大还是更小? 中国继续发展的突破口在哪里? 这些事关中国和世界发展大局的根本性问题引起了当时国内外的高度关注。中华民族的前途命运也再一次地走到了一个"十字路口"。

处在战略转折关头的中国需要一个科学的高屋建瓴、统揽全局的战略构想来指导全中国发展的布局谋篇,而任何一个科学的战略构想的启动都需要一个战略突破口,反过来,战略突破口的起点、档次,乃至身价都将直接决定着整个战略构想的起点、档次和身价。如何形成未来中国发展的战略构想? 由谁来完成这一战略构想? 这一战略构想的战略突破口如何选择并由谁来承担呢? 20 世纪 80 年代末 90 年代初中国改革、开放、发展的事实已经作出了正确的选择和科学的回答。这就是,自 1978 年改革开放以来中国的 100 年发展战略构想已经形成了,是邓小平完成了这一战略构想,也正是邓小平不失时机地把 20 世纪 80 年代末 90 年代初这一战略构想的突破口敲定为浦东开发开放,不仅如此,邓小平还始终关注着这一战略突破口的开发开放和进展情况。

早在 1987 年,邓小平就曾表示:"浦东开发要加快,90 年代是上海发展的最后一个机遇。"1988 年 1 月 23 日,邓小平在一份《关于加快沿海地区对外开放和经济发展的报告》上批示:"完全赞成。特别是放胆地干,加速步伐,千万不要贻误时机。"①1989 年,国内政治风波及"苏东风波"后的中国,改革开放、经济建设、国内稳定及国际关系同时遭遇困难,但我们党和国家之所以能够在这场风波中站住了脚跟,邓小平总结其中的原因是:"如果没有改革开放的成果,'六·四'这个关我们闯不过,闯不过就乱,乱就打内战,'文化大革命'就是内战。为什么'六·四'以后我们的国家能够很稳定? 就是因为我们搞了改革开放,促进了经济发展,人民生活得到了改善。"②然而面向未来,当时中国的发展也面临着重大的方向性的战略抉择,是邓小平选择了继续改革开放的发展战略,也是邓小平把开发开放浦东作为中国发展战略的突破口。"要实现适当的发展速度,不能只在眼前的事务里面打圈子,要用宏观战略的眼光分析问题,拿出具体措施。机会要抓住,决策要及时,要研究一下哪些地方条件更好,可以更广大地开源。比如抓上海,就算一个大措施。上海是我们的王牌,把上海搞起来是一条捷径。"③

二、战略决策

战略谋划解决了"要不要做"问题,接下来是"决定是否做",即决策问题。

历史经验表明,一个正确的决策直接决定着处于关键时刻的一项事业未来的发展方向和成败得失。其原因是"关键时刻"往往是"机会"、"机遇"所在,而"机会"、"机遇"犹如白驹过隙,稍纵即逝,所以抓住机会、抓住机遇的关键在于决策的即时性、准确性、果断性。邓小平曾经指出:"机会要抓住,决策要及时。"④如果说关于浦东开发开放的战略谋划是寻找机会的过程,那么,党中央、国务院和上海市决定是否开发开放浦东的决策就是抓住机会的过程。

1990 年春节,时任上海市委书记、市长的朱镕基向在上海过春节的邓小平同志汇报:我们准备再打一场淮海战役,打过黄浦江东岸,开发浦东,再造一个上海。小平同志微笑着频频点头。在邓小平基于全球和平发展大趋势和中国改革开放发展大趋势的战略思维的指导下,面对世界经济重心东移亚太地区的历史机遇,党中央、国务院从我国改革开放全局出发,审时度势,作出了开发开放浦东的重大决策,使浦东开发开放上升到国家战略的高度。

三、开发方略

"决定是否做"敲定后,接下来是"为做什么而作出必要准备",其中包括政策

---

① 《邓小平年谱(1975—1997)》(下),中央文献出版社 2004 年第 1 版,第 1223 页。
②③④《邓小平文选》第 3 卷,人民出版社 1993 年 10 月第 1 版,第 371、355、355 页。

制定、战略设计、发展规划等。

由于浦东开发开放是上海市发展战略和中国国家战略的耦合,国家和上海市给予浦东开发开放一系列的优惠政策,25 年来,浦东根据国家和上海市的许可也制定了完整的政策体系。所有这些都是浦东开发开放模式中的有机内容,具体包括以下五个方面。

1. 中央关于浦东开发开放的政策

浦东开发开放后的 25 年,中央在不同时期陆续给浦东一系列特殊政策,譬如,1990 年的十项政策,给予 65 亿元启动贷款,允许浦东新区新增财政收入用于浦东进一步发展;允许外商投资第三产业(其中允许外商在上海和新区设立外资银行,允许外国贸易机构在浦东保税区从事仓储贸易)和批准了上海市关于浦东的土地使用权有偿转让政策(其中外商可成片承包开发区内土地)等。1990 年 9 月,国务院有关部门和上海市政府发布了第一批浦东新区开发开放的 9 个法规文件,同年在外高桥率先建立我国第一个保税区。1992 年,中央给予上海市用于浦东开发的政策包括扩大和增加 5 类项目的审批权和 5 个方面的配套资金筹措权。中央政府同意给上海扩大基金以支持浦东开发的权利:(1)允许上海每年发行 5 亿元工业债券;(2)除了配额外,允许上海向上浮动 1 亿元的股票价值;(3)除已经获得每年 1 亿元的贷款外,中央政府同意给上海每年 2 亿美元的低息贷款;(4)允许上海为外商投资者每年向上浮动 1 亿美元的发股价值;(5)在原有 2 亿元规模的基础上再增加 1 亿元的附加分配基金。以上折算下来,浦东一年的投入就是当时全国 14 个开发区全部投入的两倍以上,如果股票溢价发行,投入规模更为可观。1995 年 6 月,国务院颁发《关于"九五"期间上海浦东新区开发开放有关政策的通知》,主要包括财政税收和资金、扩大市场开放度和准入度以及扩大审批权限等三个方面。2005 年,中央批准浦东率先进行综合配套改革试点;2009 年,中央批准南汇并入浦东和上海国际金融中心、国际航运中心的建设;2013 年,中央批准创建中国(上海)自由贸易试验区。

2. 中央对浦东开发开放的政治支持

浦东开发开放之后,中央持续地予以坚定的政治支持。中共十四大报告提出:"以上海浦东开发开放为龙头,进一步开放长江沿岸城市,尽快把上海建成国际经济、金融、贸易中心之一,带动长江三角洲和整个长江流域地区经济的新飞跃。"中共十五大报告明确:"进一步办好经济特区、上海浦东新区。鼓励这些地区在体制创新、产业升级、扩大开放等方面继续走在前面,发挥对全国的示范、辐射、带动作用。"中共十六大再次提出了"鼓励经济特区和上海浦东新区在制度创新和扩大开放等方面走在前列"。中共十七大报告提出："更好发挥经济特区、上海浦东新区、天津滨海新区在改革开放和自主创新中的重要作用。"

3. 上海关于浦东开发的相关政策

1990 年,上海市政府宣布了开发浦东的 10 条优惠政策和开发浦东的总体实施规划。1990 年 9 月 10 日,国务院出台了 9 项规定,其中 6 项是上海市政府颁布的,包括:(1) 上海市关于鼓励外商投资浦东新区的规定;(2) 上海外高桥地区的行政管理措施;(3) 上海浦东的土地管理规定;(4) 上海浦东新区建设和管理的项目措施规定;(5) 浦东新区外资企业的审批措施;(6) 上海浦东新区的产业发展和投资方向指导。1992 年 3 月,中央政府同意给上海市政府审批投资项目的权利,授权上海:(1) 在外高桥地区建立中资或外资仓储贸易企业的审批权;(2) 在浦东新区的国有大中型企业进出口审批权;(3) 在浦东新区建立非工业项目的审批权;(4) 2 亿元的工业项目的审批权;(5) 发行股票和债券用于浦东开发并允许其他地方的股票在上海进行交易。1992 年 12 月 15 日,中共上海市第六次代表大会遵照党的十四大精神,对加快浦东开发,开创对内对外全方位开放的新局面作出部署。2002 年 1 月,上海市委、市政府正式启动了浦江两岸综合开发工程,在黄浦江两岸综合开发 2 260 公顷规划面积中,浦东有 1 390 公顷,占六成多。2005 年 4 月,上海海关推出八条措施进一步支持浦东开发开放。

4. 浦东的政策体系

浦东根据中央和上海市两级政府的许可制定了开发开放完整的政策体系,其中包括招商引资、土地利用、资金筹措、人才引进、项目招标等方面的具体规定。

5. 上海成立了浦东开发的相关政府机构

1990 年 5 月 3 日,上海市人民政府浦东开发办公室和上海市浦东开发规划研究设计院正式成立;1993 年 1 月 1 日,成立中共上海市浦东新区工作委员会、管理委员会;2000 年,成立了浦东新区政府。

四、战略设计

战略设计也是"为做什么而作出必要准备"的有机内容。所谓战略设计就是要确立战略的起点、构思战略的全局、描绘战略的未来远景等,以及明确其中的关键成功因素(KSF)。

浦东开发开放的战略设计分为国家、上海和浦东三个层面。

1. 浦东开发开放的国家战略

一个区域的快速崛起,总是首先得益于基于不同层面(世界的、国家的、地区的)的宏观战略的布局的和实施。从国家战略来考虑,浦东开发开放是基于当时对世界和平发展格局和中国改革开放总趋势的国家战略决策,其目的就是要通过一个区域的开发开放体现当时中国提升改革开放层级的国家意志和国家决心。如今,25年来浦东外向型、多功能、现代化新城区框架的建成深刻地见证了中国国家战略在上海的实现能力。

然而作为国家战略,浦东开发开放不仅表现为把浦东建成上海市的外向型、多功能、现代化新城区,还体现在振兴上海、服务全国和面向世界三个方面。

通过浦东开发开放实现上海振兴既是上海的城市发展战略也是国家战略的体现,因为振兴上海是为了以上海为龙头带动长三角和整体长江经济带的发展。浦东开发开放为振兴上海创造了新的城市发展空间,为振兴上海塑造了更加鲜明的城市形象。25年的开发开放,由现代化道路、立体化交通、大面积绿地、高档次楼宇、先进制造业和现代服务业等展现出来的浦东新面貌,成为上海城市形象的突出亮点。

服务全国也体现了当时的国家意志和国家战略,浦东开发开放是为了推动全国改革开放的多层次、宽领域、全方位的升级,既打好"世界牌",也打好"长江牌"、"中华牌"。

面向世界,就是要按照国际惯例高层次、高强度、宽领域地对外开放。25年的开发开放实践证明:浦东开发开放是高层次的,率先把对外开放的重点放在先进制造业和金融贸易等服务业,引进具有国际竞争力的产业和大企业,形成了以现代服务业和高新技术产业为主导的新型产业体系;浦东开发开放是高强度的,体现在累计吸引了众多国家和地区的外商投资企业,累计吸纳了大量的外商投资;浦东开发开放是宽领域的,体现在由一般生产加工领域扩展到了服务贸易领域,发展现代服务业。

2. 浦东开发开放的上海战略

关于上海城市发展的战略取向,在决定开发开放浦东之前曾经有三种可供选择的方案:一是北上,以宝钢为中心,开发宝山县和崇明岛,在上海北部建设新城区;二是西扩南下,向江浙延伸,发展化学工业。以上两个方案仍然局限于单一的工业功能,而且北部地区空间有限,向西延伸主要靠陆路和航空运输;三是东进,跨过黄浦江开发浦东,建立新的金融贸易区、保税区、出口加工、高新技术产业区和深水港区。在当时经济全球化的总体趋势下,走向海洋,发展金融和航运是一个城市成为世界经济、贸易、金融、航运中心的基本条件，因此，东进，开发开放浦东是上海迈向国际大都市的必然选择。

3. 浦东开发开放的战略方针、战略突破口和战略路线图

在浦东开发的国家战略和上海战略指导下，浦东开发开放在启动之初就明确了战略方针、战略突破口和战略路线图。

（1）战略方针："依托浦西、开发浦东"，"以东带西，东西联动"，"东西一体、联动发展"。浦东开发开放的独特背景和条件是浦西老城区。浦西老城区一直是近代以来中国最大的工业城市和远东国际大都市，城市功能完善，产业体系完整。因此，"依托浦西、开发浦东"是最现实的战略选择，譬如，依托浦西的城市功能和城市形象，弥补浦东开发之初城市功能不足和城市形象欠缺问题，为浦东的城市功能建设提供了缓冲时间，为浦东城市形象的提升创造了得天独厚的条件；依托浦西的产业基础，加快浦东产业结构的生成、完善和优化，如依托上海大众汽车集团，与美国通用汽车合资在浦东生产别克汽车，培育汽车产业；依托浦西的第一百货，与日本八佰伴合资，形成当时浦东规模最大的超市——第一八佰伴，促进传统服务业的生成；依托浦西的金融基础，打造浦东金融业基地，将原在外滩的人民银行上海分行和工商银行上海分行迁到浦东陆家嘴，上海银行也在浦东设分行，同时加大浦东引进外资银行的力度，在陆家嘴形成新的金融集聚区；依托浦西的人才和技术力量，加强与全市各类科研、教育、文化、医疗机构的合作，加快紧缺人才的培养，浦西的人才和技术一跨江就可以服务于浦东开发开放。

浦东开发开放反过来带动了浦西的开发开放，实现了以东带西、东西联动、东西一体和联动发展。譬如，带动了浦西的产业升级，浦西的产业结构通过"退二进三"，大量的工业企业退出，金融、商贸业获得发展，高技术含量、无污染的都市工业兴起，三次产业的顺序由"231"转变为"321"；把浦东的"新区开发"与浦西的"老城改造"结合起来，带动了浦西的旧城改造和城市功能的升级。将浦东定位为上海先导产业的发展基地，即以国际金融为主导的第三产业，以信息电子、生物医药、新材料为主导的高新技术产业，以大空港、大海港、大飞机为主体的先进制造业和航运产业等。上海旧区改造按以往政府正常拨款需100年左右时间才能完成，浦东开发开放以来通过土地批租利用外资仅花10年时间就基本完成。

（2）浦东开发开放的战略突破口——三个先行。浦东开发开放之前，城市功能不完善，经济基础较薄弱，黄浦江隔断了浦东和浦西的人流和物流。要在短

时间内把浦东建设成为上海现代化的新城区,必须选择切合实际的开发开放的战略突破口,浦东开发开放把规划先行、法制先行、高新技术先行"三个先行"作为战略突破口。

第一,浦东开发开放坚持规划先行。为了高起点规划,浦东采取国际招标或国际咨询等方式,使区域的社会和经济发展规划、城市形态规划、交通规划、基础设施规划和生态环境规划配套完善,体现国际化特征。

第二,浦东开发开放坚持法制先行。25 年来,市人大、市政府在浦东新区先后颁布了 20 多项有关外商投资的法律和法规,基本上使经济运作有章、有序地进行。

第三,浦东开发开放坚持高新技术产业先行。使浦东成为上海市高新技术产业发展的新高地,形成了以微电子、软件、生物医药为先导的国内最大的高科技产业体系。① 微电子产业:在引进最先进的芯片生产线的基础上,重点向芯片设计、微电子装备和光电子等中上游环节拓展,形成了完整的微电子产业链;以张江为核心延伸到金桥、外高桥的微电子产业带的建设,基本建成了国内一流、国际领先的集成电路生产和研发基地。② 软件产业:引进了国际知名软件公司,形成了研发、设计、应用与交易的领先优势,推动了软件的出口,初步实现了软件产业的国际化。③ 生物医药产业:形成了基因技术、生物技术、现代中药技术、新型制剂和生物医学工程的产业化优势。④ 汽车产业:运用高新技术提升汽车产业能级,加快产品升级换代,提高产品附加值,增强市场竞争力。⑤ 新材料产业:坚持引进与自主开发并重,形成了信息材料、汽车材料、新型特制钢材、树脂复合材料、新型建筑材料为主导的新材料产业。

(3) 浦东开发开放的战略路线图——突出重点、滚动开发、逐级递进。25 年来,浦东开发开放坚持突出重点、滚动开发、逐级递进的开发开放战略路线图,实现了"开发一片、建成一片、投产一片、收效一片"的开发开放成果。

浦东开发开放的重点:陆家嘴金融贸易区主要突出金融贸易功能,成为上海建设国际金融中心、国际贸易中心的重要载体;外高桥保税区是全国启动最早的集国际贸易、保税交易、现代物流和出口加工等功能于一体的保税区,强化了浦东的国际贸易功能,成为上海建设国际贸易中心和国际航运中心的重要载体;金桥出口加工区是上海重要的先进制造业基地和生产性服务业集聚区;张江高科技开发区已形成科技创新区、国家软件园、国家生物医药基地、国家信息产业基地齐头并进的新格局,强化了浦东的研发创新、孵化创业功能,成为上海发展高新技术产业的重要载体。

浦东开发开放的滚动过程：20 世纪 90 年代的 10 年，通过两轮十大基础设施建设，构筑了现代化的市政基础设施和沟通东西、连接国内、辐射海外的交通通讯网络框架。

浦东开发开放的逐级推进：通过四个国家级开发区的开发开放带动了整个浦东开发开放，从而实现了"以点带面、以面成片，最终形成整体"的开发开放战略格局。浦东开发开放初期，实施"列车工程"，由国家级开发区作为"火车头"带动周边乡镇（"车厢"）发展；在开发区走向成熟后，提出"区镇（开发区与乡镇）联动"，加快郊区经济发展和小城镇建设；2005 年，建立了 6 个功能区域，从管理体制上打破城乡二元分割界限，推动城郊一体化发展和区域统筹协调发展；2010 年，浦东提出了"7＋1"发展格局，这是 25 年浦东开发开放基础上的新开发开放观下的新战略选择。

（4）浦东开发开放的新布局——"十二五"期间浦东的"7＋1"。从 2009 年 4 月国务院批复同意南汇并入浦东新区开始，浦东进入了开发开放的二次创业阶段，新浦东"二次创业"的发展构想是"7＋1"布局。"7"包括：上海综合保税区板块、上海临港产业区板块、陆家嘴金融贸易区板块、张江高科技园区板块、金桥出口加工区板块、临港主城区板块、国际旅游度假区板块，"1"就是世博商务区板块。

五、战略规划

规划也是"为做什么而做的必要准备"的有机内容。25 年的实践证明，浦东以"中心敞开、组团布局"、"城乡一体、共同发展"为特点的城区规划布局①是浦东开发开放顺利推进的重要保证和保障。

1. 浦东开发开放特别注重规划先行

规划先行之所以重要，是因为合理的规划能正确地贯彻开发开放战略，避免开发开放过程中少走或不走弯路。马克思在《资本论》中指出："蜘蛛的活动与织工的活动相似，蜜蜂建筑蜂房的本领使人间的许多建筑师感到惭愧。但是，最蹩脚的建筑师从一开始就比最灵巧的蜜蜂高明的地方，是他在用蜂蜡建筑蜂房以前，已经在自己的头脑中把它建成了。"正确的发展规划是在战略谋划指导下对

---

① 赵启正指出："浦东开发的模式史无前例，既没有前人的经验可供借鉴，也无类似的模式可供照搬。浦东按照'规划先行'的思路，坚持以高标准、系统化的规划原则，指导高起点的开发，制定了被国内外专家和考察者称为环的城市形态和小区规划。"（赵启正：《浦东逻辑——浦东开发与经济全球化》，上海三联书店 2007 年 3 月第 1 版，第 41—42 页）

客观事物发展规律的自觉认识和把握,它既是实践活动的起点和指路灯塔,又是实践活动的预定结果。英国设计师罗杰斯(巴黎蓬皮杜文化中心是其设计代表作之一)针对浦东的开发曾经说过,"在 20 世纪,世界上再也找不到一块比陆家嘴更好的地块了。它像一块好料子,下剪子前一定要设计好,如若剪坏,即使再去补上一颗金纽扣,也不能挽回了"①。浦东开发开放的启动是从制定规划开始的,贯彻规划先行的开发理念。

2. 浦东规划的先行先试

浦东开发规划的先行先试体现在通过市场化的途径按照国际惯例进行国际招标,力争做到城市规划世界一流。1990 年 12 月,陆家嘴中心地区按照国际惯例展开城市规划国际招标,中国、意大利、日本、法国和英国的专家们各自推出了不同的方案。1993 年 12 月,上海市政府正式批准了通过博采众长调整修改后的优化方案。继陆家嘴规划国际招标之后,浦东继续对重点区域、重大工程和标志性项目进行国际性规划招标。例如世纪大道的设计,就邀请了美国 EDAW 公司、RTKL 公司、法国夏氏——德方斯公司等国际设计公司完成了 3 个景观设计咨询方案,最终权衡选定。

3. 浦东严格按照规划进行开发开放

浦东开发开放的顺利推进和持续高质量运行,是以包括总体规划、分区规划、各专业管线规划等在内的现代化规划体系作保证的。浦东的每一个建设项目,都自觉接受各类规划的指导,使浦东在城市空间布局上,形成了一个发展有序、层次较高的现代化新城区框架。浦东的规划具有法定的作用,"按规划、定项目、批土地"是浦东新区执政的基本准则。

六、战略实施

在明确了"要不要做""决定是否做"和"为做什么而作的必要准备"等问题后,接下来是"具体实施"问题。就浦东开发开放来说,包括土地开发模式、资金筹措模式、浦东的开发组织、浦东开发的项目运营、浦东的综合配套改革、浦东新区党的建设六个方面。

1. 土地问题

浦东开发开放是从土地的规划和运营启动的,1990 年 9 月 10 日,上海市人

---

① 参见《1990——浦东,邓小平的"王牌"》。http://www. stnn. cc/reveal/200812/t20081208_919973_8. html。

民政府颁布《上海市浦东新区土地管理若干规定》："浦东新区国有土地实行有偿使用制度。采取土地使用权出让、转让方式或收取土地使用费的方式，使需用地者获得土地使用权。"在这一政策指引下，浦东四个开发区及其开发公司创造了独特的土地批租模式和融资模式，即"财政空转，土地实转，成片规划，滚动开发"，具体做法是：成立了陆家嘴、金桥、外高桥三家开发公司（1992 年成立了张江开发公司），政府只给每家开发公司办公经费 200 万元，同时由市财政局按照土地出让价向开发公司开出支票，作为政府对企业的资本投入；开发公司将支票背书后，作为土地出让金支付，交给土地局，并签订土地使用权的出让合同；土地局出让土地使用权后，再将从开发公司得到的出让金（支票）收入全部上缴给市财政局。形成了包括以地集股、以地融资、以地招商、以地抵押在内的全方位土地批租模式。采用这种创新做法，浦东四大开发公司作为土地开发主体，将"生地"转化为"熟地"后，再投入土地二级市场，利用二级市场的土地转让收入进行再投入、再转让，从而形成了"土地资源—土地资本—货币资本"的螺旋式上升。这一创举在浦东开发开放初期资金极其匮乏情况下，既为培育土地市场创造了条件，也使浦东开发开放能够及时启动、快速发展。

以上这种以土地批租为核心的浦东开发开放，使陆家嘴金融贸易区、金桥出口加工区、外高桥保税区和张江高科技园区等四个国家级开发区的基础设施不断完善，功能建设效应显著，投资环境迅速改观，招商引资蓬勃发展。这种土地批租模式的特征有以下五点。

（1）以土地换资金。浦东开发之初，通过有序、合法的土地使用权的出让，获取了开发初期所需要的巨量开发资金。

（2）"用土有方"。① 强化土地管理行政制度：设立了"领导干部不准直接谈地价、不准干预项目、不准为动拆迁打招呼"三条"高压线"，从制度上杜绝权力寻租和暗箱操作的可能性。② 建立市场化的土地出让制度：率先在全国建立了土地资产交易中心、土地资源储备中心、土地交易市场，对经营性土地实行公开招标、拍卖，形成了土地市场化配置、法制化运作、集约化使用机制。实行土地租赁，工业用地实行 2—50 年不等的土地租赁。③ 提升土地价值：通过树立浦东是国际大都市上海的有机组成部分的城市形象和全国改革开放"旗帜"等提升了浦东的土地价值。④ 以标杆项目带动和提升土地价值：通过标杆项目的开发，凸显标杆周围的土地价值。譬如，陆家嘴的东方明珠、金茂大厦、环球金融中心、上海中心等标志性建筑的开发。⑤ 土地开发的公司模式：四大国有开发公司是浦东新区土地开发的主体，开发公司从一级市场获得土地开发，变"毛地"为"熟地",再通过土地二级市场转让。这种公司制土地开发模式承担了20世纪90年代整个浦东新区土地开发总量90%。⑥完成了地籍管理GIS信息系统的建设,实现地籍信息资料的及时更新,建立起土地登记可查询制度。

（3）"惜土如金"。土地永远是稀缺资源,浦东的土地更是如此。浦东开发过程中坚持"惜土如金"理念开发土地。上海市原副市长、浦东新区管委会首任主任赵启正为了始终贯彻这一理念,请上海一位书法家为他写了"惜土如金"字幅,一直挂在办公室里。赵启正解释说,"惜土如金"有两个含义:一是土地有价值,比较贵;第二,土地要用好。

（4）"守土有责"。一是对国家和人民负责,决不让浦东的土地收益流失;二是对民族和未来负责,决不让浦东的土地资源浪费、污染和破坏,损害子孙后代。赵启正曾说过,浦东要开发200年,我们要为子孙后代的开发准备足够的空间。

（5）"腾笼换鸟"。随着浦东开发开放的深化,可供开发土地面积越来越少,商务成本也越来越高,招商引资和项目投资越来越困难。于是,在浦东开发开放的深化过程中形成了"腾笼换鸟"新理念。通过企业置换和产业置换,吸引发展前景好、产业能级高及核心竞争力高的企业和产业,是浦东深化开发开放内在的、客观的、必然的要求,使浦东有限的土地资源获得了最大的环境效益、经济效益和社会效益。

2. 资金问题

据当时的初步估算,浦东开发开放的初步完成就需要多达8 000亿元人民币的资金,显然仅仅依靠当时的政府财政是不现实的,必须通过吸引其他外部资金的注入,为此,浦东实施了资金筹措机制的创新,充分发挥政府投资在全社会投资中引导和带动社会投资的效应,大力开辟多元化融资渠道,通过办理银行或银团贷款、争取国债转贷资金、发行建设债券和企业债券、申请证券市场上市、利用国外政府贷款和国际商业贷款等方式,先后筹借了550亿元左右的资金,为浦东开发开放过程中大规模基础设施建设提供了充足的资金保证,创造出了以投资来源多样化、投资主体多元化、利用外资方式多样化为主要特色的政府投资与市场化投融资相结合的多元化投融资模式,形成了全方位、国际化、多元化、多渠道的招商引资格局。到20世纪90年代末,在浦东开发开放以来上千亿元的全社会固定资产投资中,外资占32%、银行贷款占28%、企业自筹占30%,中央、市和新区三级政府财政仅占10%。

（1）土地资金。据统计,截至2001年土地空转制度基本结束时,上海市政府以土地批租形式向四大开发公司成片出让土地 23 幅共 61.59 平方公里，折算为政府投入的资本金 61.3 亿元。土地批租不仅直接带来土地资本，而且引致了各路资金投资浦东。开发公司凭借"空转变实"得到的土地资源，在市场上融资，向银行抵押贷款，吸纳了 200 多亿元开发资金，获得 120 多亿元土地转让收入，吸引 800 多家中外资房地产公司和总量 400 多亿元的房地产开发资金。

（2）财政资金。2000 年年底之前，国家留给浦东用于浦东的基础设施建设的新增财政收入共计 59.4 亿元，主要用于以"两桥一路"（南浦大桥、杨浦大桥、杨高路）为主的第一轮浦东十大基础设施建设。

（3）银行信贷。浦东在"八五"、"九五"两个时期分别从银行获得资金 217.5 亿元、200 亿元人民币，用于浦东国际机场、地铁二号线等第二轮十大基础设施建设。1998 年 2 月 23 日，经中国人民银行批准，成立了上海浦东发展集团财务公司，4 月 1 日开始营业，为集团内企业和机场配套道路提供了资金支持。1996 年 4 月 18 日，成立了上海城市合作银行浦东分行，为新区机场配套道路、世纪大道、国际博览中心等重大项目提供贷款支持。

（4）发行建设债券。债券在浦东开发资金中的份额可以从图 4-1 所示的 2005—2007 年浦东固定资产投资构成图中反映出来。

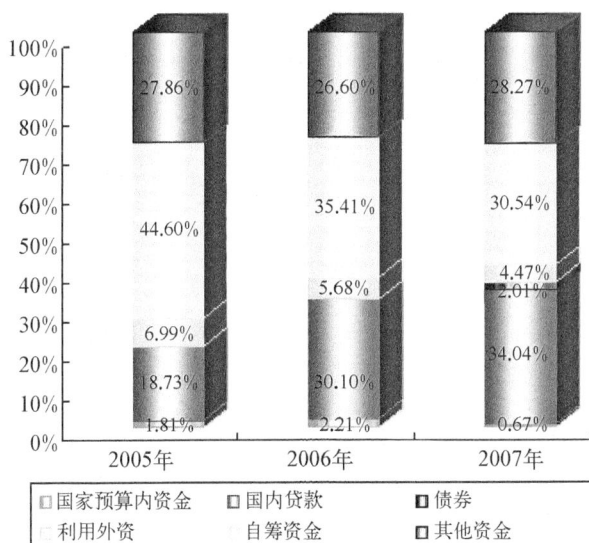

图 4-1　2005—2007 年浦东固定资产投资构成图

（5）吸引民间投资。在 25 年的开发过程中，民营企业逐步成为浦东开发开放的重要主体。据统计，截至 2009 年 10 月，新区民营企业累计 71 832 户，占新区内资企业总数的 86%;注册资本累计 2 113.8 亿元,占新区内资注册资本总额的 25.6%;新区 70% 以上的科技项目由民营企业完成。浦东的民资、民企不仅成为结构调整、产业升级的主要杠杆,也成为城市建设和优化生产力布局的重要力量。

(6) 利用外资。浦东开发开放充分利用了吸引外资政策。经中央政府批准,通过上海市政府可以借外资开发浦东。据不完全统计,外商投资企业对浦东经济增长的贡献率达到 40%,对高新技术产业的贡献率更高达 90%。外资外贸已经成为浦东产业结构调整、城市空间布局的重要杠杆。据统计,在上海 20 世纪 90 年代的城市建设资金中,有 1/6 来源于外资,浦东更高达 70% 以上。

(7) 上市融资。20 世纪 90 年代初,四大开发公司都组建了股份有限公司在上海证券交易所成功发行 A 股、B 股,通过资本市场为浦东四大开发区的开发筹措了大量的建设资金。

3. 开发组织:政府机构和开发公司

浦东的开发组织和开发主体,一开始只是政府机构和开发公司,再后来增加了 NGO 组织。

(1) 浦东的政府机构及其体制创新:"小政府、大社会、大服务"

第一,浦东的政府管理模式经历了三个阶段。

第一阶段:1990—1992 年。由上海市政府成立浦东开发办进行宏观管理协调。浦东的开发建设和管理分别由杨浦区、黄浦区、南市区、上海县和川沙县等"三区两县"具体负责。第二阶段:1993—2000 年。1993 年初,上海市委、市政府撤销了上海县和川沙县的行政建制,杨浦区、黄浦区和南市区涉及浦东的区域不再归其管辖。成立浦东新区党工委和管委会,作为市委、市政府的派出机构,直接负责浦东开发开放。第三阶段:2000 年 6 月开始,健全新区党委、人大、政府和政协四大机构行使政府职权。

第二,浦东的行政管理体制体现了"小政府、大服务"的格局。

小政府的特征:决策职能:政府集中力量驾驭全局;服务职能;审批职能:2001 年,浦东新区率先在全市进行政府行政审批制度综合改革试点,减少审批事项,规范审批程序,提高行政审批效率。

大社会的特点:把政府管不了、管不好、不该管的事务交给市场和社会中介服务组织。在欧美模式下,区域内存在着各种行业协会、商会、创业服务中心等各种形式的中介服务组织,还积聚着一些创新基金、风险投资机构、本地的商业银行以及证券市场等的金融机构。中介服务组织和金融机构的发展使资金、技术、信息、人才等资源在区域内顺畅流动。浦东借鉴欧美模式中的优点和长处,建立了各类社会中介组织机构。

大服务的内涵：浦东的行政机构在开发开放进程中一直发挥着大服务作用。一是形成科学的开发开放思路，使开发开放有计划、有步骤地推进；二是维护公正的市场秩序，努力建设公平、竞争、规范、有序的市场环境，譬如，首创了把工程建设项目引入"建筑营运中心"，实行公开招标；把药品采购引入"社会资源配置中心"，实行公开交易；三是政府搭台，企业唱戏，多渠道、多元化招商引资，筹措开发开放建设资金；四是在大规模、快速度的城市化建设中，建立和维护良好的社会秩序，着力建设社会主义和谐社会，譬如，在法律服务方面，创造了多个"全国第一"，如第一家知识产权法庭、第一个法律援助中心、第一个"110"电话报警系统、第一台"999"市民救助电话等。

（2）浦东的开发公司

浦东开发开放从一开始就摒弃了由政府投资、统包统揽的计划经济模式，组建了四个开发公司作为开发主体并承担四个国家级开发区的开发开放任务，具体负责各开发区的土地开发、筹融资、基础设施建设、招商引资、产业发展和功能配套等。

在四个国家级开发区内，四个开发公司通过招商引资吸引了国内外众多的开发企业入驻，形成了开发主体多元化的生动局面。四个开发公司与入驻开发区的各类公司之间形成了如图 4-2 所示的相互依存、互相促进的共存、共荣关系，这是浦东开发开放模式中的独特内容。

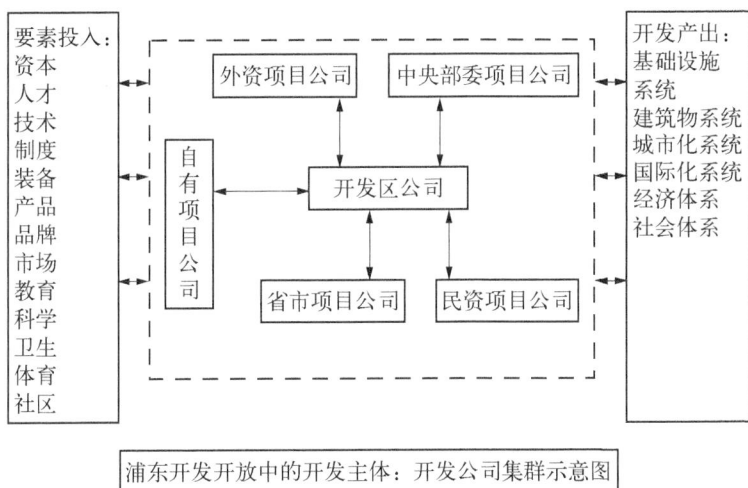

浦东开发开放中的开发主体：开发公司集群示意图

图 4-2 四个开发公司与入驻浦东开发区的各类公司之间的共存关系

4. 浦东的项目建设

开发过程表现为一个个项目的立项和建设过程。关于项目,美国项目管理专业资质认证委员会主席 Paul Grace 曾经指出:"在当今社会中,一切都是项目,一切也将成为项目。"的确如此,浦东开发开放从创意、谋划、决策、规划到启动,从启动到发展,从形态开发到功能开发,从功能开发到经济开发、生态环境开发和社会开发,每一个环节、每一个地点、每一条道路、每一栋楼宇、每一条生产线、每一个公园、每一地区的动迁、每一个产品、每一项服务、每一条公交线等都是通过一个个项目的谋划、决策、规划、启动、实施、监管等环节的点点滴滴的劳动累积而成的。不仅如此,每一个项目的累积共同构成了浦东开发开放的支撑体系框架、经济体系框架和社会体系框架,累积成为浦东开发开放的全部进程。因此,建立项目推进机制,以项目促发展,是浦东开发开放的着眼点、着力点,是浦东开发开放模式的有机内容。

浦东开发开放过程中的项目主要来源于中央部委、各省市、浦西和世界各地,参见图 4-3。

图 4-3 浦东开发项目来源

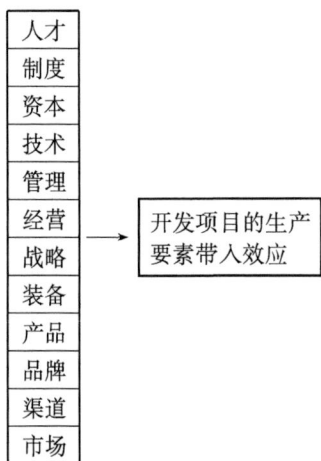

图 4-4 浦东开发开放过程中,项目建设所需生产要素

从 1990 年到 1992 年间,中央 10 多个部委和全国 20 多个省市纷纷投资浦东,200 多个内资项目陆续兴土动工,带来浦东开发开放的第一轮热潮。到 2002 年,中央各部委和各省市在浦东投资设立了 6 300 多个项目,注册资金达 320 亿元人民币,30 多家国内大企业集团总部,200 多家创业投资、投资管理和咨询公司落户浦东。78 个国家和地区近 8 000 个投资项目,投资总额接近 400 亿美元,其中,100 多家世界 500 强企业投资了 200 多个项目,28 家跨国公司将地区总部移师浦东。

项目建设本身需要各种生产要素,从而形成引致效应,如图 4-4 所示。

浦东开发中的项目可以分为七个层级：一是基础设施项目，该层级分为"硬件"（即水、电、路、气等项目）和"软件"（即安全、秩序、政策、税收、生态等项目）；二是建筑物层级，包括提供给各类功能需要的建筑项目；三是装备层级，包括提供给产业、政府、社会正常运行所需要的项目；四是产品层级，包括经济领域、社会领域、政府领域所供给的产品和服务项目；五是品牌层级，由上述各项活动形成的各个领域的品牌；六是市场层级，为浦东服务全国和走向世界建立渠道和网络的市场基础设施方面的项目；七是社会层级，为浦东建设和谐社会、资源节约型社会、环境友好型社会和学习型社会而启动的项目。全部项目的集群和累积，形成了浦东开发成就的有机整体，如图 4-5 所示。

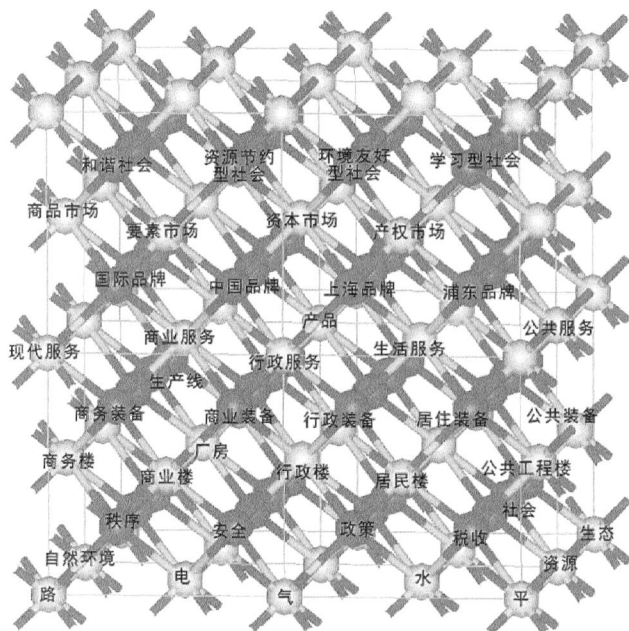

图 4-5　浦东开发成就的有机整体

5. 浦东的综合配套改革

2005 年 6 月 21 日，国务院正式批准浦东成为中国第一个"国家综合配套改革试验区"。

（1）浦东综合配套改革的国家战略定位

在科学发展观指导下，顺应经济全球化和完善社会主义市场经济要求，以"全国能借鉴、上海能推广、浦东能突破"为原则，以制度创新推动浦东开发开放，在全国率先形成制度完备、运行高效、具有国际竞争优势的社会主义市场经济体制框架,为推动全国改革起示范作用。

(2) 浦东综合配套改革的战略重点——三个着力

一是着力转变政府职能,建设服务型政府。

政府行政体制改革是浦东综合配套改革试点的核心任务。① 探索适应大区域特点、体现扁平化特征的新型行政管理体制创新:理顺上海市与浦东新区的行政事权关系;在新区行政层级实施新一轮区级机构改革,设立综合统筹、经济服务、社会建设、城建管理、法制监督等职能模块,强化区政府在公共政策、发展规划、就业保障、社会事业、环境保护等方面的统筹职能;在新区与功能区和街镇层级,成立陆家嘴等六个功能区域,重新划分新区与功能区和街镇的职能、事权和财权;在街镇层级,剥离街道的招商引资职能,强化社会管理和公共服务职能。② 深化行政审批制度改革,着力构建综合审批服务运行机制,精简审批事项、优化审批流程、提高审批效率、加强批后监管、减少收费项目、打造审批管理电子化服务平台。③ 推进人事制度改革,深化公务员聘任制改革试点,开展街镇主要负责人公开选拔、国有控股上市公司 CEO 全球招聘。④ 在公共服务领域,大力培育和发展社会组织,政府购买服务。在社会管理领域,建立包括区级市民中心、功能区事务办理服务中心和街镇社区事务受理服务中心三个层次的公共服务平台,进一步畅通市民参与管理,与政府沟通互动的渠道。

完善决策、执行、监督协调一致的运行机制,提高行政效能和透明度。① 以监察部在浦东推出依法监察试点为契机,探索建立体制内的监察制、体制外的投诉制、社会化的评估制、自上而下的问责制。在川沙功能区域开展块的行政监察派驻试点,探索监察体系的垂直领导,实行监察主体与监察对象分离的监督机制,完善监督保障机制。② 加快权力运行公开透明试点。浦东被列为国家和上海市权力运行公开透明的试点单位。

推进政府管理方式创新。① 建设民本政府,首创新区、功能区和街镇三级市民中心,构建政民合作互动平台。② 探索政府由决策中心向执行中心的转变。③ 通过"区长网上办公会"和街镇议政会推动市民议政。④ 经过民政部同意率先开展行业协会设立无需行业主管部门批准的改革。⑤ 探索社区共商共治共建新机制,着力建设社会生活共同体。⑥ 深化政府管理企业的改革。积极探索方便企业设立和年检改革试点。出台了扩大浦东登记管辖权、优化浦东新区外商投资企业审批登记办法、允许商标专用权出资、将企业不良记录相关责任人员信息纳入个人征信系统等四项改革。⑦ 深化中介组织改革。人事部批准浦东开展允许人才中介机构外资控股试点。民政部批复同意浦东新区开展行业协会登记改革试点工作。

推进城市管理综合执法体制改革。成立了城市管理行政执法局和六个功能区域的城管执法大队，统一行使市容市政、环境保护、城市规划建设管理、交通、卫生、文化市场、建制镇城市管理等方面的全部或部分行政处罚权；建立城市网格化管理监督中心（指挥中心），初步形成城市管理的快速发现机制和处理机制。

探索公共服务领域改革。开展教育"管、办、评"联动改革试点，试行教育委托管理等改革。开展以提高医疗质量、降低诊疗费用为目的的基本医疗改革试点。开展以医保预付制为重点的社区医疗卫生服务改革。在郊区一二级医院成立"医疗卫生联合体"试点，实行双向转诊、先进医疗设施共享和互为确认检查项目等改革；开展事业单位财政投入方式改革和岗位设置试点工作。在街道探索剥离经济管理职能的新型管理模式，强化街道的城区公共服务和管理职能。

二是着力转变经济发展方式，深化金融、科技、涉外经济体制改革。

推进金融业综合配套改革。① 完善金融市场体系，中国人民银行上海总部落户浦东；中国第一家货币经纪公司、全国首家信托登记机构——上海信托登记中心、央行黄金储备中心、中国金融期货交易所、上海石油交易所、上海金融衍生品期货交易所、国内首个租赁资产证券化项目等均在浦东试点；设立全国性信托登记中心，制订完善场外柜台交易市场（OTC）设立方案，争取设立区域性信贷转让市场；推动金融产品创新，设立全国首个成长型中小企业创业投资基金，积极争取房地产信托基金（REITs）和消费金融公司等试点，全球最大再保险市场机构——英国劳合社的分支机构，中国人寿资产管理公司已运用保险资金投资上海基础设施项目，华安基金率先获批开展 QDII 业务并推出了国内首批资产证券化产品，人民银行在浦东设立小额外币兑换机构试点。② 建设国际金融中心，出台关于支持金融机构、股权投资企业和外资股权投资管理企业发展等政策措施，鼓励金融机构集聚浦东；开展个人本外币兑换试点、国际贸易人民币结算试点，深化跨国公司外汇资金管理方式改革；推动设立金融仲裁院、金融审判庭和金融公诉处，引进新华社金融信息平台上海总部，建设全国首个中小金融机构共享服务的数据备份中心，不断优化金融生态环境。

以张江高科技园区为载体推进科技体制改革。科技部把张江纳入"火炬试验城市（区）"计划试点，国家知识产权局在张江高科技园区成立了全国首个"国家知识产权试点园区"，推进知识产权保护、交易和服务制度创新，构筑园区知识产权服务体系、自主知识产权成果转化孵化、自主知识产权成果进入"园区采购"、知识产权质押等。上海联合产权交易所在张江成立浦东技术产权交易中心。建设科技创新、人力资源、知识产权、投融资和信息服务等公共服务平台。以"国家自主创新示范区"和"国际人才创新试验区"为重要载体,推进人才管理体制、政策法规、服务体系和综合环境等的改革。在高新技术产业化方面,通过设立种子基金、风险投资引导基金、产业投资基金,探索投贷联动机制,形成覆盖创新企业成长周期的投融资扶持体系,不断强化自主创新的资本引力;探索知识产权质押融资试点;探索集成电路保税监管模式、生物材料检验检疫方式等改革试点,优化有利于产业升级的土地资源配置机制。

深化涉外经济体制改革。推动离岸与在岸业务创新,提升航运贸易综合服务功能。拓展订单中心、定价中心和结算中心功能,推动保税区由货物贸易为主逐步向服务贸易提升。国家外汇管理局提出支持浦东综合配套改革的"九项改革措施"(简称"外汇九条"),在浦东率先开展跨国公司地区总部外汇资金管理方式改革试点,解决跨国公司(地区)总部资金跨境流动难题。针对发达国家服务业转移、服务外包领域迅速扩大的趋势,市政府制定了《关于鼓励服务外包发展的意见》,并把浦东作为重要的试点区域。商务部与市政府在浦东共建国家级服务外包专业人才培训基地,推动涉外经济体制创新,逐步向国际惯例靠拢。构建新型服务外包人才培养体系。推进口岸管理体制改革试点,在海关总署、国家民航总局等支持下,研究完善"大通关"制度等。国家质检总局出台了支持浦东综合配套改革试点的十四条意见,上海海关公布了支持浦东综合配套改革试点的九项措施。货物通关的"一单两报"系统在外高桥保税区部分企业试点。

三是着力改变城乡经济社会二元结构,深化城乡制度改革。

① 打破行政管理体制的城乡二元分割。推动城区、郊区、开发区融合发展,设立了陆家嘴、金桥、外高桥、张江、三林世博、川沙六个功能区域,统筹区域内城乡发展。② 开展"区镇合一"试点。成立川沙功能区和川沙新镇,实行区镇合署办公,对区域发展进行统一规划。探索"社区共治"的管理方式,建立社区共商、共决、共治的民主决策和民主管理的机制。③ 探索建立由功能区域、开发公司和相关镇共同参与的联合开发机制。以"国家现代农业示范区"和小城镇发展改革试点为载体,探索开发浦东的城乡统筹发展新机制。④ 积极推进郊区综合改革试点。选择张江功能区作为社会主义新郊区试点,配套推进规划、建设、土地等领域的改革事项。在川沙新镇探索川沙功能区域管委会与川沙新镇合署办公,下设社区,实行镇直管社区的管理模式改革。⑤ 建立城乡一体化的社会事业发展和就业保障新机制,包括教育、医疗、就业、社会保障、养老等方面。⑥ 土地管理制度创新,规范土地承包经营权流转,探索建立宅基地流转、非耕地垦复

与置换的机制，加快建设城乡统一的土地市场。探索完善农村集体资产管理体制，支持有条件的地方采取股份化、股权化等方式实现集体资产保值增值，充分保障农民权益。

（3）浦东综合配套改革的基本进程

一是整体部署、重点推进。浦东制定了《浦东综合配套改革试点总体方案》和三轮《三年行动计划》（2005—2008，2008—2010，2011—2014），突出了改革总体思路、战略目标和主要任务。二是建立改革试点的组织体制和推进机制。成立了上海市推进浦东新区综合配套改革试点工作领导小组。2007 年 1 月，上海市人民政府下发了《关于完善市区两级管理体制，赋予浦东新区更大发展自主权的意见》，在规划、财税、土地管理、环保市容、项目审批、社会事业发展六个方面共 17 项权限，赋予浦东新区更大的发展自主权。三是为浦东综合配套改革试点提供法制保障。2007 年 4 月，上海市人大常委会第 35 次会议通过了《关于促进和保障浦东新区综合配套改革试点工作的决定》，明确对浦东综合配套改革中需要先行先试的事项，可以由市和新区两级政府制定相关文件，或由新区人大及其常委会作出决议、决定。四是积极推进综合性制度创新。在浦东新区进行的行政管理体制、金融体制、科技体制、涉外体制、经济体制、农村体制、社会体制改革中，坚持先行先试。五是建立部市合作机制。浦东综合配套改革试点得到了国家发改委和中央有关部委的大力支持和指导，形成了部市合作的机制，2006 年 4 月和 2007 年 4 月，国家发展改革委同上海市人民政府两次召开了推进浦东综合配套改革试点工作会议。监察部、人事部、民政部、科技部、商务部、中国人民银行、银监会、证监会、保监会、国家外汇管理局、海关总署、知识产权局、国家质检总局 13 个部门，在浦东新区开展了 20 多项改革试点，上海市有关部门也主动将 10 多项改革试点首先放在浦东。

（4）浦东综合配套改革的重要意义

浦东综合配套改革的实质是探索改革经济、政治、行政、文化、社会等诸多领域中不利于开发开放、改革发展的制度，标志着浦东开发开放的动力机制从过去的政策依赖转向制度依赖，浦东开发开放也从政策优势向制度优势转变。在浦东这样一个条件较好、开放程度较高的地区，率先构建符合社会主义市场经济要求、与国际通行做法相衔接的经济运行法规体系和体制环境，这对推动全国改革开放全局，具有综合性试验价值。浦东综合配套改革试点恰好为上海在更高起点上快速发展提供了重要契机。浦东作为第一个获批的综合配套改革试点区，是国家在改革进入到新阶段的新的战略部署，对于带动全国改革向纵深推进具有重要的引领和示范作用。

6. 一流党建促一流开发

一流党建是带动一流开发的根本保证。1993年,上海浦东新区党工委成立伊始,就明确提出"一流党建促一流开发"的指导思想,坚持围绕发展抓党建,抓好党建促发展,在实践中逐步形成了"三凝聚"、"三服务"、"三覆盖"的党建工作创新思路:以凝聚党员、凝聚群众、凝聚社会为目标,以党的上级组织为基层服务、党的基层组织为党员服务、党的各级组织和党员都为群众服务为载体,以组织覆盖、工作覆盖、制度覆盖为保障,做到开发建设到哪里,党的工作就开展到哪里。在党建中,浦东把廉政制度建设摆在首要位置,强调"廉政也是投资环境",设置了三条"高压线"(不准擅自向有关部门开口子、写条子、打招呼;不准利用职权为亲属好友谋取不正当利益;不准在工程发包中利用职权捞取好处)、两道"防火墙"(任何开发公司负责人不准擅自决定公司的资金拆借,不准擅自以公司名义为他人做资金担保),加强干部作风养成教育,从而保证了经济社会的健康有序发展。

党的建设是浦东开发的导航器和推进器。在浦东25年开发开放的实践过程中,创造了"一流党建促一流开发"的党建模式,这是浦东开发开放及其模式的有机内容之中的关键部分,也是浦东开发开放及其模式的核心内容。(1)充分发挥各级党组织战斗堡垒作用和党员干部先锋模范作用,为浦东新区开发开放的实施推进提供了有力支撑和强大保证。(2)组建与开发进程同步的党组织。浦东开发开放及形成模式以来,迅速成为人才创新创业的热土,如何有效地在政治上引领、创业上扶持、生活上帮助这些人才,把他们更好地凝聚在党组织周围,是浦东新区面临的一大课题。浦东陆家嘴金融贸易区已建立起综合党委、片区党总支、基层党支部、部门党小组的四级组织网络架构,把党员紧紧联系在一起,进行有效管理。按照"区域建党委,片区建总支,楼宇建联合支部,单位建独立支部,部门建党小组"的工作思路,搭建起陆家嘴金融贸易区党的组织架构。陆家嘴综合党委将金融城划分为6个片区,每个片区6—10幢楼宇,管理15—25个基层支部。这样的管理幅度使交流沟通更加及时,特别是对在建楼宇的竣工进度、企业入驻信息的掌握更加详细,从而有力推进了党组织的覆盖。(3)建立与多元社会相适应的党组织。随着市场经济加速发展,大量"单位人"成为"社会人","两新"组织迅猛成长。面对新形势,浦东新区提出了高起点开发建设与创造性党建紧密结合的目标,为多元社会管理提供了强有力的思想、政治、组织和作风保证。

一流的开发孕育了一流的党建，为党的建设注入了强大的生机和活力；一流的党建也推动了一流的开发，为一流的开发提供了强有力的思想、组织和政治保证，实现了高起点发展和党建科学化的统一。

七、浦东开发开放模式的形成

浦东开发开放从系统论的角度来看，涉及开发开放的全部要素，具体说来涉及开发背景、开发主体、开发客体、开发过程、开发成就五个方面，这五个方面相互联系、相互贯通、相互转化、有机统一，因此，只有运用系统思维才能全面、完整、系统地透视和审视浦东开发开放模式。浦东开发开放模式的系统思维框架可参见本书第一章图1－3所示。

这个示意图既是对"浦东开发开放模式"客观规律的反映和针对浦东开发开放模式的研究成果，也是研究浦东开发开放模式的思维工具。更具有普遍性的意义，笔者认为，应当适用于世界上任何地方的开发区的开发开放，以充分体现浦东开发开放的理论价值、实践价值、历史价值和示范价值。

第五章

浦东开发开放：开发公司模式创新

本章对浦东开发公司模式的特质进行一般概括。这一概括将遵循和贯彻逻辑与历史一致的原则。按照逻辑与历史一致的原则①，逻辑是对历史的反映，因此思维逻辑必须与历史事实一致，但必须经历从完整的表象上升为抽象的规定，再从抽象的规定上升为抽象的具体这一思维过程。本章关于浦东开发公司的实证研究是对25年浦东开发公司客观进程（历史）的客观描述，而本章的一般概括则是对25年浦东开发公司的逻辑概括。本章的逻辑概括从以下几个角度进行。

第一节 生 成 规 律

根据本书关于浦东开发开放相关问题的研究，我们很自然地得出这样的结论：浦东开发开放采用企业主导的开发模式是当时国内外主观和客观条件下的必然选择、历史选择，符合客观规律，表现为必然性、科学性、实践性和示范性。

一、必然性

浦东开发开放选择开发公司模式的必然性表现在以下几个方面：

---

① 恩格斯指出："历史从哪里开始，思想进程也应当从哪里开始，而思想进程的进一步发展不过是历史过程在抽象的、理论上前后一贯的形式上的反映；这种反映是经过修正的，然而是按照现实的历史过程本身的规律修正的，这时，每一个要素可以在它完全成熟而具有典型性的发展点上加以考察。"（《马克思恩格斯选集》第2卷，第122页）

1. 浦东开发开放的国际背景是经济全球化

经济全球化的重要特征是各种生产要素在全球范围内流动并在重要的节点集聚。当时的中国正处在如何应对经济全球化浪潮的关键时期，因此需要一个集聚全球资源的节点，是邓小平基于全球战略和中国发展战略的谋划把这一节点选定为浦东开发开放。所以，浦东开发开放的成功取决于能否把浦东打造成经济全球化条件下国际生产要素全球流动的"中转站"、"集散地"、"加工地"、"创新地"。而国内外的实践证明，这些工作由企业来运营最为有效，因此，浦东开发开放必须运用市场经济规则、制定市场经济法制、按照市场经济性质的国际惯例办事，于是浦东开发开放采用以企业为主导的开发模式也就顺理成章。

2. 浦东开发开放的国家背景是当时中国正在从计划经济向市场经济的转轨变型

一方面，当时中国正在从计划经济向市场经济的转轨变型这一大环境允许我国的一些特殊区域放弃以政府为主导的各种发展模式。又由于开发开放没有前人的经验可循，属于传统计划经济中从未涉及的领域，这就导致开发开放先行区往往更加容易采取非计划经济的手段和方法，于是市场经济性质的以企业为主导的开发模式就应运而生；另一方面，随着中国改革开放的深化，从改革进程来看当时中国正处在计划体制与市场体制谁是谁非、谁优谁劣的焦点，从开放进程来看，当时中国正处在开放的空间是否要扩大、开放的层级是否要提高、开放的力度是否要加深的"十字路口"，采用公司制的开发模式可以通过实践的成果、成效来回答这两个问题。

3. 浦东是上海市的有机组成部分

浦东在行政区划上属于上海市管辖，于是，浦东开发开放的实质是上海城市发展的有机组成部分，而经济特区是独立的行政区划，这就决定了浦东开发开放完全不同于和区别于经济特区模式，而是创造和选择了新区模式，即国际大都市中的新区发展模式。新区模式的"新"体现在融入经济全球化、擎起中国改革开放的"旗帜"、把上海建设成为全球城市、探索社会主义市场经济体制、综合配套改革试点等方面，因此培育市场性质的公司制开发主体自然是这些"新"中的有机内容。

4. 上海的城市转型处于非常关键的阶段和时期

计划经济时代的上海一直是我国国民经济的重镇，因而在从计划经济向市场经济转型过程中更加举步维艰、困难重重，上海需要以全新的手段和方法实现重振国际大都市、远东金融中心、全国经济中心的功能，而实现这一战略目标在手段和方法上需要实现从计划经济向市场经济的跨越,于是,浦东开发开放放弃计划经济性质的政府主导的开发模式而采用市场经济性质的企业主导的开发模式,也就合乎了当时上海城市转型和城市发展的需要。

5. 上海城市底蕴的现代气息和现代结晶

上海是中国第一座现代城市,是近代工业文明的第一城,是中国共产党的诞生地,近代几乎所有的名人都曾在上海居住,城市文脉底气十足,最早的电影、音乐,最好最大的出版社、媒体都曾经在上海。上海目前还是最大的文化市场,上海国际电影节、国际电视节、国际艺术节、国际爵士周、国际服装节等,所有这些融合为上海的海派风格。这种文化氛围和价值取向使浦东开发开放更加容易采用以企业为主导的开发开放模式。

以上五点说明了浦东开发开放选择开发公司模式的必然性,当然,这种必然性还应当包括这里没有提到的其他因素。

二、科学性

万事开头难。在党中央、国务院作出浦东开发开放的战略决策后,如何启动浦东开发开放成为摆在上海市委、市政府面前的关键抉择。关键时点的科学决策对于未来的成功与否至关重要,浦东开发开放选择开发公司模式的决策是科学决策,这种科学决策正是浦东开发开放选择开发公司模式的重要前提。如果墨守成规,严格按照过去的经验办,不敢于突破旧的计划经济体制的束缚,就不可能形成开发公司模式诞生的政治前提。这种决策的科学性体现在以下几点:

1. 与国际惯例接轨

经济全球化的现实和趋势决定了浦东开发开放必须与国际惯例接轨,而国际惯例主要是现代市场经济性质的。现代市场经济体制是由现代企业制度、现代产权制度、现代市场体系和国家宏观经济调控体系构成的,所以,浦东开发开放选择开发公司模式的决策是顺应国际惯例的决策,因而也是顺应经济全球化客观规律的决策,这是从全球视角体现出来的科学性。

2. 探索中国特色社会主义市场经济体制建设的路径

在探索中国如何从计划经济体制向社会主义市场经济体制的转轨变型的进程中,浦东开发开放承担着在机制体制上先行先试的重任。组建国有制的开发公司作为开发开放的主体就是在当时体制大环境下的先行先试。因此,浦东开发开放采用国有开发公司模式是探索中国特色社会主义市场经济体制的科学决策。

3. 探索公有制为主体、多种所有制并存的路径

随着浦东开发开放的推进,中国国有企业改革的进程进一步加快,与此同时,外资企业已渐成气候,民营企业茁壮成长,各种所有制性质的企业组织成为我国经济领域的主体。在公有制为主体、多种所有制并存的发展趋势中,浦东开发开放的主体必然是多元化的。因此,选择国有制开发公司作为浦东四大开发区的开发主体,让四大开发公司与有意进区从事开发开放业务的外国公司、国有企业、民营企业进行平起平坐的商业谈判和商业合作,体现了浦东开发开放的开放精神、民主精神、法律精神和市场精神,从而避免了政府与外国公司、国有企业、民营企业直接谈判过程中的不对等原则。因此,浦东开发开放采用国有开发公司模式的决策是顺应和体现了中国所有制结构历史变迁客观规律的科学决策。

上述三点充分体现了浦东开发开放选择开发公司模式的科学性。当然,在过去 25 年的浦东开发开放过程中,浦东开发公司之所以能够顺利、快速和健康成长,之所以能够承担浦东四个国家级开发区的开发开放任务,也与浦东开发开放过程中始终坚持科学性密切相关,而这种科学性正是深入贯彻落实科学发展观的具体体现。

三、实践性

在必然性和科学性基础上的选择是否有效需要实践的检验。浦东开发开放25 年来的实践证明,作为浦东开发开放的重要主体,四个开发公司既出色地完成了上海市委市政府、浦东新区区委区政府交办的开发开放任务,而且也把自己打造成浦东新区国有资本的运营主体和融资平台,体现了浦东开发开放选择开发公司模式的实践性。具体体现在以下几点:

1. 逐步完成四个国家级开发区的开发开放任务

25 年来,四个开发公司一直是浦东开发开放的主力军,逐步完成了四个国家级开发区的开发开放任务。陆家嘴开发公司是陆家嘴金融城的开发者,金桥开发公司是金桥出口加工区的开发者,外高桥开发公司是外高桥保税区的开发者,张江开发公司是张江高新技术开发区的开发者。

2. 创造了独特的土地批租开发模式和融资模式

在浦东开发开放之初,在上海市委、市政府和浦东新区区委、区政府的支持下,四个开发公司创造了独特的土地批租开发模式和融资模式,即"财政空转,土地实转,成片规划,滚动开发"。据统计,截至 2001 年,上海市政府以土地批租形

式向四个开发区和开发公司成片出让土地 23 幅共 61.59 平方公里,折算成国有资本共计 61.3 亿元,并作为国有股投入四个开发公司。期间,四个开发公司凭借手中的土地资本,到国内外资本市场融资,吸纳了 200 多亿元的开发资金,获得了 120 多亿元的土地转让收入,吸引了 800 多家中外资房地产公司和总量为 400 多亿元的房地产开发资金,所有这些共同构成了浦东开发开放的"资本推手"。

3. 不断加强自身的企业组织建设

四个开发公司在浦东开发开放过程中不断加强自身的企业组织建设,建立了与国际惯例和社会主义市场经济体制相适应的现代企业制度和现代产权制度,成为浦东国有资本的运营平台。具体说来,实现了浦东国有资产的保值增值,更好地发挥了国资国企在浦东开发开放中的重要作用,激发了国资国企活力;积极利用浦东新区四个开发公司的上市公司推动国有股权的整合与发展,推进国有资本向优势产业和关键领域集中,推进国有资本与外资乃至民资在浦东开发开放过程中的整合和扩展;利用四个开发公司的上市公司,打造运作规范、充满活力的融资平台,提高浦东国有开发资本的运营效益,提高浦东对外资和民资的吸引力;借助四个开发公司的上市公司平台,稳妥推进浦东新区国有资产资本化、国有资本证券化,推动国有资本的流动和布局调整,发挥国有资本的引导效应和放大效应;提升浦东四个国家级开发区服务全国的能力,四个开发公司通过实施"走出去"战略,把在浦东实践过的成功的开发开放模式和开发公司模式,复制到其他开发区,既推动了其他地区的发展,也履行了上海服务全国的国家战略,还提升了四个开发区和开发公司的品牌价值及推动了浦东的产业转移。譬如,陆家嘴集团获得天津小伙巷地块的开发权;金桥公司参与天津滨海新区"滨海碧云国际社区"建设;外高桥集团与江苏启东市签订战略合作协议,启动上海外高桥集团(启东)产业园的开发建设;张江集团发挥其高端企业、技术、人才集聚的优势,与昆山市政府合作打造以数据开发、技术开发为主导功能的大型软件园。

四、示范性

25 年来浦东开发开放的实践证明,浦东四个开发公司累积了独特的体制、品牌、运营、人才等优势和特质,这些优势和特质为南汇并入浦东后的"二次创业"和我国其他地区选择开发开放的主体模式提供了一个样板、一个标杆、一个示范,这就是浦东开发开放的示范性。作为中国特色社会主义道路的成功实践,浦东开发开放肩负着承担国家战略的历史使命,探索社会主义市场经济的发展模式,从事政府职能转变的先行先试,探索城乡一体化的体制机制,坚持一流党建促一流开发,积极承担综合配套改革,承建上海国际金融中心和国际航运中心建设的重任,所有这些都对全国的改革开放的进一步深化起到直接的示范作用。

第二节　制度空间

区域开发的制度设计有两个价值取向：一是沿用传统的计划体制原则,创设由政府包揽一切的体制,如果这样,就没有任何一家公司成长的"制度空间"；二是抛弃传统的计划体制理念、模式和原则,创设政府、市场、企业和NGO等各类组织各尽其职、各尽其能、各尽其用的体制,如果这样,不仅政府,而且市场、企业和NGO等组织都拥有了成长的"制度空间"。浦东开发开放过程中在制度创设理念上选择了后一种,为此,浦东在行政体制和开发开放体制上所进行的大胆创新是为浦东开发公司的培育、成长腾出了"制度空间"。

一、浦东行政体制演变的影响

浦东四个开发区和开发公司是为了执行政府(中央政府、上海市政府和浦东新区政府)的开发意志而设立的,由此决定了浦东行政体制演变对开发公司模式的影响。浦东开发开放以来,进行了"小政府、大社会、大服务"的体制创新。这种体制创新,把政府体制的"行政活动空间"限制在"公共服务"范围之内,把"公共服务"之外的"活动空间(包括经济活动、社会活动)"腾出来,让渡给了企业组织、市场组织和NGO组织,这就为浦东四个开发区和开发公司腾出了广阔的制度空间,是浦东开发公司模式生成、培育和完善的"制度土壤"。

二、浦东开发开放的影响

浦东开发开放之初就成立了四个国家级开发区,分别由四个开发公司按照政府确定的开发区总体规划和功能定位,承担筹融资、土地开发、基础设施建设、招商引资、房地产开发、产业培育和功能配套等职能。通过四个国家级开发区域的开发开放带动整个新区的开发开放,以实现"以点带面、以面成片,最终形成整体"的开发开放战略。如前所述浦东开发开放的主体则是由政府、开发公司、NGO组织等组成,并相应地形成了政府模式、开发公司模式、NGO模式等。25

年来的浦东开发开放,在开发体制上从一开始就摒弃了由政府投资开发、统包统揽的计划经济的开发模式,创造了组建公司进行开发,并由政府进行宏观调控的市场经济新开发模式,这种体制创新使开发公司体制成为浦东开发开放的有机组成部分。

第三节　主 体 地 位

考察 25 年浦东开发开放的历程,不难发现,浦东的开发主体一开始是政府(中央政府、上海市政府、浦东新区政府),紧接着是政府组建的四个国有制开发公司,之后是国内外投资者进驻浦东组建的各类企业(公司),再之后是各类 NGO 组织,从而形成了开发主体"丛林"的生动格局。

1990 年,中央决定开发开放浦东时,浦东开发开放的进程能否顺利启动的首要问题是必须解决"资金从哪里来"。组建开发公司,让公司通过土地滚动开发,可以灵活地进行多渠道融资,譬如,通过与金融机构组成联合投资公司进行融资,也可以通过发行债券融资,或者通过上市 IPO 搭建融资平台。25 年来,浦东开发公司巨大的融资能力保证了浦东开发建设的惊人速度。在浦东开发开放过程中,陆家嘴集团、金桥集团、张江集团、外高桥集团四大国有开发公司贯彻政府意志,成为浦东开发开放战略的执行者。

在上述思维框架下考察浦东 25 年开发开放的实践,可以发现,无论是四个国家级开发区的土地规划、开发建设、招商引资,还是开发区内部的区域公共管理和社会事业发展,都浸透着浦东四个开发公司的努力和汗水。浦东四个开发公司认真贯彻党中央、上海市和浦东新区政府的开发意图和开发战略,切实履行各开发公司在各自的开发区的开发职责,始终发挥着浦东开发开放的主力军作用。尤其是在浦东开发开放的初期,四个开发公司分别在四个国家级开发区的开发开放过程中的主力军作用更加明显。截至"十五规划"期末,四个开发公司承担了新区 80％以上的招商引资任务,总共筹集开发建设资金 500 多亿元,其中 200 多亿元资金用于四个国家级开发区的市政基础设施和重大项目建设,推动四个国家级开发区完成了 70 平方公里的土地开发。

经过四个开发公司 25 年的开发,如今的浦东四个国家级开发区已经形成各自的特色:陆家嘴金融贸易区的金融集聚辐射能力和资源配置能力不断提高;外高桥保税区出口加工贸易和保税物流功能不断拓展;金桥出口加工区先进制造业和现代服务业的能级不断增强；"聚焦张江战略"引领的张江高新技术产业发展迅猛。所有这些都与四个国有开发公司在浦东开发开放过程中的主体地位的充分发挥密切相关。

第四节　成长轨迹

25年来，浦东四个开发公司经历了从开发公司到上市公司，再到集团开发公司的成长道路，期间，支撑浦东四个开发公司成长的根基是一个又一个项目的立项、启动、建设、完工和交付使用，因此，一个又一个开发项目从一个侧面见证了浦东四个开发公司模式的发展轨迹。

1990—1992年间，在党中央、上海市和浦东开发办的共同努力下，中央10多个部委和全国20多个省市纷纷投资浦东，200多个内资项目陆续破土动工，带来浦东开发开放的第一轮热潮，表现为两个趋势。

一是内资入驻浦东：到2002年，中央各部委和各省市在浦东投资设立了6 300多个项目，注册资金达320亿元人民币，30多家国内大企业集团总部，200多家创业投资、投资管理和咨询公司落户浦东。

二是外资入驻浦东：到2002年，浦东引进了78个国家和地区近8 000个投资项目，投资总额接近400亿美元，其中100多家世界500强企业投资了200多个项目，28家跨国公司将地区总部移师浦东。

第五节　体制优势

企业体制创新是浦东开发公司的本质属性。经过25年的开发实践，浦东开发公司不断进行企业体制创新，形成了自己的体制优势。

一、与社会主义市场经济体制相融合

按照市场经济规律，逐步形成了与社会主义市场经济体制相适应的企业体制，建立了完善的现代企业制度、规范了现代产权制度和系统的开发公司集群。

1. 完善现代企业制度

在现代市场经济条件下，企业与市场这两种组织形式是相互替代的关系。

当代的开发是在现代市场经济条件下的开发,市场制度和企业制度是开发过程中开发者在制度上的必然选择和最优选择。由此可见,开发企业必须完善自身的现代企业制度。

现代企业制度可细分为基本制度、现代产权制度、治理制度和掌控制度四个子制度系统,如图5-1所示。

图5-1 现代企业制度及其子制度系统示意图

2007年,浦东国资委结合浦东新一轮开发的形势、要求,结合各开发区不同的发展阶段以及四个国有开发公司的自身条件,提出了"分类指导、分步实施、一企一策"的改革推进思路,从企业制度上规范了四个国有集团开发公司与上市公司的战略定位与分工协作关系,建立和完善了法人治理结构、探索推进经理层市场化选聘和管理等。其中:

(1)进一步完善四个开发集团公司法人治理结构。完善法人治理机制的制度规范,推进四个开发公司董事会建设;董事会"规模适度、体现制衡、运作高效";落实"依法改进国企领导人员管理、加大对董事会的授权、构建具有浦东特色的董事会文化"等三项措施;规范集团公司与上市公司的关系,确保上市公司依法经营、健康发展。

(2)进一步完善四个开发区上市公司法人治理结构:实行上市公司监事长外派制度,理顺集团公司与上市公司关系。推进企业领导人员管理体制改革,实施企业领导人员的市场化配置,探索党组织发挥政治核心作用与法人治理结构运行的有机结合,落实董事会对经营层的选人用人权。

2. 规范的现代产权制度

经过30年的改革开放,我国的各类企业都建立了现代产权制度,随着我国的产权制度的演进逐步形成了如图5-2所示的产权结构。

浦东的四个开发公司以及参与浦东开发的各类公司都按照上述现代产权制度的基本结构建立了各种类型的现代产权制度。最突出的表现是四个开发公司均积极与资本市场接轨,探索国有资本证券化的途径。为了筹集四个开发区的开发资金,四个开发区和开发公司分别组建了一个股份有限公司,即目前在上海证券交易所A股、B股等上市的浦东金桥(600639)、陆家嘴(600663)、张江高科

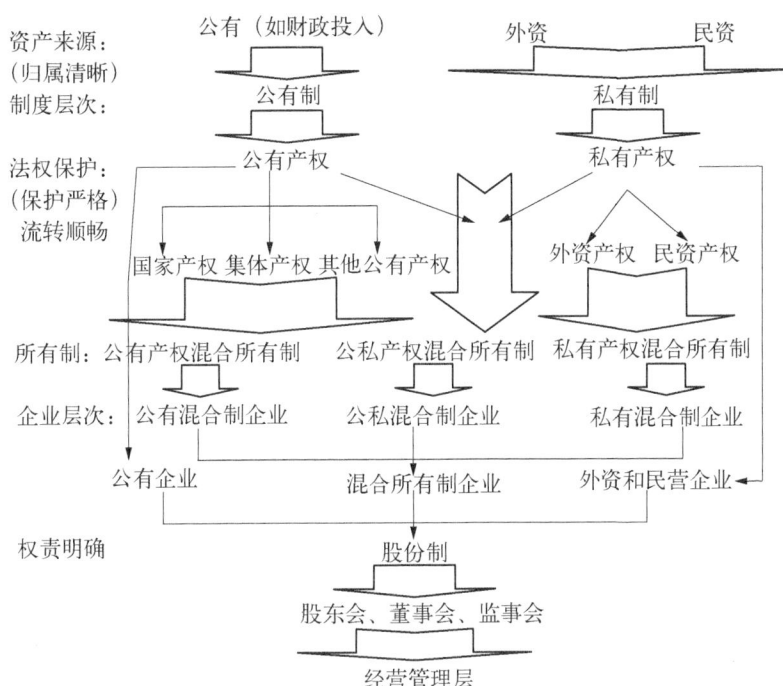

图 5 - 2　现代企业产权层次图

(600895)和外高桥(600648)。四个开发公司对所辖的上市公司拥有发展决策、业务指导等方面的权力,并且通过完善上市公司的发展机制、融资机制、投资机制、监管机制、考核机制、激励机制,协助各上市公司培育优势产业板块,进而保证各集团公司的国有资本的保值和增值。

　　浦东四个开发公司资产证券化的实践证明,不断推进国有资本证券化,既有利于国有资本的流动、增值和布局调整,发挥国有资本的引导和放大效应,同时也有利于借助资本市场的规范程序加强和完善国有资产监管部门对国有资本运营、保值、增值的监管。

　　3. 开发公司集群的生成和繁荣

　　一个地区的开发往往有一个负责整个区域开发的公司,开发公司既负责区内的土地开发、基础设施开发、房地产的开发,往往也承担着一定的政府管理职能,发展到后来还负责区内的地产和房产的运营和服务。在开发公司的开发过程中,从形态开发、功能开发、经济开发(产业开发、企业开发、产品开发、市场开发、品牌和渠道开发)一直到社会开发,都创造了大量的投资机会,完成这些投资机会所提供的投资、开发、建设、运营、服务等各项经济活动,光靠开发公司是力不从心的,需要从开发区外引进大量的投资者。这些投资者带着项目、资金、技术、品牌、人才进驻开发区进行项目开发,我们称这些公司为项目开发公司。项目完成后,需要运营主体,运营主体的任务是装配生产线、智能办公室系统等并投入产业运营,这些运营主体就成为开发区进一步开发的运营公司,当然也是开发区的开发企业。开发过程中、项目运营过程中引致出对生产性服务、生活性服务、行政性服务、法律性服务、会计性服务、咨询服务、金融服务、信息服务、物流服务等的需要,又引致出对这些服务的开发企业。所以,开发主体之———企业中又可细分为开发公司、项目投资企业、运营企业和服务企业等四个类别。这四个类别的组合和总和即是开发主体之———开发企业的总和或者叫开发公司集群。在浦东四个国家级开发区内,四个开发公司通过招商引资吸引了国内外众多的开发企业入驻,形成了千军万马开发浦东的生动局面。四个开发公司与其他开发公司之间形成了相互依存、互相促进的共存、共荣关系(详见本书第四章图4-3所示)。

二、与国际惯例接轨的优势

25年来,浦东开发开放已经深深地嵌入国际经济体系之中。浦东开发开放起点高的表现之一是与国际惯例接轨,具体表现为规划的国际招标、创新型的招商引资模式、创新型的土地开发模式、创新型的产业培育模式、创新型的楼宇集成模式等,总起来看即是构建与国际惯例接轨的开发开放环境。

构建符合国际惯例的商务环境,用国际通用的规则来保护投资者,是浦东开发开放过程中营造公平、公正、高效的开发开放软环境的重要领域,加快形成了服务经济为主的产业结构。

实现产业体系的国际化对接,全面提高利用外资和引进消化吸收国际先进技术、管理经验的水平,增强重点产业的国际竞争力。

实现人力资源开发的国际化对接,实施人才国际化战略,加快引进和培养高端技术、高级管理人才,大力培养多层次的专业人才,为浦东开发开放及其模式提供人才支撑。

实现企业运营环境的国际化对接,加快建立与国际惯例接轨的市场规则体系和经济运行环境,努力提高国际化、市场化、信息化、法治化水平,使浦东成为国际投资和商务活动的理想选择,成为海纳百川、万商云集的投资乐土。

配合打造国际金融中心和航运中心,全面推进完善金融体制、吸引高级金融管理人才、提高金融产品创新能力、加强金融监管能力、防范金融风险,为浦东与国际惯例接轨创造更好的条件和提供更好的机遇。

三、与政府职能相结合的优势

浦东新区的政府体制改革是从重新界定政府的行政管理机关的职能、实现政府职能转变开始的。浦东四个开发区和开发公司与浦东政府机构的"小政府、大社会、大服务"的职能相互融合。

政企关系一方面涉及政府职能的界定、政府角色的定位、政府行政方式的改革和政府行政模式的变迁等行政管理体制改革的核心问题，就25年来浦东开发开放实践来看，逐步建立了"小政府、大社会、大服务"的体制和环境；另一方面涉及现代企业制度的建立、国有企业的改革、国有资产管理及运营体制的变迁、市场的准入和行业的自律以及企业内部治理结构及其发展战略的选择等经济体制改革。就25年来浦东开发开放及其模式的实践来看，浦东四个国有开发公司建立了现代企业制度和现代产权制度，完善了新型的政企关系和企业内部制度，全面融入到中国特色社会主义市场经济体制中去，有力推动了浦东开发开放及其模式的进程，并且确保了浦东开发开放及其模式的正确方向。

四、与市场经济法制相结合的优势

法制在建立和完善能在社会主义市场经济体制中起到直接性的保障和促进作用。第一，社会主义市场经济法制确认并保护公有制为主体、多种经济形式共同发展的所有制结构，确认公有制经济是社会主义市场经济的主导力量。第二，运用法律形式确认市场主体的资格和法律地位，通过明确界定产权，平等地保护以公有制经济为主的多种经济成分作为市场主体的合法权益，保证多种市场主体的长期共存、共同发展。第三，建立和健全市场经济法律秩序，规定相应的竞争规则，创造竞争的环境和机会，促进和保障平等公平的竞争，制裁不正当竞争，建立和培育统一的国内市场体系。第四，以法律方法解决市场主体之间的各种利益冲突和纠纷，制定解决利益冲突的实体规则和程序规则，对各种利益冲突进行法律疏导。第五，建立并完善涉外经贸法律制度，改善投资环境，促进对外贸易的发展，营造一个具有无限发展和广阔空间的外部市场。

在实施依法治国的大背景下，浦东新区的法制建设在规范化和法制化方面始终走在全国的前面。浦东的四个开发公司严格按照国家有关法律（包括市场经济法制、社会法制等）规范公司行为，依法贯彻和执行各级政府赋予的开发开放任务，依法处理和协调与开发区内的各家公司之间的关系，依法处理和协调开发公司与开发区内社会组织的关系，实现了开发区公司与社会主义市场经济法制的无缝接轨。

五、与综合配套改革相融合的优势

在 25 年来的浦东开发开放进程中,浦东四个开发公司全面贯彻落实党中央、上海市和浦东新区政府的各项政策法规,实现了四个开发区的开发开放和开发公司自身之间的协调发展、同步发展。2005 年,国务院批准浦东新区进行综合配套改革试点,着力转变政府职能,着力转变经济运行方式,着力改变城乡二元经济与社会结构,率先建立起完善的社会主义市场经济体制。其中,加快推进政府管理体制改革和切实转变政府职能是综合配套改革的关键,只有规范政府职责、优化政府组织机构、创新行政管理方式,从制度层面进行系统化、整体性的政策设计与创新,探索一套符合市场经济运行规律要求的现代政府管理体制框架。浦东综合配套改革在优化政府管理体制的同时实际上也腾出了巨大的制度空间,允许企业制度、社会管理制度加快培育和完善。

六、与统一、开放、竞争有序的市场体系相融合的优势

市场实体和市场体系是市场机制运行的客体和载体,发挥市场在资源配置中的基础作用必须培育和完善市场实体及其市场体系。市场实体包括消费品市场、原材料市场、金融市场、劳动力市场、技术市场、房地产市场、信息市场等各类市场,这些市场实体彼此之间是相互联系、相互贯通、相互作用、相互转化的,因而成为市场体系。培养和发展市场体系,除了进一步培育和健全各类市场,还要进一步加强市场法规的建设、规范市场行为、打破地区部门的分割和封锁、反对和制止不正当竞争、创造平等竞争的环境,最终形成统一、开放、竞争有序的市场体系。

我国经济体制改革的总目标是完善社会主义市场经济体制,建立全国性的统一、开放、竞争有序的社会主义市场体系。浦东新区作为全国综合配套改革试点的一项重要任务是率先完善社会主义市场经济体系。25 年来四个开发公司的开发开放也始终关注和密切配合浦东各类统一、开放、竞争有序的市场体系的培育、建设和完善,并实现了彼此之间的融合。

第六节　运　营　方　式

浦东开发公司的运营方式既体现了一般开发区开发公司运营方式的特征,

也表现出自己的特色，因此我们把浦东开发公司的运营方式与国内外开发公司运营方式的一般范式结合起来加以研究。

一、运营方式分类

国内外开发区的开发实践中，往往根据损益主体的不同把开发公司分为以政府为损益主体的开发公司运营方式和以企业为损益主体的开发公司运营方式。

1. 以政府为损益主体的开发公司运营方式

开发公司的收入包括土地出让收入和税收，开发公司的支出包括征地、动拆迁费和财务费用，但开发公司不是一个独立的核算单位，亏损由政府财政弥补。由于政府不可能拿出足够的财政资金用于开发，因此需要通过一个承债主体来融资，弥补开发资金不足。这个承债主体可以是开发公司，也可以是土地储备中心。苏州新区政府委托苏新集团公司融资、征地、配套，政府将土地出让金用于支付征地成本、财务费用，回购基础设施资产，不足的部分逐年用财政收入弥补。苏新集团公司是融资主体，而新区政府是损益主体。重庆市通过组建政府全资的土地储备中心并以未来的土地出让金作质押向银行借款，中心代表政府出让、拍卖土地。浦东四个开发公司既是代表政府的开发主体，也是筹资、融资主体。

2. 以企业为损益主体的开发公司运营方式

政府往往以国有资本独资注册开发公司，委托（授权）该公司承担该开发区开发和运营过程中的最终损益。政府所收的土地出让金全部作为国有资本金折合股份转入该公司，并持有该公司的全部国有股。新加坡裕廊集团就是这种形式的开发公司。浦东的四个开发公司，其集团公司是国有独资的公司，其上市公司是国资占主体的公众公司，其下属公司既有国有独资公司、中外合资公司、国资民资合资公司等。

二、资本构成

一般说来，开发公司的资本构成有以下三种形式：（1）政府全资开发公司模式。政府将土地出让金等收入全部折合股份转入该开发公司并持有100％的股份和股权，对开发公司拥有组建董事会、派出董事、任命经理人员、决定开发运营任务等各项产权和经营权利，同时对开发公司的盈亏负责。浦东的四个开发公司在组建之初就是这种模式，之后随着中国市场经济体制改革的深化而逐步完善了现代企业制度和现代产权制度，但直至今天，浦东的四个开发公司在集团层面仍然是100％国有资本,在运营层面则是国有资本、民营资本和外商资本混合的多元资本结构。(2)合资公司模式。政府以土地出让金入股,外资以现金入股,组建中外合资的开发公司,由该公司对指定开发区域进行开发。苏州工业开发区是由新加坡政府牵头的外方财团和中方财团合资组建的苏州工业开发区开发有限公司来开发的。浦东的四个开发公司在上市公司层面和其他开发运营层面也采取这种合资公司模式组建子公司。(3)政产学研金结合模式。开发公司的最高决策机构是由参与开发的政府、大学和研究机构、企业、金融机构等多方代表组成的董事会或协会,执行管理机构可以是所辖的管理公司,也可以是所辖的基金公司。较典型的就是美国以三所大学为顶点构成的三角形地带中央的北卡罗莱纳三角研究院。开发区由三角研究基金管理,基金会则由政府、学校、企业等各方代表11人组成理事会。经营管理机构的职能范围主要包括:制定并实施科技工业开发区的发展计划及有关政策;从事基础设施和研究设施的建设;筹集资金;创办企业孵化器;管理和经营房地产等。北卡罗莱纳基金会只是负责管理和指导三角研究园的建设和规划。北卡州政府还相继成立了州科学和技术研究中心、北卡电子中心、生物技术中心等科研机构。浦东四个开发公司中的张江集团下辖了六个基地公司,这一运营方式与此种形式类似。(4)私营公司模式。由民营资本入股的开发公司从政府获得出让土地,在政府优惠政策支持下独立开发。大连软件园是由私营企业组建的大连软件园开发有限公司负责开发的。

三、开发初期运营方式的主要特征

在开发区开发初期,由于开发公司面临的开发任务与中期和后期的不同而表现出一些不同的特征:

1. 从开发目的来看

开发初期主要是保证开发区的开发启动和持续开发,首要任务是土地问题、资金问题和招商问题。浦东的四个开发公司在成立之初通过以土地折合资金入股的形式与外资合股成立了联合开发公司,引进了急需的开发资金,启动了各自的开发区的开发。

2. 从开发职能来看

一般包括:基础设施建设、土地经营(国有土地使用权批租、合作、合资等)、工业标准厂房和标准写字楼的开发建设、商品住宅开发建设、宾馆酒店等商务功能设施开发建设、其他相关配套服务性产业的开发等。开发之初浦东的四个开发公司在各自的开发区内都同样承担着并顺利完成了形态开发的重任。

3. 从出资人角度来看

主要是中央或地方政府,公司性质的出资人也主要是国有独资公司,个别案例也可能是私有资本。浦东的四个开发公司的出资人是上海市财政局。

4. 从企业组织结构来看

一般为有限责任公司。浦东的四个开发公司一开始就是国有独资的开发公司。

5. 从业务范围来看

主要从事开发区内的土地出让、基础设施工程建设和房产开发等业务。成立之初浦东的四个开发公司的主要业务就是土地出让、招商引资、启动基础设施的建设,尽快打开形态开发的新局面。

6. 从开发业务的空间布局来看

主要在规划的开发区区域范围或拓展区范围内按照既定的规划进行开发。开发之初浦东的四个开发公司仅仅在各自的开发区之内从事政府交办的各项开发任务。

7. 从开发性质来看

主要是在政府各项政策指导下带有行政行为的开发活动,往往缺乏市场意识和明确的企业发展目标,一切以开发区的开发目标和政府委托的开发目标为转移。开发之初浦东的四个开发公司分别代表政府在各自的开发区内进行必须的和必要的开发任务。

四、开发中期运营方式的主要特征

随着开发区开发进程进入中期开发阶段,开发公司运营方式也发生了很大变化,主要表现为:

1. 从出资人来看

开发公司运营方式从国家独资到国家控股,开发公司仍主要由所属开发区管委会或所在地市国资委出资,与此同时也吸纳一些社会法人股东(国内外私人资本),甚至成功上市,成为公众公司。开发中期浦东的四个开发公司在集团下面的企业层级上开始吸纳国资以外的资本,使整个开发公司的股权开始多元化,都组建了股份有限公司并成功上市。

2. 从发展趋势来看

开发公司与所属开发区的发展相适应,在市场上的运营能力、竞争力逐步增强。随着浦东四个开发区的开发规模越来越大,开发区范围内的开发活动的市场化倾向也越来越浓厚,与之相应,浦东的四个开发公司积极参与社会主义市场经济活动,市场运营能力和企业的核心竞争力逐步增强。

3. 从组织特征来看

随着开发公司发展规模的不断扩大,企业组织形态由初期的相对单一,向股份有限公司和集团公司方向发展。在开发中期,浦东的四个开发公司在发展过程中按照现代企业制度和现代产权制度的要求,逐步理顺了集团公司与分(子)公司的管控关系,确立了明确的公司组织结构模式。逐步打造出了公司的投融资平台、资本运作平台、业务运营平台。组建了股份公司,进入资本市场并成功上市,拓宽了融资渠道,完善了公司治理结构,提升了自身的品牌形象与影响力。

4. 从主营业务布局来看

浦东的四个开发公司形成了与公司自身发展或开发区功能相吻合的业务布局。有的开发公司继续发挥多年开发建设经验继续从事区域性土地开发、房地产开发,并以此为中心,向主营业务的上下游业务链进一步拓展;有的开发公司则围绕开发区的产业定位,继续服务于开发区的发展,提供与开发区功能相配套的服务性产业,如进出口贸易、物流仓储、宾馆酒店、绿化工程等。就浦东的四个开发公司来看,陆家嘴公司着力把自己打造成为国际金融城的供应商、管理商、运营商和服务商;金桥公司着力把自己打造成为先进制造业和现代服务业的开发商、管理商和运营商;外高桥公司着力把自己打造成为现代化保税区和港城的供应商、管理商、运营商和服务商;张江公司着力把自己打造成为高新技术产业示范区的管理商、运营商和服务商。

5. 从主营业务空间布局来看

浦东的四个开发公司为了寻求开发公司的更大发展与突破,有的开发公司已开始走出开发区,在市场竞争中获取资源:一种形式是通过原来开发区的向外扩展,积极突破开发区母区开发完毕后在开发空间上的限制,继续开展开发开放业务;另一种形式是积极主动地推动开发区与开发区外区域的联动,积极拓展开发区外部周围的开发开放业务;再一种形式是利用在原来开发区进行开发开放业务所积累的管理经验和品牌优势,承接其他地区的开发区开发开放业务。

6. 从公司的发展战略来看

浦东的四个开发公司已经按照社会主义市场经济发展的客观趋势和现代企业运营规律,制定了明确和系统的开发开放战略和企业运营战略。

7. 从管理手段与管理方式来看

浦东的四个开发公司建立了完整系统的现代企业制度、现代产权制度和现代企业管理制度,譬如人力资源管理、目标管理、全面预算管理、激励机制与绩效考核、流程管理、管控机制等。

五、开发任务完成对运营方式的影响

开发公司是因开发区而生成、成长和壮大的,于是,随着开发区开发任务的完成,开发公司的职能需要重新定位。浦东的四个开发公司同样面临着这一问题。总的来看,开发区开发任务的完成对开发公司的发展模式有以下影响:

1. 对开发公司职能的影响

在开发区内,开发公司职能由开发区初期阶段的以开发建设为主,转向开发、运营、服务为主,浦东的四个开发公司在各自的开发区内完成形态开发和功能开发之后是探索进一步深化的开发;在开发区外,开发公司在自身优势的基础上重新定位公司职能,开辟新的利润增长点,浦东的四个开发公司随着各自开发区空间范围的扩展(尤其是南汇并入浦东)而赋予了新的开发任务。

2. 对组织结构的影响

在市场竞争中和经济全球化条件下,浦东的四个开发公司逐步提升自身竞争力,按照市场经济的要求改善自身的组织结构,逐步完善了自身的现代企业制度、现代产权制度和现代管理制度。

3. 对开发公司主营业务范围的影响

在原来的四个国家级开发区范围内,随着开发区开发任务的完成,开发区的行政管理职能逐步强化,政府机构越来越重要,而开发公司的地位和作用越来越下降,于是开发公司必须重新构造自身的主营业务,调整优化投资结构与资产结构,向专业化开发公司方向过渡,形成主业突出、资产状况良好的现代开发公司。

4. 对开发公司主营业务空间布局的影响

由于开发区的开发任务已经完成,所以,浦东的一些开发公司开始不受原来开发区的空间限制,走出开发区,在空间上进一步拓展开发公司的生存与发展机会。例如,陆家嘴开发公司承接天津的开发项目,外高桥公司承接江苏南通的开发项目。

六、运营方式的发展趋势

从一个开发区的视角可以透视开发公司与开发区在初期、中期和后期的逐步演变趋势,但对于发展中的大国来说,新的开发区会不断涌现。目前,中国已经拥有各级(国家级、省级、地市级)开发区 4 万余家,因此,随着中国改革开放的

不断深化,中国经济、社会和文化的加快发展,我国开发区必将呈现进一步发展的大趋势,表现为:

1. 开发公司仍然要承担开发区的开发功能

与中国的工业化、城市化进程相适应,我国的各类开发区仍将在相当长时期内继续存在并发挥重要作用,与之相应,开发公司仍然承担着开发区的开发功能。因而,开发公司也仍将在相当长时期内拥有广阔的生存和发展空间。当然,就单个开发区来说,随着该开发区开发任务的完成,开发公司在该区域内的职能和任务也行将结束。

2. 开发公司逐步走向市场化

但随着开发区开发建设不同阶段功能角色的转换以及开发区开发建设逐渐的市场化,原有的开发公司应通过组织结构调整、改善管理、重整业务布局等多种方式,不断增强自身的市场竞争力,以获取在市场中进一步生存与发展的空间。

3. 开发公司开始突破原有的开发空间

具备良好发展基础的开发公司应当突破原有的开发区空间,走出该开发区,寻找新的开发空间,制定更高的发展目标,寻求公司的更大发展。浦东的四个开发公司也随着上述中国开发开放的总进程而成长和完善。

第七节　比　较　分　析

在我们全面概括了浦东开发公司模式的各项内容后,我们需要进行开发公司模式的比较研究,从比较研究中彰显浦东开发公司模式的独特性和独创性。总结国内外开发区的开发理论和开发公司模式,有助于我国各类开发区选择正确的开发路径,制定正确的开发战略,完善各项政策、法律法规、体制框架,培育富有竞争力的开发区、开发区品牌和开发区文化。本节主要讨论:国内典型开发公司模式比较分析、国外典型开发公司模式与浦东的比较分析、关于浦东开发公司模式的总体评价。

一、国外开发区及其开发公司典型案例

1. 新加坡裕廊工业园区及其裕廊集团

(1) 裕廊工业园区

简介: 新加坡裕廊工业园区位于新加坡西南部海滨地带的裕廊镇,距市区

10 多公里,面积为 60 平方公里。该地区原来是个荒芜之地,大部分是沼泽和丘陵,但具有建设现代化工业区必备的良好自然地理条件。

1961 年,新加坡政府筹划在裕廊发展工业园区,划定 6 480 公顷土地并拨出 1 亿新元,初始开发的土地是面积为 9.91 公里的 7 个小岛,开发期间还通过填海造地获得了 32 平方公里的土地总面积。到 1968 年,园区内的厂房、港口、码头、铁路、公路、电力、供水等各种基础设施建设已经基本完成,同年 6 月新加坡政府成立裕廊镇管理局(JTC),负责经营管理裕廊工业区和全国其他各工业区。

成功经验: ① 充分发挥区位优势,强化区内基础设施建设;不断提高自身技术与资本积累,根据外部需求的实际情况,发展核心产业;围绕核心产业拓展产业链、产品和功能,提高运营效率,保证园区长期健康发展和园区整体竞争力的提升。② 着眼长远发展,准确把握全球经济发展趋势,制定科学的园区发展战略,合理引导企业投资。③ 明晰政府与企业的关系:在工业园区发展初期,适当采用行政手段,提供必要的资金和政策支持,协调相关利益方的关系,加快开发速度;之后,为了保证园区的长期发展,主要通过经济手段而不是行政手段,提高企业和园区的市场竞争力。

(2) 裕廊集团

简介: 承担裕廊工业园区开发、运营和服务职责的开发主体是由裕廊镇管理局(JTC)改制而成的裕廊集团,裕廊集团是新加坡政府出资的国有开发公司。裕廊集团模式表现为以下几个方面(如图 5-3、5-4 所示):

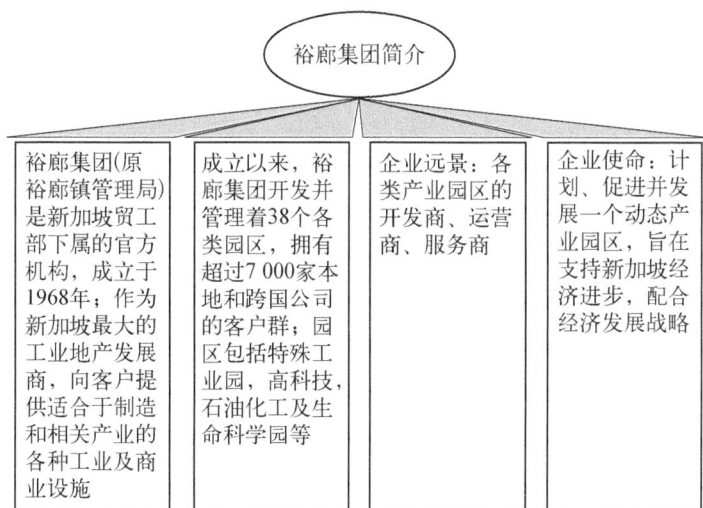

图 5-3　裕廊集团简介框架图

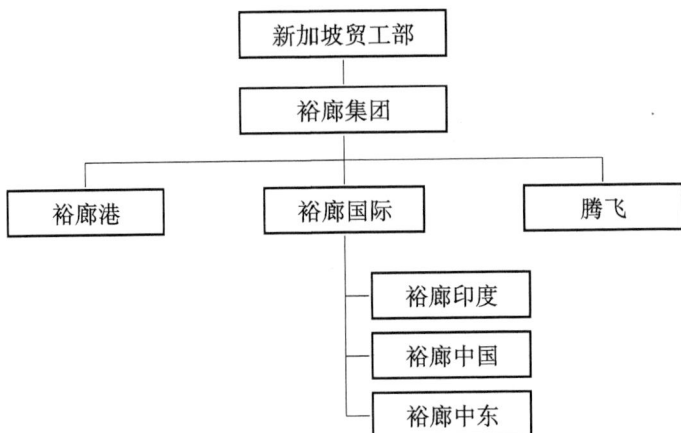

图 5-4 裕廊集团组织结构图

业务：① 裕廊港：是新加坡第二大进出口门户，占地 28 万平方米码头仓库，新加坡唯一可以装卸散货、项目工程件杂货、集装箱货和常规杂货的多用途港口，附近有一座占地 11.8 万平方米的物流中转配送仓库，供给来自世界各地的第三方物流服务租用或者经营增值服务项目。② 腾飞集团：新加坡最大的工业房地产开发商，以开发工业园区而著称，总资产 15 亿新加坡元（近 10 亿美元），负责国内外的园区开发与招商，已经在全世界开发了 45 个工业园区，6 600 公顷的工业地产，为 7 000 多家跨国与国内企业建设了工业厂房以及 450 万平方公里的标准厂房，其中有：SIP（中新合作开发的"苏州园区"），大连长兴岛临港工业园区，大连软件园腾飞园区，印度的班加罗尔国际科技园，菲律宾的卡梅

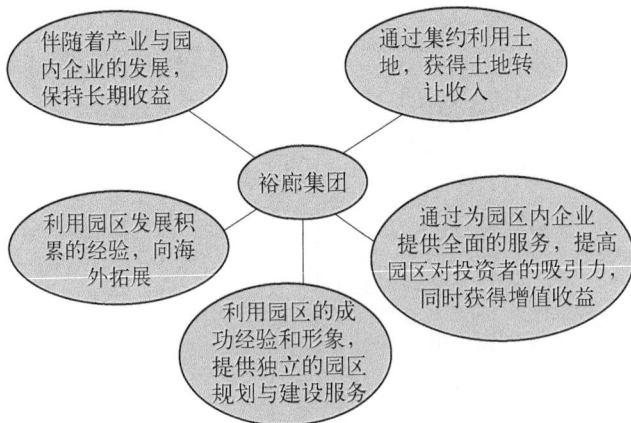

图 5-5 裕廊集团的盈利模式图

尔第二工业园,越南的新加坡工业园。③ 裕廊国际:提供一站式专业咨询服务,
包括总体规划、基础设施规划与设计、选址、建筑设计、设备及工艺设计、项目管
理、设计及建造(交钥匙工程)的全套解决方案。

2. 爱尔兰的香农开发区及其开发公司

(1) 爱尔兰的香农开发区

简介: ① 位于爱尔兰西部的香农机场,陆运与海运便利,是世界上最早以
出口加工业为主的自由贸易区,占地 600 英亩。② 基础设施完善:光纤通信
与宽带网络连接欧、美主要大城市;逐渐建立了"香农知识网络(Shannon
Knowledge Network)";区内有国际先进水准的基础设施,传统优势航空业发
达;办公场所与生产厂房等设施完善,欧洲最具吸引力的国际商业区之一。
③ 周边配套条件优越:周边的 Limerick 大学、Limerick 工学院等高校科研力
量雄厚,有着良好的科研与实业相结合的传统;熟练技术工人充足,整体劳动
力素质较高。④ 区内政策优惠:区内提供优惠的鼓励投资的税收、融资、财政
等政策支持,有健全高效的配套服务业。⑤ 自然环境优美:科技园里的自然
植被丰盛,景观宜人。⑥ 园区规划科学。⑦ 入区企业情况:区内约有 120 家
外商投资制造业企业及国际服务业企业,雇员总数约 8 000 人,年出口额约 25
亿欧元。

发展历程:1960 年以前,以农业型经济的开发为主;1960—1970 年间,以加
工生产型经济的开发为主;1972 年,组建了利默里克大学,标志着开发区开始拥
有自己的教育和科研服务机构;1980—1990 年间,以服务产业型经济的开发为
主;为推动本土企业科技水平的提高,1980 年,香农开发区建立了本土高技术公
司的创新中心,1984 年,香农开发公司又依托利默里克科技力量的支持建立了
利默里克国家技术园,开始从劳动密集型向技术密集型工业的转型;20 世纪 90
年代,香农开发公司再次调整香农开发区发展方向,逐步使开发区转变为以服务
型经济为主的经济形态,以知识型经济的开发为主,除建立了利默里克国家技术
园外,还建立了凯里技术园、提珀雷里技术园和恩尼斯信息时代园和博尔技术中
心,并在开发区内建立了香农和利默里克两个宽带网络,形成并完善了"香农知
识网络"。

成功经验: ① 得天独厚的地理位置。香农国际机场是连接美国、欧洲及中
东的重要交通中转站,使其得以依托欧美等国际市场迅速发展。② 与欧美之间
的天然联系。据统计,仅在美国就有 4 000 多万爱尔兰侨民,相当于其本土人口
的 10 倍。③ 爱尔兰既是欧盟成员国,也是欧元区国家,经济发展以欧洲大市场

详　　情

科技园中都设立了企业孵化中心	• 名称为"创新工厂（Innovation works）"，为扶植高科技和知识型企业的创业提供咨询和资金服务
国外高科技企业占主体	• 譬如，利默里克国家科技园进驻 80 多家外国和爱尔兰科技型企业以及研发服务机构，如 Cognizant Technologies、O2、Modus Media、Thomson NETg、Orygen、Computer PREP、QAD、and Vistakon (Johnson & Johnson)等
依托高等教育机构，建立科技园。通过与高等院校密切合作，充分发挥其知识资源和科研设施方面的优势	• 利默里克国家科技园是由香农开发公司和利默里克大学共同建立和管理；凯里科技园由香农开发公司和垂利理工学院共同管理；提帕拉里科技园依托提帕拉里学院；波尔科技园利用阿斯隆理工学院的人才和设施优势

图 5 - 6　香农开发区五个科技园的共同特点

为依托。据统计，香农自由贸易区的外国投资 94% 来自欧美国家，其中美国投资占 57%。④ 国际先进水准的基础设施。航空运输、陆运与海运交通便利；光纤通信与宽带网络连接欧、美主要大城市；办公场所与生产厂房完善，水、电等能源供应充足。⑤ 科研力量雄厚。开发区内的利默里克大学、利默里克工学院等高校科研力量雄厚，有着良好的科研与实业相结合的传统。⑥ 人力资源充足。爱尔兰全国的大学为开发区培养出所需的科学、工程技术及商业管理等方面的大量优秀人才。另外，爱尔兰熟练技术工人充足，整体劳动力素质较高。⑦ 税收政策优惠。在开发区投资的公司享受较低的公司税，即 12.5%，远远低于欧盟大部分国家 30%—50% 的公司税，是欧盟内公司税最低及 OECD 内最低的几个地区之一。⑧ 因地制宜地进行综合性开发。⑨ 管理机构决策正确。

（2）爱尔兰的香农开发公司

简介：1959 年，爱尔兰政府成立香农自由空港开发有限责任公司（Shannon Free Airport Development Company Limited），简称香农开发公司（Shannon Development），负责推进当地航空业的发展。1960 年，香农开发公司围绕香农机场进行深层开发，在紧邻香农国际机场的地方建立了世界上最早从事出口加工为主的自由贸易区，以免税优惠和低成本优势吸引外国特别是美国企业的投资。目前，该公司统筹负责香农地区的工业、旅游业等的全面经济开发。

使命：为投资商和劳动者在香农地区构建一个辉煌的未来；通过在大西洋地带搭建一个世界级的园区进而推动爱尔兰经济的增长。

三个关键远景目标：确保提升香农开发区的全面发展；挖掘出香农开发区周边欠发展区域的潜力；创造并激发对香农国际机场的需求。

责任：发展和提升香农自由贸易区；在区域内发展知识网络；在园区内提升并发展旅游产业；完善产业和旅游基础设施；在区域内发展战略的、旗舰的、有明显效果的项目。

3. 爱尔兰园区

发展演变（如图 5－7 所示）：

	阶段1（1969－1990）	阶段2（1990－1999）	阶段3（1999年至今）
	集中制造业	向服务转移	向研发拓展
挑战	以农业为主导产业，高失业率，农业产业日渐衰退	外国投资吸引度渐降	制造业面临来自东欧国家的不断竞争
机遇	有机会成为欧洲的中心	发展中的电子产业寻求低成本熟练工 美国IT产业向欧洲扩张	加入欧盟扩大了市场潜力 加入欧元区，降低了货币风险
关键举措	成立工业发展局，发展爱尔兰民族产业 开放爱尔兰，吸引国际投资 完善教育体系，提升劳动者素质	在1994年重组爱尔兰工业发展局 积极宣传爱尔兰劳动力成本低、交通便利的优势，以吸引国际投资 企业所得税是欧盟国家中最低的	沿价值链向上发展，重点提供"增值服务"，如：软件开发、金融服务

图 5－7　爱尔兰的发展演变

开发成就：全球前 10 大医药公司中有 9 家入驻；世界前 25 大电子制造公司 20 家入驻；全球 25 家最大的银行 13 家入驻；IDA 支持了 1 200 多家企业；创造了 520 亿美元的销售额（90％出口）；14 万个工作机会；外国直接投资（1982—2001）为 600 亿美元；GDP 年增长率（1990—2001）为 7.3％。

主导产业(如图 5 – 8 所示):

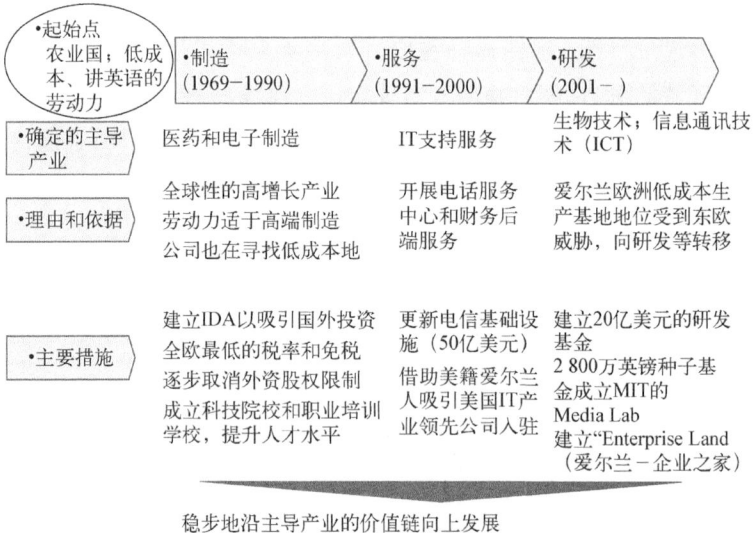

图 5 – 8　爱尔兰的主导产业

成功经验(如图 5 – 9 所示):

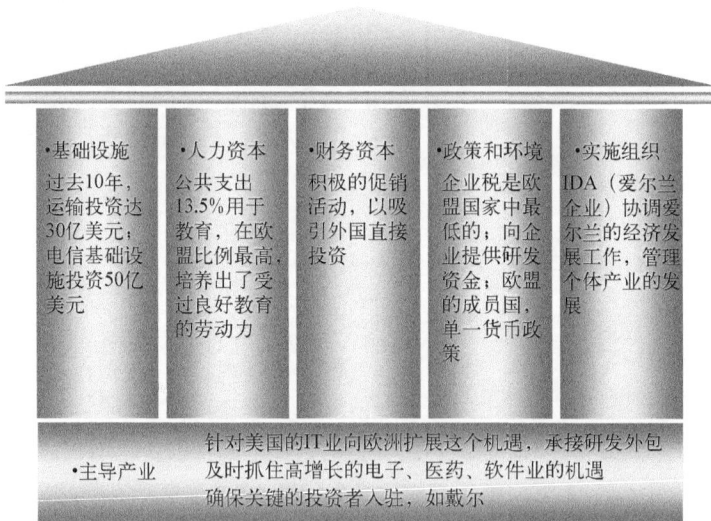

图 5 – 9　爱尔兰的六大关键成功因素

4. 印度的班加罗尔

概况：位于班加罗尔市以南,距机场 15 公里;规模 33 平方公里;主要由办公楼、软件开发中心和电话服务中心组成。

发展演变（如图 5 - 10 所示）：

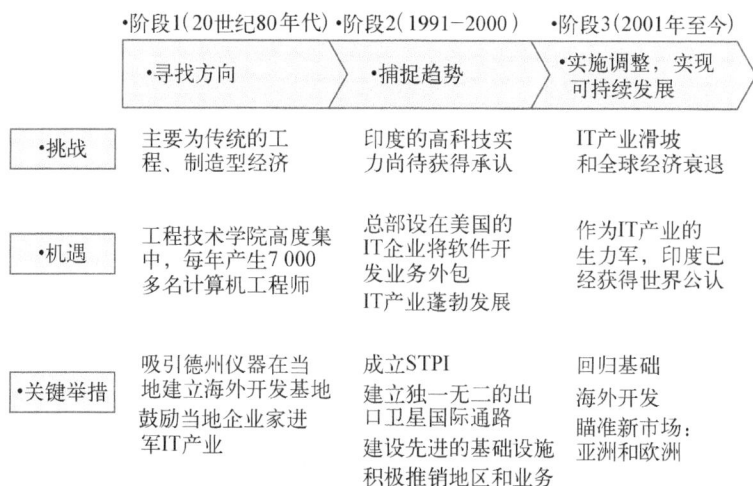

	•阶段1（20世纪80年代）	•阶段2（1991－2000）	•阶段3（2001年至今）
	•寻找方向	•捕捉趋势	•实施调整，实现可持续发展
•挑战	主要为传统的工程、制造型经济	印度的高科技实力尚待获得承认	IT产业滑坡和全球经济衰退
•机遇	工程技术学院高度集中，每年产生7 000多名计算机工程师	总部设在美国的IT企业将软件开发业务外包 IT产业蓬勃发展	作为IT产业的生力军，印度已经获得世界公认
•关键举措	吸引德州仪器在当地建立海外开发基地 鼓励当地企业家进军IT产业	成立STPI 建立独一无二的出口卫星国际通路 建设先进的基础设施 积极推销地区和业务	回归基础 海外开发 瞄准新市场：亚洲和欧洲

图 5 - 10　班加罗尔的发展演变

开发成就：成立了 900 个以上的 IT 公司，创造了 16 亿美元的收入；为 72 个跨国公司提供全球后端业务外包服务；雇员数：50 000 人；GDP 贡献：占全国 GDP 的 11％；外国直接投资（1997—2001）：30 亿美元；班加罗尔的出口额占印度总出口的 40％。

主导产业（如图 5 - 11 所示）：

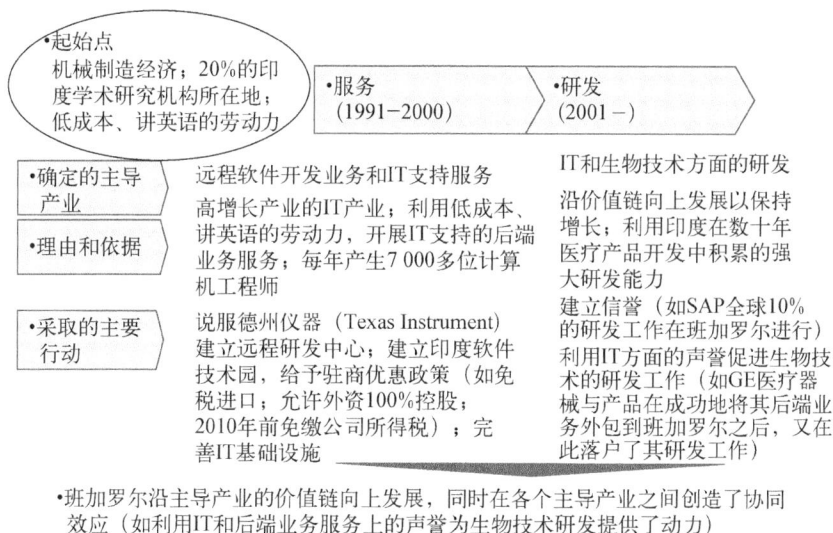

	•起始点 机械制造经济；20%的印度学术研究机构所在地；低成本、讲英语的劳动力	•服务（1991－2000）	•研发（2001－）
•确定的主导产业		远程软件开发业务和IT支持服务	IT和生物技术方面的研发
•理由和依据		高增长产业的IT产业；利用低成本、讲英语的劳动力，开展IT支持的后端业务服务；每年产生7 000多位计算机工程师	沿价值链向上发展以保持增长；利用印度在数十年医疗产品开发中积累的强大研发能力 建立信誉（如SAP全球10%的研发工作在班加罗尔进行）
•采取的主要行动		说服德州仪器（Texas Instrument）建立远程研发中心；建立印度软件技术园，给予驻商优惠政策（如免税进口；允许外资100%控股；2010年前免缴公司所得税）；完善IT基础设施	利用IT方面的声誉促进生物技术的研发工作（如GE医疗器械与产品在成功地将其后端业务外包到班加罗尔之后，又在此落户了其研发工作）

•班加罗尔沿主导产业的价值链向上发展，同时在各个主导产业之间创造了协同效应（如利用IT和后端业务服务上的声誉为生物技术研发提供了动力）

图 5 - 11　印度班加罗尔的主导产业

成功经验(如图 5‑12 所示):

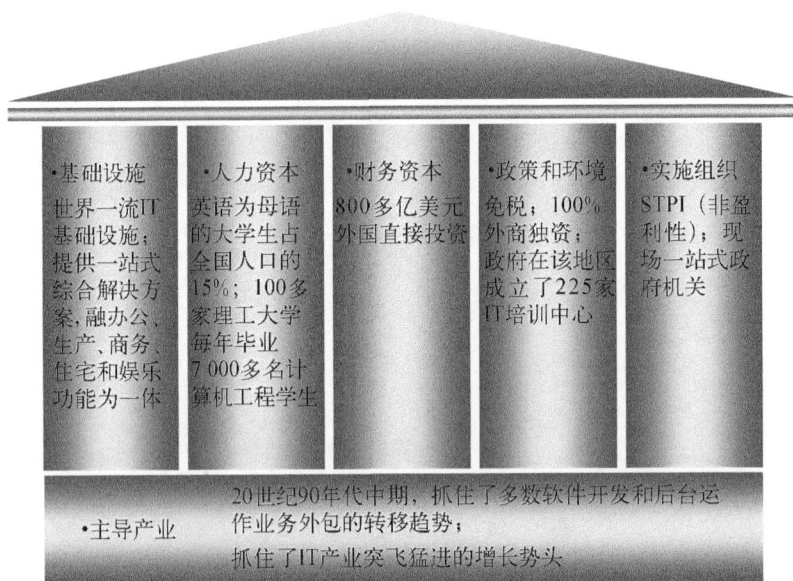

图 5‑12 印度班加罗尔的六大关键成功因素

二、国内开发区及其开发公司典型案例

1. 台湾新竹科学工业园区

园区概况:1980 年 12 月,台湾在台北市西南的新竹县设立了第一个高新技术产业区——新竹科学工业园区。经过几十年的努力,新竹科学工业园已经跻身于世界著名高新科技园区行列,有台湾"硅谷"之称。目前,新竹有十几种科技产品销售量居世界第一,电脑硬件成为世界第三大产地,仅次于日美。整个科学工业园区的完成大体分为三期:第一期,以引进发展技术密集型工业所需的整套技术、科技人员及管理经验为主;第二期,以扩展在国际市场的竞争力为目标,使科学工业园区本身具有设计、制造自动机具的能力,补充基础材料和零部件的供应,引导高等院校及科研单位对高技术产业发展需要的项目进行重点突破,加速科技成果的产业化;第三期,以带动、促进企业家踊跃投资高新技术产业为目标。

园区发展模式:(1)确定主导产业结构。新竹建区之初就确定了电子计算机及外围设备、精密仪器机械、生物工程、集成电路、通讯光电等具有十分广阔前景的六大高科技产业。(2)充分利用区位优势。高科技园区具备优美的环境、方便的交通、邻近大学与研究机构等区位条件。首先是自然环境优美。园区建在台湾著名的风景区内,气候宜人;其次是交通便利。园区有陆(铁路、高速公路)海空立体交通网络;再次是智力资源丰富。这里有台湾著名的清华大学等众多高校和科研机构。此外,园区附近有电子、电机、玻璃、纺织、机构及石化等较好的工业基础。(3) 新竹园区的政策优惠。新竹制定了一系列鼓励和刺激投资的法规和制度。① 税收优惠。园区企业进口的自用机器设备、原料、燃料、半成品、物料及货物等,均免征税捐;园区货物或劳务外销者,免征货物及营业税;在园区内购买厂房及有关建筑物,免征契税,等等。② 资金扶持。新竹科技园由政府出资搞风险资本,政府设立多项科技资助资金来帮助企业进行技术创新。为发展某些重要产业,新竹以直接投资或优先给予长期优惠贷款等财政金融手段予以扶持。③ 土地厂房便宜。园区内建设了规划完备的设施和厂房,并以低廉的价格出租给厂商,被认定为对科技有特殊贡献的工业投资,可减免土地租金5 年。当局规定投资于创业投资公司,可享受抵减税。(4) 注重投资软环境,吸引外资进入。新竹园区的工作由园区指导委员会和园区管理局共同筹划,指导委员会为综合性、跨“部门”的最高领导机构,负责有关园区宏观重大问题的决策,并对园区建设和运行事宜进行沟通和处理。管理局则负责具体规划和日常业务管理,管理局拥有对进驻园区的金融、税务、海关、电力、供水、邮政、治安等部门的指导、督办之权,统一协调行政管理事务。① 提供良好的基础设施。一方面,园区按照国际惯例,做到“七通一平”,提供优质廉价的标准厂房,提供完备的生产基础设施;另一方面又按照社区化的要求,建有医疗卫生、生活服务、学校教育等完善的社区生活配套设施。② 建设完善的服务保障。新竹园区按照“厂商服务、区内完成”的原则,在园区内设有整套服务机构,为园区厂商提供全方面、多功能服务,包括投资服务、劳工纠纷协调、公共福利等,厂商所需办理的手续都可在园区内完成。(5) 大力引进和培养人才。新竹科学工业园区对高学历、高科技人才采取来者不拒的移民政策,园区厂商的老板,博士、硕士、学士各占 1/3。允许科技人员用其专利权或专门技术作为股份投资,吸引人才流向园区。(6) 不苛求自有品牌或核心技术,选择成熟产业形成产业聚集。早期的新竹园区认为,是不是自己的品牌并不重要,只要能解决就业,能赚钱,发展代加工也一样可行。虽然新竹不是以技术创新著称,但成功地以 OEM 和制造加工切入了全球 IT 产业链。如今,新竹已成为全球晶圆代工的重要基地,以及全球 PC 零组件的主要生产地。然而,随着世界性的产业转移,新竹园区的代工优势被中国大陆和东南亚一些地区所取代,新竹园区不得不面临转型之痛。

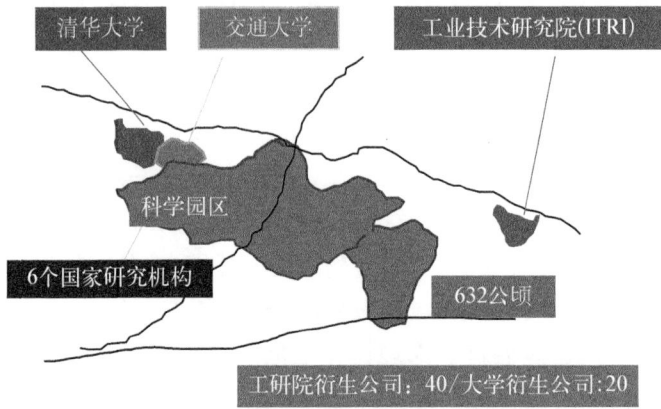

图 5-13 新竹科学工业园区研发环境

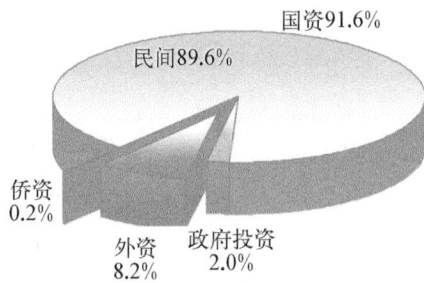

(外资国家包括——美国、瑞士、英国、日本、新加坡等)

总计：9 859 亿元(1992 年 12 月底资料)

图 5-14 新竹科学工业园区厂商资金来源

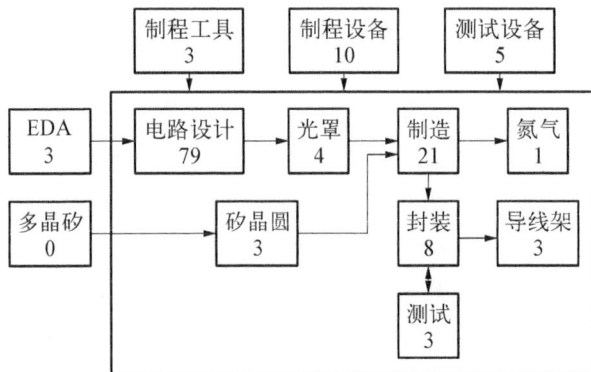

图 5-15 新竹科学工业园区 IC 产业结构图

产

园区厂商

师生、同学、同事

技术回馈 (产品技术、工艺

专案研究 (spin off、技术 spin off)

创新人才研究奖励培训

专业指导

建教合作、捐赠

人才提供、专案研究、技术 spin off

官

投资案审查、专案研究、人才培训

投资案审查、专案研究、人才培训

研

工研院

管理局

清华交大

学

合作计划、技术指导交流

提供研发实验设备

提环供境设立

发提供实验厂商设研备

技术指导交流

提供研究实验设备

国家实验室

国家实验研究院

纳米实验室
晶片设计
高速电脑
同步辐射
精仪中心
太空计划室

研

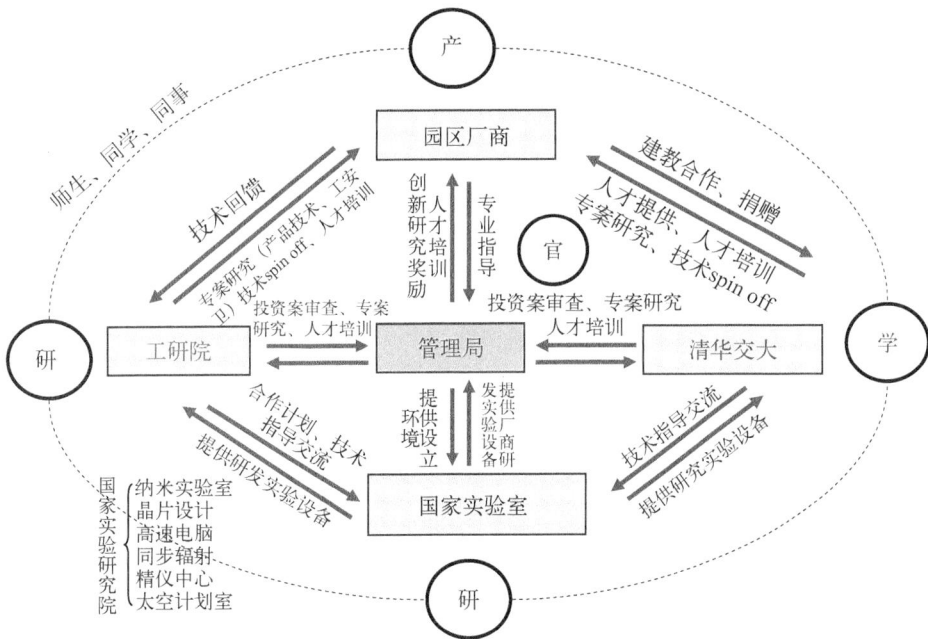

图 5‑16　新竹科学工业园区成功模式

2. 天津经济技术开发区开发公司

管理体制： 天津经济技术开发区的管理体制属政府主导型模式，党工委、管委会、开发公司三位一体，"三块牌子，一套班子"，体现了管理机构高层次、经济事务管制高、体制框架设计早到位的强势政府特点，开发公司形同虚设。

投融资机制： 投融资体制的发展大致经历了三个阶段。第一阶段，典型的借贷滚动和财政资金捆绑模式。开发公司以"开发一片、建成一片、收益一片"的建设思想，依靠银行借贷资金，承担开发区建设初期的大量市政配套设施建设，实现了开发区开发开放的启动，形成了"借贷开发"的模式。随着入区企业建成投产，所形成的税收按照中央给予的税收返还政策用于开发区的继续开发，实现了"滚动开发、良性循环"。第二阶段，中央政府对天津开发区的财政支持于1998年结束。由于没有财税返回作为开发公司继续进行市政基础设施建设的资金，2000年，设立了由原开发公司、泰达股份公司、市政资产公司等几家区内企业组建的控股公司，并与开发区管委会实现了政企分离。管委会每年划拨6亿元基建专项资金给控股公司，控股公司以6亿元政府资金作为国有资本金，并由管委会担保向银行贷款，或控股公司以自身房地产项目进行资本运作，从事区内的基础设施建设。控股公司主要承担融资功能,房地产开发、市政设施养护等由下属子公司或社会招标的专业公司运作。第三阶段,开发区内新建市政基础设施向市场化运作迈进,分为三类:(1)污水、管线、电网等可经营但市场化程度低的资产:管委会交给控股公司负责建设,项目完成后由政府收购,如由企业进行运作的,政府给予相应的补贴;(2)厂房等市场化程度较高的资产:引进多元化投资,成立营运公司,进行资本运作,由政府提供优惠政策,企业负责建设,建成后由专业公司租售经营;(3)学校、道路、泵站等公益性资产:由政府出资,社会招标建造,其建设费用、建成后的维护费用等都由政府承担。

发展模式:(1)历史特点:天津泰达集团有限公司是经天津市委、市政府批准,按照现代企业制度组建的综合性、多功能的大型企业集团。集团依托于天津经济技术开发区,隶属于天津泰达投资控股公司。与大多数开发公司一样,泰达公司也有着明显的共同点:一是"地主"的身份,土地资源来自政府,所承担的职责为开发区土地一级开发;二是强大的政府背景,在开发区域从事着几乎所有的开发、建设、管理任务。(2)寻求突破:随着时间的推移,泰达在经营模式、资产结构、运作效率以及业务空间等方面都难以适应市场化运营、打造企业的核心竞争力和保持企业的可持续发展的要求。为此,天津泰达集团有限公司明确制定了未来的发展战略:以既有的人力资源为基础,确定了以土地为核心资源,对接国内外资本市场,实现股权多元化,成为天津市最具实力的城市运营商,即集城市发展策划和规划、土地大规模成片开发、房地产开发、城市基础设施建设和运营于一体的城市建设综合开发企业。作为城市运营商的泰达集团,在开发目标上,由"自我本位"到"社会本位与自我本位相结合";在开发方式上,由"内生型开发"到"内生开发与外源开发相结合";在开发定位上,由单一项目的市场定位到城市区域功能的选择定位;在对地产的理解上,由居住空间的提供者到城市公共生活空间的提供者;在产业价值链上,由于拥有大量的土地储备这一核心资源,城市运营商处于最上游,其任务主要集中在土地开发的组织和资本运营上。作为城市运营商的泰达集团实施了"3+1"战略模式,即三个层次、一个战略联盟。第一层次是以土地资源为主的成片土地开发和以环保、绿化产业为代表的城市运营;第二层次是在土地资源基础上的房地产业,包括住宅及商业开发;第三层次是对城市运营的非核心业务,如餐饮、娱乐、商业等以参股、租赁、承包经营为主。最后,与国内外有实力的专业公司结成战略联盟。三个层次中,泰达的业务重点在土地一级开发。其他两个层次,则要借重合作伙伴的力量。这其中包括万通、广洋的二级开发能力,也包括韩国新世界、新加坡新展集团等的物业运营能力。通过整合合作伙伴的专业能力，共同在泰达的平台上打造"城市综合体"。战略联盟是泰达保持扩张能力的落脚点，通过选择战略合作者，弥补泰达在专业能力、开发能力，以及多种业态的运营能力方面的不足，实现公司实力的提升和跨越。

3. 苏州工业园区开发公司

园区概况：苏州工业园区是中新两国政府间重要的合作项目，1994 年 2 月，经国务院批准设立，同年 5 月正式启动。园区地处苏州城东金鸡湖畔，行政区域面积 288 平方公里，下辖 3 个镇，户籍人口 27 万，其中，中新合作开发区规划发展面积 80 平方公里。

开发和管理体制：中新苏州工业园区开发有限公司（CSSD）是园区的开发主体，由中新双方财团组成：中方财团由中粮、中远、中化、华能等 14 家国内大型企业集团出资组建；新方财团由新加坡政府控股公司、有实力的私人公司和一些著名跨国公司联合组成。党工委和管委会作为苏州市委和市政府的派出机构，是园区的管理主体，下设 15 个职能局（办），承担各项管理职能。

4. 上海紫竹科学园区开发公司

园区概况：上海紫竹科学园区是上海市人民政府于 2001 年 9 月 12 日以［2001］第 34 号文批准建立的。由上海紫江（集团）有限公司与上海交通大学、上海市闵行区人民政府、上海联和投资有限公司等多家股东共同出资，集科研、人才、资本、产业等优势，运用市场化运作方式而设立的新型科学园区。园区由大学园区、研发基地和浦江森林半岛三部分组成，一期总占地面积 13 平方公里。在总体规划上借鉴美国硅谷、台湾新竹园区的成功发展模式，进行科学规划、合理分区、突出优势，创造良好的科研环境、创业环境、投资环境和生活环境。

开发模式：（1）政府、企业和高校共建的机制：上海紫竹科学园区的开发，强调高起点规划、生态化建设，以民间投资为主，按照市场化的运作方式，分阶段滚动开发。在整个开发主体中，通过"政府搭台，企业唱戏，高校提供资源"，政府、高校和民营企业各占部分股份，既保持了政府在政策运作、项目审批中的权威优势，又融合了民营企业高效、快速、灵活的市场运作优势。（2）高质量基础设施建设和总体规划：结合整个新城镇的总体规划，引入了国际科学园区的先进理念，高起点规划，突出生态发展、人文环境与产业特色，并配以高质量的现代化基础设施。

发展特点：（1）构建产业集聚基地。通过建设技术产业化示范基地，吸引 TFT‑LCD 等电子产品及 IT 相关上下游产业入驻，形成产业链的聚焦效应。

(2) 制定税收优惠与产业发展的扶持政策。由于政府和企业的联合开发机制,国家、上海市政府和闵行区政府给予科学园区的多项税务优惠与产业扶持政策。(3) 注重园区生态环境。整个科学园区为生态模范区,绿化率超过 50%。研发基地周围 1 公里以内无电磁波干扰、无污染源、无震动源、无虫害。(4) 强化园区亲商的服务意识。园区本着"客户至上"的原则,为客户提供良好的服务。除了提供项目报批、工商注册等常规服务外,还可协助企业向各级政府职能部门减免各项税收,争取各项财政支持或补贴。(5) 提高园区人文生活环境。除了大学园区和工业区外,科学园区还包括浦江森林半岛等,设置有各类别墅、社区商贸服务中心、娱乐场所、高规格寄宿制学校等,为投资者创造优美的人文环境。(6) 依托大学强大的科研和人才优势。园区内规划有 7 000 亩的大学园区,与研发和产业区仅一路之隔。大学的优势保证了强大的科研开发能力,更为科学园区提供了一流的人才、技术,有利于新科技、新知识的孵化和产业化。(7) 紫江集团与跨国公司进行长期合作。作为主要的股东之一,紫江集团和美国的贝尔公司,欧洲的 ABB,日本的三菱重工、花王、新加坡的廉谦等公司进行合资、合作。

三、浦东开发公司模式与国内外其他开发公司模式的比较

通过将上述国外 5 家和国内 4 家开发公司及其开发区与浦东开发公司及其开发区模式进行比较,在比较中突出浦东开发公司模式的特点。

1. 与国内外开发区的开发公司模式的相同点

浦东四个开发公司的成立是为了完成浦东四个开发区的开发开放这一历史重任,由此导致与国外其他开发区的开发公司相比在模式上有以下五个方面的共同点。

(1) 政府推动是开发公司生成的催化剂。国内外的开发区往往都是在政府推动下进行选址、规划、启动和实施开发的,无论是新加坡的裕廊、台湾的新竹、印度的班加罗尔,还是爱尔兰的香农、我国的五个经济特区以及国家级经济技术开发区、高新技术开发区,等等,都体现了政府的意志,因为在一块不毛之地上从事开发所需要的投资往往额度大、回收期长、见效慢、风险大,因而作为承担公共职能的政府组织比以利润为主轴的企业组织拥有更大的优势从而成为决定由谁来开发进而决定支持谁来开发的主导者,作为主导者的政府往往组建国资性质的与开发区相对应的量身定制的开发公司并委托其执行政府的开发意志和开发行为。

（2）开发公司主营业务的空间布局主要限制于各自所在的开发区。开发公司主营业务是政府赋予的，某种意义上是承担着政府交代的、委托的开发职能、运营职能和服务职能，因此，在开发区的开发开放任务完成之前，政府一般限制开发公司业务空间不得超越所在开发区的空间范围，这样做有利于开发公司专心致志地执行政府交办的有关该开发区开发开放的各项任务。当然，一旦开发区的开发开放任务完成，政府与开发公司的关系就必然会转型升级，政企关系也开始松动甚至完全脱离，这时，开发公司可以完全根据自身的核心竞争力、按照市场需求和利润最大化从事各项经营活动。

（3）产业培育和繁荣是开发公司开发的原动力。各国的开发区往往承担着推动开发区内产业的启动、培育和繁荣这一重任，实现开发区经济发展这一战略目的，因此，开发区内产业培育和繁荣成为开发公司开发的原动力。在这一原动力的推动下，开发公司通过招商引资、项目培育、人才集聚等活动吸引国内外的投资者进入开发区进行技术开发、产业开发、产品开发和品牌开发。

（4）通过开发公司的开发，开发区最终将成为产业集聚、企业集聚、市场集聚、产品集聚乃至社会集聚的区域。通过开发公司的开发，开发区内的社会分工和规模经济逐步形成，开发区集聚功能和辐射功能进一步扩大，产业集聚、企业集聚、市场集聚、产品集聚乃至社会集聚等现象逐步生成和发展，进而带动整个地区经济的发展，经济发展又推动了社会发展，经济、社会的发展又推动了开发区的城市化、新城化。

（5）开发公司是在开放经济环境下进行开发的。各国的开发区的开发都是在开放条件下进行的，开放的前提是经济全球化这一时代背景。开发公司对开发区的开发，创造了产业发展、企业运营等方面的优越条件，从而吸引了大量的国际资本、信息、技术、人才，并在开发区内集聚，进而推动了开发区的全球化发展。

2. 与国内开发公司模式相比，浦东开发公司的相异点

与国内其他开发公司模式相比，25 年的浦东开发开放过程中的浦东开发公司模式有着高起点、承担国家战略、与国际惯例接轨、打造四个中心、树立中国改革开放形象和旗帜、配合浦东综合配套改革等特点。

（1）浦东开发公司模式的高起点。这是由浦东开发开放的高起点决定的。浦东开发开放的高起点表现为"三个先行"，即基础设施先行、高科技先行和金融先行。"三个先行"的高起点体现在高于 20 世纪 80 年代珠三角开发开放过程中的"三来一补"。在"三个先行"开发开放战略的指导下，浦东开发公司创造了"土地空转"这种以土地换取开发资金的模式，创造了开发规划的国际招标模式，启

动了四个国家级开发区的开发,率先开发了国际金融、出口加工、保税区内的国际贸易和国际物流等高端产业。

(2)承担国家战略。浦东开发开放是在经济全球化条件下贯彻落实国家战略的重要突破口,即中国进一步扩大开放和深化改革的突破口。通过实施浦东开发开放及其模式,中国政府向世界宣告了中国改革开放战略的大方向不会变,不仅不会变而且要在更大空间、更深层次、更高程度上扩大开放。期间,浦东开发开放的各项具体经济事务是由浦东开发公司来贯彻落实的,由此可见,浦东是承担国家战略的"棋子",而浦东四个国家级开发区则是浦东落实国家战略的空间和载体,于是浦东四个开发公司也成为具体执行国家战略的关键主体,这就体现了浦东开发公司模式中包含了承担国家战略任务这一内容。

(3)与国际惯例接轨。浦东开发开放从一开始就着手与国际惯例的接轨,如规划的国际招标,按照国际惯例招商引资,组建保税区、国际金融贸易区和出口加工区等。与浦东开发开放的这一做法相一致,浦东的四个开发公司在履行政府交办的开发活动、经济活动和商务活动时,严格按照国际惯例主持在浦东四个开发区内的开发活动、经济活动和国际商务活动,在实务中体现了浦东开发开放与国际惯例接轨的原则和精神,也向外商展示了浦东开发开放与国际惯例接轨的风貌和诚意,与此同时形成了与国际惯例接轨的浦东开发公司模式。

(4)打造四个中心。改革开放以来尤其是 20 世纪 90 年代以来,上海市提出了建设国际经济中心、国际金融中心、国际贸易中心和国际航运中心的城市发展战略,浦东开发开放自然就成为四个中心建设的重要空间载体和主战场。浦东开发公司秉承上海市政府和浦东新区政府开发开放浦东的战略目的,围绕着打造四个中心,尤其是国际金融中心和国际航运中心,组织和推动四个国家级开发区的开发开放,与此同时形成了与四个国家级开发区的开发开放相适应的浦东开发公司模式。

(5)树立中国改革开放的形象和旗帜。20 世纪 90 年代初,中国需要一个"动作"来向世界展示中国改革开放战略的大方向不变和中国改革开放的旗帜不倒,邓小平把这一"动作"确定为浦东开发开放。因此,浦东开发开放成为向世界展示中国继续执行开发开放的形象和旗帜,与之相应,浦东开发公司在各自开发区的各项开发开放活动正是处处体现着"中国改革开放的形象和旗帜"的内容,与此同时形成了与中国改革开放形象和旗帜相适应的浦东开发公司模式。

(6)配合浦东综合配套改革。浦东的四个开发公司所拥有的国有资产占整个浦东国有资产总值的 50%。浦东综合配套改革涉及经济体制、政治体制和社会体制的全面、协调和配套性的改革，必然既涉及国有资产管理体制的改革，也涉及浦东开发开放及其模式的主战场——四个国家级开发区的开发开放。因此，浦东的四个开发公司在管理模式上的改革和创新自然而然地成为浦东国有资产保值增值、浦东四个国家级开发区的开发开放的有机内容和关键内容，进而使浦东开发公司模式所涉及的各项改革（国有资产管理改革、开发区开发开放方面的改革）成为浦东综合配套改革系统中的有机组成部分。

3. 与国外开发公司模式相比，浦东开发公司模式的相异点

由于浦东开发开放是中国改革开放大格局中的有机组成部分，因此浦东开发公司模式必然表现出与国外开发公司模式的不同点，具体表现为：

（1）从所有制性质上来看。国外的开发公司是既有国有制也有私有制的开发公司，而浦东开发公司是国有开发公司。过去25年的开发开放已经使浦东的国有开发资本成为浦东国有资本的主体部分，在总额上点到70%左右。

（2）从开发战略来看。国外开发公司有的是执行国家战略，有的仅仅是从开发企业自身战略出发，而浦东开发公司既要执行国家战略，又要执行上海市的城市发展战略，还要执行浦东新区的发展战略，更要制定和完善自身的发展战略。

（3）从开发方式来看。国外开发公司有的是土地一级开发商，但为数不多，而浦东开发公司在成立之初主要是代表政府从事土地的一级开发，之后才实施多元化发展战略，向地产、房产、高科技产业、金融产业、物流产业等进军。

（4）从开发目的来看。国外开发公司仅仅是着眼于区域经济发展的需要，而浦东开发公司所承担的开发开放任务不仅是浦东新区的需要，也是上海市城市发展的需要，更是中国改革开放的需要。

（5）从开发成就来看。国外开发公司仅仅是追求企业自身的成长，而浦东开发公司主要是引领浦东新区的陆家嘴金融贸易区、外高桥保税区、张江高科技开发区、金桥出口加工区等的开发开放，进一步带动四个开发区周边地区的开发开放，因而更多地着眼于承担着浦东新区开发开放的重任。

第六章

浦东开发开放：二次创业与
模式调整

　　本章是研究和展望"二次创业"中浦东开发开放的演进趋势。首先，介绍"二次创业"中浦东开发开放的模式调整；其次，探讨"二次创业"中浦东开发公司的模式调整；再次，探讨"二次创业"中浦东开发公司的功能定位；再其次，探讨"二次创业"中浦东开发公司的战略选择；最后，研究"二次创业"中浦东开发开放的战略选择。

第一节　"二次创业"中浦东开发
开放的模式调整

　　2009 年，随着南汇并入浦东和国务院批复上海市建设"两个中心"后，浦东开发开放进入到"二次创业"阶段。在"二次创业"过程中，浦东开发开放必然更加主动地面向世界，更加积极地承担国家战略，更加自觉地与上海未来发展的总体定位相匹配，发挥浦东对上海经济和城市发展的增长极作用、全面提升服务全国的功能、在更高层级上代表国家参与全球竞争。因此，进入"二次创业"阶段，浦东新区政府明确了浦东进一步开发开放的战略目标、发展机遇、总体布局、发展思路，为此，浦东在原来的四个国家级开发区的基础上大力推进开发区的扩容，提出了"只争朝夕、勇立潮头、崇尚科学、开放包容"的二次创业精神，与之相应，浦东开发开放模式也面临着相应的调整。

一、战略目标

进入"二次创业"阶段，浦东提出了建设"四个区"的战略目标，这一战略目标实质上也就是浦东进一步开发开放的战略目标：

一是加快建设科学发展先行区，率先形成服务经济为主的产业结构和创新驱动为主的内生增长模式，走出资源节约型、环境友好型发展道路，努力建设更高水平的小康社会。

二是加快建设"四个中心"核心区，着力强化配置全球金融、航运、贸易资源的市场平台功能，着力强化资本、管理、信息、技术等要素的辐射功能，着力强化战略领域和前沿领域的自主创新、产业转化功能，着力强化对内对外开放的门户枢纽功能，成为上海服务长三角、服务长江流域、服务全国的重要载体。

三是加快建设综合改革试验区，率先突破制约发展转型的制度障碍，形成有利于服务经济、创新经济发展的信用、监管、人才和政府管理等环境；加快转变政府职能，深化机构改革，努力构建扁平高效的新型行政管理体制，积极推进社会建设和管理领域的体制机制创新；加快农村要素市场化、基本公共服务均等化，率先探索形成城乡一体化发展新格局。

四是加快建设开放和谐生态区，全面实践"城市，让生活更美好"的世博会主题，实现人居环境优质化、国际交往便利化、公共管理法治化、城市文明现代化，形成开放融合、和谐有序、充满活力的人文环境，构建经济与社会、人与自然和谐发展、有机统一的生态系统。

二、发展机遇

进入"二次创业"阶段，浦东开发开放获得了更多机遇，具体可概括为"六个增长极"：（1）进一步加快区内基础设施建设，投资机会、投资密度、投资力度、投资总额进一步扩大，为各类开发企业提供了参与浦东开发开放及其模式的更多机会、更多机遇；（2）世博园区（浦东部分）的后续利用，世博会的品牌效应和完善的基础设施为大力发展服务经济提供了优质载体和空间，为浦东开发开放提供了新的空间、新的任务和新的机遇；（3）国际航运中心建设，进一步推动港口、仓储等基础设施的建设和完善，进一步优化围绕国际航运中心建设的制度、机制、体制和政策，进一步激发从事国际航运的各类产业、各类企业、各类人才、各类服务的集聚；（4）国际金融中心建设，进一步推动上海国际金融中心载体（写字楼以及围绕写字楼的各类配套楼宇）的建设，进一步推动上海国际金融城的形成和发展,进一步优化围绕国际金融中心建设的制度、机制、体制和政策,进一步激发从事国际金融的各类产业、各类企业、各类人才、各类服务的集聚;(5)迪士尼项目投资,直接带动上海国际旅游度假区的开发开放,直接带动迪士尼区域范围内的基础设施建设,直接带动迪士尼区域范围内的围绕迪士尼项目的各类产业、各类企业、各类人才、各类服务的集聚,间接带动迪士尼项目周边的基础设施建设,间接带动迪士尼项目周边的服务于迪士尼项目的各类产业、各类企业、各类人才、各类服务的集聚;(6)大飞机项目,直接带动大飞机项目园区内的基础设施建设,直接带动围绕大飞机项目的各类产业、各类企业、各类人才、各类服务的集聚;间接带动大飞机项目周边的基础设施建设,间接带动大飞机项目周边的服务于大飞机项目的各类产业、各类企业、各类人才、各类服务的集聚。这些机遇是"二次创业"过程中浦东进一步推进开发开放的基点、着力点、增长点和创新点。

三、总体布局

进入"二次创业"阶段,浦东开发开放在城市空间规划上更加科学、更加合理、更加系统、更加完整,即"一轴三带六区"的城市发展总体布局:一轴是指从虹桥机场到浦东机场的上海城市发展轴中的浦东段,三带是指沿黄浦江发展带的浦东段、中部发展带、滨江临海发展带,六区是指陆家嘴、张江、金桥、外高桥、三林世博和川沙(机场)六个功能区域。

四、总体思路

进入"二次创业"阶段,浦东明确了进一步开发开放的总体思路:(1)按照新浦东的土地利用总体规划和城市总体规划进行土地开发;(2)建设节能型园区,大力引进能源消耗低、附加值高的项目;(3)大力发展循环经济,创建循环型园区以及区内的循环型产业链、企业链和产品链,共同推动区域循环经济的发展;(4)制定、完善和实施生态园区建设规划,构建城市化过程中的新型生态系统;(5)走低碳经济、低碳社会之路,减少对自然界的索取和排放;(6)着力清洁经济、清洁社会的建设,大力运用清洁生产的新技术和新工艺;(7)提高自主创新能力,集聚引进、消化和吸收高新技术,创建国家自主创新示范区;(8)加快主导产业培育、生成和壮大,打造支柱产业、高新技术产业、新型战略产业集群,增强新浦东的国际竞争力。

五、浦东开发区的扩容

进入"二次创业"阶段，浦东的开发区在规模上进一步扩容，在数量上进一步增多，从以四个国家级开发区为主体变成了"7＋1"生产力新布局。这一布局表现为原来四个开发区的空间范围进一步扩大，南汇既有的开发区加入以及世博园区（浦东部分）的后续利用。

1. 陆家嘴金融贸易区板块

在当今经济全球化的背景下，一个发达的现代市场经济体（或者城市、或者区域、或者国家）最为核心的内容是国际金融中心，同时必须与世界经济建立密切广泛的联系，需要有一个国际航运中心。国际金融中心和国际航运中心的实质，就是在全球范围内进行资源配置的能力。因此，从我国经济发展的大趋势来看，尽快把上海建成"两个中心"并提升国际影响力，是走向经济强国的前提之一。

陆家嘴金融贸易区板块规划面积31.78平方公里，是全国唯一以金融贸易命名的开发区，是上海国际金融中心的核心功能区，也是全国经济流量最大、服务最完善的金融中心区，高楼林立的陆家嘴具备了成为上海建设国际金融中心重要载体的各项条件。进入"二次创业"阶段，陆家嘴金融贸易区的开发开放模式进一步调整的任务有：推进小陆家嘴深度开发和金融城扩容，打造"国际金融城"，提升陆家嘴中央商务区空间容量、集聚水平和核心功能，其中"十二五"期间将推动上海中心、上海船厂地块、世纪大道两侧等约300万平方米的商务楼宇建设；加快完善科技投融资服务体系，探索股权投资和银行融资联动机制，创新种子基金、创业投资引导基金和高新技术产业化投资基金的运行机制，放大国有资本杠杆效应，建立健全国有资本在风险投资领域的进入和退出机制；加强与张江金融信息服务产业基地前后台联动，大力发展金融信息服务业，发挥金融审判、检察、仲裁等机构的作用，强化浦东新区政府在教育培训、人才激励、品牌提升、文化建设、城市管理等方面的服务保障职能，为金融机构集聚创造更好条件；推进金融与航运、贸易、科技等联动发展，探索创业融资、小额贷款、消费金融、税收递延型寿险等试点；积极争取国家金融改革开放重大举措在浦东先行先试，率先推出房地产信托基金、柜台交易市场、消费金融公司等试点，推动全国性信托登记平台建设，在人民币国际化进程、金融市场发展、金融监管创新和风险防控中努力发挥综合试验平台作用。

2. 上海综合保税区板块

规划面积 22.76 平方公里,包括外高桥保税区、洋山保税港区和浦东机场综合保税区,是上海国际航运中心和国际贸易中心建设的主要载体。上海市政府已经成立了上海综合保税区管理委员会,实行"市级区管"的体制,目的是加强三个保税区的联动发展、整合资源,推动"三港三区"(三港:外高桥港、上海浦东国际机场空港、洋山港;三区:外高桥保税区、上海浦东机场综合保税区、洋山保税港区)联动发展,争取海关特殊监管区功能整合、政策叠加,建设国际水平的航运综合服务平台,大力吸引分拨中心、营运中心,促进现代物流、出口加工等临港临空产业加快发展。加快航运服务业发展,集聚高端航运资源,吸引国际级的航运企业、国际性航运组织和航运专业服务机构落户浦东,积极促进航运市场功能拓展,大力发展以航运保险和船舶融资为重点的航运金融服务业,创设航运产业发展基金。加大国际航运发展综合试验区先行先试力度,充分发挥各项功能性政策效应,大力发展国际中转业务,进一步创新口岸管理制度,启动离岸金融试点。

3. 金桥出口加工区板块

浦东、南汇两区合并后,形成由金桥出口加工区和南汇工业园区、空港工业园区"一区两园"的发展格局,规划面积 67.79 平方公里,标志着金桥开发区进入到"新金桥"、"大金桥"时代,着力打造先进制造业和现代服务业的集聚区,北部主要发展现代服务业,制造业往南部转移。

4. 张江高科技园区板块

进入"二次创业"阶段,原张江高新技术开发区与康桥、国际医学园区等合并,建设国家级自主创新示范区,规划面积 77.45 平方公里。随着上海市发展高新技术产业规划的出台,张江开发区进一步深化"聚焦张江"战略,广泛集聚国内外创新资源,建设产学研结合示范基地,促进原始创新应用转化,提高集成创新和引进消化吸收再创新能力;扩大软件和信息服务业在电子商务、网游动漫、嵌入式软件等领域的领先优势和市场份额,着力提升集成电路产业在研发设计、生产加工、封装测试、设备制造和营运管理等环节的整合能力,推动生物医药研发成果在本地实现产业化,促进高端医疗设备制造和医药研发外包加快发展;改善自主创新制度环境,进一步集聚以浦东创新港为代表的创新公共服务平台;引领以新能源、生物医药为代表的高新技术产业,形成新的产业集聚;发挥企业主体作用、市场导向作用和政府扶持作用,加快构建区域创新体系,改善自主创新制度环境,如张江区域集聚了以浦东创新港为代表的一大批创新公共服务平台,微电子产业市场占有率、生物医药产业技术、软件产业外包服务等处于全国领先水平,发挥企业主体作用、市场导向作用和政府扶持作用,加快构建区域创新体系;完善科技投融资服务体系,探索股权投资和银行融资联动机制,创新种子基金、创业投资引导基金和高新技术产业化投资基金的运行机制,放大政府资金杠杆效应,建立健全国有资本在风险投资领域的进入和退出机制;鼓励企业承担国家和市级重大科技专项,支持国家重点实验室和工程技术研究中心建设,完善资金配套和政策扶持机制;探索知识产权折价入股和质押贷款方式,扩大技术开发费用税收抵扣、高新技术企业所得税优惠等政策的覆盖面;加快公共服务平台和共性技术联盟等建设,优化科技企业孵化器运营模式,降低创新成本和风险;以建设国家自主创新示范区为抓手,打造"高新科技城"。

5. 上海临港产业区板块

规划面积 240 平方公里,包括重型装备产业区、物流园区和主产业区等,重点布局海洋工程、大型船用曲轴、石油平台、发电机组等高端制造产业。市政府成立了相应的管理委员会,实行"市级市管"体制。其中临港主城区板块:规划面积 74 平方公里,重点发展商业商务、文化教育、旅游居住等功能,着力打造产业高度发达、配套服务完善、交通运输便捷、文化氛围浓厚、适宜工作生活的现代化、低碳、生态、宜居的临港新城。打造支柱产业、战略产业集群。促进土地等要素资源向重点产业集聚,推动重点产业基地化、集群化发展,重点推进海洋工程、大型发电设备等龙头性、总成式、整机型成套设备的项目建设。加快建设民用航空、新能源、生物医药、文化创意等一批数百亿级的产业集群。配合推进大型客机总装和研发基地建设,规划布局航空配套产业基地。大力发展新能源产业,不断提升光伏、光热、风电、核电等关键设备的研发和制造能力。加快培育文化产业骨干企业和战略投资者,充分发挥文化与金融、贸易、信息等产业的联动优势,建设具有国际竞争力的文化产业基地和服务平台。

6. 上海国际旅游度假区板块

规划总面积约 20 平方公里,以上海迪士尼乐园项目为核心,包括周边的三甲港海滨旅游度假区和临港滨海旅游度假区等,大力培育旅游会展、文化创意、商业零售、体育休闲产业等集聚平台,打造现代服务业产业高地,并与周边旅游资源组团式协调联动发展,打造能级高、辐射强的国际化旅游度假区,营造环境宜人、低碳生态、适宜人居的可持续发展区域,与虹桥商务区、世博后续开发区共同成为上海"十二五规划"优化市域空间布局的重要部署。上海国际旅游度假区管委会作为上海市政府对此区域的行政管理机构,负责统筹协调区域发展规划,组织区域开发建设,搭建政府公共服务平台,提供区域公共行政管理事务。未来上海国际旅游度假区将重点培育和发展主题游乐、旅游度假、文化创意、商务会议、商业零售、体育休闲等产业,按照环境宜人、交通便捷、低碳集约的要求,打造旅游休闲胜地和服务产业基地,建成能极高、辐射强的国际化旅游度假区,成为上海未来发展的重要区域。

上海迪士尼项目预计耗资约244.8亿元人民币,有望成为史上最大面积迪士尼乐园。项目区域被分为核心区、配套区、控制区三个区域进行统筹建设,其中核心区占地面积7平方公里。按照计划上海和浦东方面在"十二五"期间投入迪士尼及其周边的交通基础设施配套等各方面资金将超过千亿级。仅仅迪士尼的一个主题公园项目就可以催生上万亿元GDP产值,拉动酒店、餐饮、交通等服务业的生成和培育,并将显著提升周边地产价值。

7. 后世博板块

世博园区(浦东部分)规划面积3.93平方公里以及附近后滩1平方公里和原环球地块的3平方公里。基础建设条件很好,主要发展金融、会展、商务、文化等现代服务业,力争打造成为功能多元、空间独特、环境宜人、交通便捷的世界级新地标,集博物博览、文化创意、总部商务、高端会展、旅游休闲和生态人居等多功能于一体。

"7+1"的生产力布局使浦东的各类开发区面临着新一轮的开发开放任务,表现在:在产业能级上包括了现代服务业、先进制造业;在发展动力上包括了科技驱动、创新驱动;在功能上更加突出区域核心竞争力。这种更加科学的开发区布局为"二次创业"条件下浦东进一步开发开放及其模式的完善创造了更加优越的前提和条件,也对浦东开发公司提出了新的开发开放任务,更对浦东开发公司模式的调整提出了新的要求。

第二节 "二次创业"中浦东开发公司的模式调整

在浦东"二次创业"中,浦东开发公司的模式需要根据浦东新的开发开放任务进行相应调整。我们认为,这种调整的内容主要有:要素组合模式、政企关系模式、战略选择模式和运营模式四个方面。

一、要素组合模式的调整

所谓要素组合指开发开放所涉及的各种要素之间的关系和配置。从浦东开发开放来看，最重要的要素有：各类资本、国家政策和空间布局。

过去 25 年，浦东开发开放取得巨大成就的原因之一就是成功引进了大量的各类资本，尤其是大量的国际资本。国际资本不仅带来了资金而且还带来了先进技术、先进管理、先进人才甚至是国际市场。展望未来，从国际资本进入中国的趋势来看，无论是规模还是质量都将呈现许多新的趋势，开发开放也将从招商引资到招商选资、从一般项目到总部落地、从区域性项目到辐射全国的项目、从各类企业到跨国公司等方面的转变，与之相应，浦东开发开放模式也将面临着版本升级的任务，需要逐步改变过去"引进外资型"的开放模式和"投资拉动型"的开发模式，探索和完善全方位的开发模式以及资本、技术和人才"三位一体"的开放模式，以技术创新、产业升级和城市功能提升为导向，推进浦东开发开放模式的精深化发展，实现浦东开发公司的科学发展。另外，浦东开发开放的国家战略内涵中既包括实现浦东自身的开发开放，也包括通过浦东自身的开发开放进而带动全国开发开放大格局的形成和深化，所以，未来浦东开发开放还将继续要承担推动国际资本进入中国的重要推手和桥头堡这一国家战略层面的功能。

过去 25 年，浦东开发开放是在党中央、中央各部委、全国各省市和上海市的全力支持下展开的，期间，中央连续多次专门为浦东开发开放颁布了各类专项政策，中央各部委、全国各省市和上海市在浦东建设了许多项目，这些政策在浦东的实践和贯彻落实以及各类项目的落地使浦东开发开放取得了辉煌的成就。展望未来，中国改革开放的进程将进一步向纵深推进，中国各类开发区的开发开放将承接更多、更繁重、更深层次的开发开放任务，因此，中国各地未来的开发开放都需要借鉴浦东过去 25 年开发开放的经验和模式。所以，从新一轮浦东开发开放实践来看，浦东开发公司需要逐步消除过去"政策推动型"的政府依赖，在综合配套改革的制度创新环境下，充分发挥和运用现代市场经济体制、现代企业制度和现代产权制度的制度优势，充分发挥经济全球化背景下与国际惯例接轨的开放优势，依托业已形成的公司核心竞争力，按照新一轮浦东开发开放大格局的推进顺序和程序，调整和优化开发公司整合和配置资源的能力，推动区域功能创新、转变经济发展方式，实现新一轮开发区的开发开放，实现开发区与开发公司的协调发展。

过去 25 年，浦东开发开放的启动点是集中开发四个国家级开发区，一方面通过这四个国家级开发区的重点开发开放，实现浦东开发开放早见成效、快出成效；另一方面实施"列车工程"，发挥四个开发区的开发开放成就的辐射效应和扩散效应，带动周边地区的开发开放，进而逐步实现整个浦东开发开放，这种"重点突破,整体推进"的开发开放战略的正确性已经得到实践的检验和证明。展望未来,浦东新一轮开发开放格局已经作出了重大调整,从新一轮浦东开发开放格局来看,在过去开发开放成功经验的基础上,浦东开发公司需要充分利用所积累的开发开放优势,突破过去"割据开发型"的开发格局,统筹区域开发开放和经济发展,统筹产业功能布局,探索陆家嘴、张江、外高桥、金桥等国家级开发区和洋山保税港区、临港产业区、南汇工业园区等联动发展的有效机制,发挥开发区对周边的辐射带动作用,实现品牌资源、政策资源、空间资源的优化组合。

二、政企模式的调整

在浦东"二次创业"中,浦东开发公司仍然发挥着重要作用。但需要在开发公司与政府之间的关系上继续进行体制创新,其中构建新型契约性质的政企关系、实行开发业务的板块化分类、在政企关系模式调整过程中突出企业核心竞争力的提升等方面是未来浦东开发公司模式在政企模式方面进行调整的关键内容。

1. 构建新型契约性质的政企关系

过去 25 年,浦东开发公司的组建是在政府支持下实现的,浦东开发公司的运营同样是在实施政府的开发开放意志和意愿并且完成政府交办的开发开放任务,可以这么说,浦东开发公司的实质是政府的派出机构,当然浦东开发公司的形式是按照现代企业制度和现代产权制度的规范组建的开发公司。因此,浦东开发公司是政府主导性质的开发公司,政企关系非常紧密。这样的政企关系模式,使政府的开发开放意志能够得到快速、高效地体现,也使浦东开发公司具备了其他完全市场化性质的公司不可能具备的得天独厚的政府资源、政府特惠和政府优势。过去 25 年的浦东开发开放实践证明,这种独特的政企关系,有利于浦东集中精力着力于四个国家级开发区开发开放的重点推进,有利于政府具体指导、协调浦东四个国家级开发区的开发开放进程,也有利浦东开发公司按照政府指令完成四个国家级开发区内的各项开发开放任务。

展望未来 25 年,浦东新一轮开发开放中必将面临许多新的问题,为了适应"二次创业"中浦东开发开放的需要,必须进一步统筹协调"政府的开发意志"和"企业的市场化运作"之间的关系:一方面,随着综合配套改革的深化,政府的行政行为必须改变过去行政命令式的开发指令,从体制和制度乃至国有资本权属关系上理顺政府与开发公司的关系,在规范的体制、制度和产权基础上按照平等、公开、公平和开放的原则,创建"契约化"的政企关系新模式,最终实现政府与开发公司在"开发意志"上高度配合和默契；另一方面，开发公司也要积极适应综合配套改革过程中的制度规范和优化所带来的新机遇、新优势和新挑战，既配合政府按照平等、公开、公平和开放的原则积极共建规范的体制、制度以实现政府与开发公司在制度基础上的平等对话，也要按照市场经济规律从事开发开放活动，努力改变过去依赖政府的开发指令从事开发开放活动并逐步成为适应市场竞争需要的低成本优质量的契约型开发商。

2. 实行开发业务的板块化

过去25年，浦东开发开放是采取"重点突破、整体推进"的开发开放战略，通过重点开发四个国家级开发区进而带动整个浦东开发开放。

展望未来，浦东四个国家级开发区的初始开发开放任务基本完成，分别在金融城、港城、科技城、制造城基础上开始了精深开发开放的进程，另外，南汇并入浦东之后，浦东的开发区进一步扩容，形成了"7＋1"新的开发开放格局，浦东开发公司将带着过去25年所积累的丰富经验和卓越能力在浦东开发区新扩容的地块履行新的开发开放任务，所以，无论是从深度还是从广度上看，浦东开发公司都将面临着更加繁重的开发开放任务。就浦东未来开发开放的趋势来看，"二次创业"过程中浦东开发公司的开发开放任务仍然可以分为两大类：一类是政府赋予开发公司的开发开放任务，另一类是开发公司根据市场需要提出的开发开放任务。为此，未来浦东开发公司要在开发业务上实行板块化分类：有些板块是高度市场化的，对于这些板块的开发开放就要按照现代市场经济规律和规则，强化赢利导向，构建与市场化相适应的公司治理机制、激励和约束机制，培育和提升开发公司的核心竞争力，增强开发公司的赢利能力；有些板块是以承载政府功能任务为主的，对于这些板块的开发开放就要按照区域总体规划和未来发展趋势以及政府所承担的国家战略的要求，在政府与开发公司既定的契约关系的前提下，浦东开发公司要努力履行所承担的契约规定的各项开发开放任务，同时努力做到低成本和高效率。另外，"二次创业"过程中浦东开发开放任务还可以按照成熟程度分为两块：一块是过去25年已经得到开发的成熟开发区的进一步精深开发，另一块是南汇并入浦东之后浦东开发区扩容部分的初始开发。为此，未来浦东开发公司要在过去25年所积累的开发开放经验基础上，一方面要探索成熟开发区进一步精深开发的模式，另一方面要探索把过去25年的开发开放经验扩展、复制到扩容区的开发开放。

3. 突出企业核心竞争力和国际竞争力的提升

过去25年，由于浦东开发公司拥有与浦东新区特殊的政企关系，并且承担了部分政府机构本应承担的行政职能,因而,浦东开发公司更多地强调贯彻和落实政府交办的各项开发开放任务,某种意义上相当于准政府机构,作为企业的主观意识、主观能动性相对偏弱,这就导致了开发公司忽略了对市场化性质的企业核心竞争力和国际竞争力的培育和提升的关注。虽然在过去 25 年中,与中国国有企业、国有资本、国有经济以及现代企业制度、现代市场经济制度和现代产权制度等方面的改革发展进程相一致,浦东开发公司也按照现代企业制度和现代产权制度的基本要求完善了企业的体制、机制和各项制度,但既有的政企关系模式仍然在浦东开发公司模式有机结构中占有很大的份额,背靠政府好乘凉的观念和模式仍然存在,走向完全市场化性质的开发公司的道路荆棘丛生,培育和提升开发公司的核心竞争力和国际竞争力迫在眉睫。

展望未来,"二次创业"过程中,浦东开发开放的任务更加庞大、更加艰巨、更加复杂、更加繁重,浦东开发公司仍然任重道远。无论是为了完成政府赋予的开发开放任务,还是根据市场需求而确定的开发开放任务,在"二次创业"中真正发挥引领和先导作用,都需要浦东开发公司进一步增强自身的核心竞争力和国际竞争力,提高企业的赢利水平。只有企业自身具有了市场化的赢利水平,才有能力更好地成为"政府开发意志的承载者",也才能完善适应经济全球化条件下的市场经济运营的需要,从这个意义上说,未来的浦东开发公司应该是具备成熟市场化能力的"政府开发意志的承载者"。

三、战略选择模式的调整

在浦东"二次创业"过程中,开发开放的任务更加繁重,开发开放的程度更加深入,开发开放的空间更加拓展,以全球化的视野,在更大范围、更广领域、更高层次上进一步推进对外开放,与之相应,浦东开发公司在战略选择模式上也需要进一步调整和优化。从未来浦东开发开放进程来看,浦东开发开放将围绕着国际金融中心建设、国际航运中心建设、国家自主创新示范区建设和新兴战略产业等领域展开,浦东开发公司战略选择模式的调整正是基于这种浦东开发开放的客观趋势进行的。

1. 围绕国际金融中心建设的开发开放战略选择模式调整

经过过去 25 年的开发开放,浦东的金融服务业集聚已经具备了一定规模,在此基础上,着眼国际金融中心建设,应当围绕以下三个方面进一步深化开发开放。

(1) 完善国际金融中心的空间载体。陆家嘴开发区一直是浦东国际金融中心的主功能区。在开发开放空间格局上,陆家嘴开发区将形成"一道三区两板块"的总体布局,其中,"一道三区"是指以世纪大道为轴线,次第展开三个核心区(从西至东依次为：小陆家嘴核心区、竹园商贸区和花木行政文化中心区);"两板块"是指综合性商务区板块和航运金融集聚区板块。前者位于龙阳路交通枢纽处,新建 300 万至 350 万平方米的商务楼宇,相当于目前小陆家嘴核心区商务楼宇存量的 80%—90%,主要提供商务办公,将成为向小陆家嘴看齐的高档商务办公和商业中心。后者是陆家嘴区域内浦东大道从福山路开始一直到罗山路的两边坐落着与航运功能有关的大楼,已经入驻了众多航运企业。"十二五"期间,这里将被打造成"航运大道",形成集聚效应,吸引各类航运金融和航运保险服务机构,包括世界海事组织、船东协会、各大班轮公会、货代协会等,以及航运法律、信息、咨询、经纪、会展、科研、教育培训等服务机构,形成浦东新区的航运高端产业链。另外,力争打造"洋泾航运服务集聚区",集聚高端航运要素、完善高端航运服务体系、配置航运资源。"十二五"期间,以国际金融中心核心功能区为目标,陆家嘴金融城在推动金融产品和功能创新的同时,还将探索创新多方参与的管理体制和治理机制。

　　(2)围绕国际金融城建设的开发开放。未来陆家嘴开发公司必须围绕把陆家嘴金融贸易开发区建设成为"国际金融城"的战略目标对该区进行新一轮的精深开发。从国际金融城的内涵和外延来看,陆家嘴公司需要完成以下开发任务：① 完善国际金融城的基础设施,形成融办公、生活、休闲、娱乐、文化等功能为一体的城市综合体,充分体现"人文关怀、低碳生态、高能高效"的新型开发开放理念,形成 24 小时全天候充满活力的生态城市空间,实现从"金融贸易开发区"向"国际金融城"的转变;② 打造国际金融城。实现商务区、住宅区、城市公园、Shopping Mall、专卖店、精品餐厅、特色餐饮、连锁餐饮等一应俱全的生活配套;完善星级商务酒店、会议酒店、企业家 Club、金融会所、金融论坛、金融会议、金融博览等全面的商业配套;③ 完善国际金融城的金融产业结构,包括传统产业(银行业、保险业和证券业),新兴金融业(投资基金、融资担保、电子金融和中间业务);④ 锻造国际金融平台：完善、优化金融服务业和配套服务业,形成国际、国内金融机构总部聚集区,金融监管机构集聚区,国际金融行业协会、信用机构、市场中介组织集聚区,专业服务集聚区,国际金融要素汇集区(资金、证券、基金、保险、票据、人才、土地等),国际金融服务中心(信息、技术、公共服务、产业服务、监管服务等),国际金融产学研平台(金融培训、金融论坛、金融产品设计等),国际金融改革创新中心(科技金融、消费金融、电子金融等),国际金融核心要素市场(各类交易中心、交易所等),国际资本资金融通、资产管理、资本运营中心,国际金融信息交汇、共享、认证中心;⑤ 金融总部商务区,主要吸引金融法人、金融监管、金融行政及其全国性或区域性总部机构入驻,具备决策、监管、创新、资产转化等功能,是国际金融中心的中枢,通过引进各类数据管理、设备维护、资金清算、法律咨询等相关金融配套机构,为国际金融中心提供全方位保障服务;⑥ 通过金融先导推进功能,向国内外产业梯度转移提供所需资金;通过产权转移和资本运作,完成企业的横向与纵向重组;通过金融杠杆功能,实现资本的高效流动和开放增长。加快完善科技投融资服务体系,探索股权投资和银行融资联动机制,创新种子基金、创业投资引导基金和高新技术产业化投资基金的运行机制,放大国有资本杠杆效应,建立健全国有资本在风险投资领域的进入和退出机制。作为陆家嘴核心金融城的配套,还有浦东综合保税区(航运金融创新的主要试验区域)、张江银行卡产业园(金融机构的后台服务中心)、位于康桥工业园区的中国电信信息园(金融机构的后台服务中心)与即将落户张江高科技园区的上海股权交易所(吸引风投企业集聚)。

(3)围绕建设国际金融中心的开发开放。浦东开发开放之初就被当作我国金融开放和改革创新的"试验田"。1991年,人民银行上海市分行提出了"浦东开发,金融先行"的口号,并把人民银行上海分行搬迁浦东,从此拉开了陆家嘴金融贸易区金融机构集聚的序幕。经过25年的集聚,陆家嘴160多幢高等级写字楼里,汇聚了全球600多家中外金融机构,占上海总数的60%左右,金融从业人员12万人。其中,银行类机构191家,证券类机构251家,保险公司69家,其他金融机构29家,各类要素市场11家。另外,还有股权投资公司124家,航运机构1000余家,上海证券交易所、上海期货交易所等要素市场以及300多家有影响的国内外大集团、大企业。今天的上海浦东陆家嘴金融贸易区,被外国媒体称作中国"华尔街"。根据浦东新区"十二五规划",到2015年,浦东新区的金融机构总数将从"十一五"末的649家增长至900家;金融业增加值占全市比重将由42.7%提升至50%。

2. 围绕国际航运中心建设的开发开放战略选择模式调整

经过25年的开发开放,浦东已经具备了作为国际航运中心的各项条件。目前,上海拥有深水码头、航道等众多优质航运资源,拥有大量的物流、贸易企业,在货物吞吐量、集装箱吞吐量上已居全球排名第一,这是上海建设配置全球资源的"国际航运中心"的基本条件,所有这些条件主要坐落在浦东:(1)区位优势。浦东背倚长三角和长江流域,拥有广阔的经济腹地,进出口货物量巨大,强大的贸易和物流是建设航运中心的前提和必要。（2）港口和岸线资源优势。100 多公里的海岸线、3 400 平方公里海域上分布着外高桥港区、空港和洋山深水港和与之对应的三个保税区。（3）政策和监管优势。浦东区域内汇聚了综合保税区、保税港区、保税区、保税物流园区、出口加工区等五类主要的海关特殊监管区，是全国海关特殊监管区域类型最丰富、功能最完善的区域。（4）产业优势。浦东有四个国家级开发区，产业门类比较全、产业规模比较大、产业能级比较高，特别是高端制造业和高科技产业，如民用航空制造业、先进重大装备、电子信息制造业、海洋工程装备、软件和信息服务业等。这些产业，与国际范围内的产业布局直接相关，催生了对航运服务业的巨大需求，这些都为航运经济的发展提供了重要的产业支撑。此外，目前浦东有各类与航运服务业务相关的企业和机构近 5 000 家，这些企业是国际航运中心的直接运营者。（5）金融中心的平台优势。航运中心和金融中心密不可分。作为资本密集型行业，航运产业的发展离不开航运金融的支撑，需要金融平台为航运企业提供便利的融资服务。

基于上述各项优势，作为上海国际航运中心核心区的浦东的战略目标是：至 2020 年，着力实现港口吞吐量保持全球领先，航运辐射体系基本完善，国际航运重点企业区域总部集聚，船舶融资、交易、保险等高端航运服务市场形成规模，航运资源配置具有全球影响力。在上海推进国际航运中心建设中凸显核心功能，在国家参与全球航运资源配置上发挥重要作用，提高国际航运中心的辐射能力。为此，浦东开发公司应当围绕以下几个方面进一步调整开发开放的战略选择模式。

（1）完善国际航运中心的空间载体。浦东作为上海国际航运中心核心区的各项功能主要集聚在以下"四个发展区"：一是洋山临港航运综合服务发展区。该区深化开发开放的主要任务是：拓展洋山保税港区功能，发展临港航运服务集聚区，重点集聚跨国企业采购分拨中心、营运结算中心以及国际航运企业，积极发展国际国内中转、多式联运、仓储物流、配套加工、教育培训、研发咨询、贸易展览、离岸结算、期货保税交割等业务。二是陆家嘴航运服务发展区。该区深化开发开放的主要任务是：发挥航运金融和航运市场功能，重点集聚船舶公司地区总部、航运保险机构、船舶融资服务机构、船舶交易和租赁公司、航运机构（世界海事组织、船东协会、各大班轮公会、货代协会等）以及航运法律、信息、咨询、会展、科研、教育培训等服务机构，发展海事服务总部经济、航运金融保险服务、船舶交易市场、海事组织与会展、海事科研、信息与咨询、航运人才教育培训等航运增值服务业。三是外高桥航运物流发展区。该区深化开发开放的主要任务是：发挥依托长江流域腹地经济、与贸易相结合的航运物流枢纽功能，重点集聚跨国公司物流营运中心、第三方物流公司以及与航运物流有关的研发、售后服务、维修、检测、设备租赁等增值服务企业，建设保税物流基地、航运贸易货物集散基地、保税期货交割基地、出口采购配送基地和保税离岸货物基地。四是临空航运服务发展区。该区深化开发开放的主要任务是：发挥亚太航空复合枢纽港优势，拓展航空物流增值服务功能，重点集聚第三方物流、报关、代理、快递、快件、贸易展示等航空服务企业，发展航空物流、国际中转、出口加工、检测维修、分拨配送等业务。

(2) 上海综合保税区——"三港三区"

浦东 100 公里的海岸线是作为上海国际航运中心的核心功能区的优越条件，岸线上依次分布着浦东外高桥港区、上海浦东国际机场空港、洋山深水港区以及外高桥保税区、浦东空港物流园区、洋山保税港区等（简称"三港三区"），以"三港三区"为基础组建的上海综合保税区将建成为功能创新领先、增值服务发达、国际贸易便利、外汇管制宽松、区港运作贯通、物流监管便捷、具有自由贸易区功能和国际竞争力的特殊监管区，是上海国际航运中心的重要载体。以"区内企业有限离岸地位"、"区域运作便利化"、"国内货物保税延展运作"为突破口，上海综合保税区将积极探索研究具有自由贸易园区特征的功能拓展。

为了实现"三港三区"的联动发展，需要进一步深化开发开放，完善三港（外高桥港、浦东空港、洋山港）间多式联运航运物流基础设施网络，增强综合运输能力。① 加快外高桥、空港、洋山区域道路体系和辐射通道建设，形成海、空、铁路、内河、公路全方位、立体式交通网络，优化浦东现代航运的集疏运体系，提高运输通畅能力。② 建设外高桥—洋山港区直通通道体系，推进水陆直通通道建设，提高港口的中转直通能力和开通短驳航线。根据两港航线分布特点，推动国际中转流程改进和完善，拓展国际转口业务。③ 加快临空区域开发建设，推动"保税区空运货物服务中心"建设，大力引进航空服务企业总部、航空物流、快件快递、报关代理、贸易展示、航材配送维修等各类航空服务企业，打造一流的航空服务集聚区。

在"三区三港"基础上，从 2013 年 9 月 28 日起又按照国家部署启动了中国（上海）自由贸易试验区。一年来的试验成效显著，从 2014 年 12 月起，扩展到浦东的陆家嘴金融贸易区、金桥出口加工区和张江高新技术开发区以及广东、福建和天津的自由贸易园区。

(3) 优化国际航运中心建设环境。作为上海国际航运中心核心区，浦东需要进一步优化建设环境。① 完善"两大体系"：大力发展水水中转、水铁中转、水陆中转、空陆中转等多式联运，打造快捷高效、结构优化的多式联运集疏运体系；大力发展航运物流、航运金融、航运信息等航运产业，加快形成航运产业链和产业集群的现代航运服务体系。② 形成与国际惯例接轨的、具有中国特色的航运发展制度和政策环境。推进企业开设离岸账户试点，支持符合条件的企业在洋山保税港区开设离岸账户。③ 筹建浦东国际航运服务中心，开展规划设计、政策发布、成果展示、服务咨询、研究交流、商务洽谈、中介服务等工作和一门式服务。④ 建设区域专业航运信息平台，整合航运服务公共信息资源，为航运服务企业提供各类公共服务，带动航运金融、航运经纪、航运保险、航运仲裁、法律、船舶登记等高端航运服务业发展。⑤ 深化航运市场体系建设。依托陆家嘴国际金融中心的优势，探索二手船交易平台建设，实现交易船舶网上挂牌、统计、查询；提供船舶交易结算、船舶拍卖、委托招标、船舶评估、船舶融资配套、法律咨询、仲裁、船舶经纪机构和经纪人的资信评估等辅助服务；发布船舶交易价格指数和市场行情等参考信息。⑥ 航运人才培训和交流。建立航运人才交流平台和航运人才教育高地，形成多层次航运人才培育体系，加大航运人才引进力度，为国内外航运及服务企业和机构提供航运物流人才教育、招募、培训、见习推介、信誉评估、人才和船员交流等服务。⑦ 建设航运国际交流平台，开阔国际航运视野。加强同国际专业机构合作，探索举办航运（海洋）博览会、航运全球高层论坛等多种形式国际交流展会，提高浦东在世界航运业的知名度和话语权。⑧ 建设功能齐全的国际航运中心公共服务综合性平台。其中包括上海浦东航运发展促进中心、上海浦东航运行业协会、上海海事局、上海国际航运仲裁院、国际航运物流人才服务中心等。⑨ 建设航运总部基地。打造海事航空服务、航运物流及营运总部经济的集聚地。⑩ 深化口岸通关流程建设，提高通关效率。为国际航运、仓储租赁、期货交割、检验维修等多层次业务提供高效率的监管服务。整合海关特殊监管区域政策和功能，着力推动"三港三区"监管一体化。

（4）培育和优化航运产业体系，为国际航运中心核心功能区建设夯实产业基础。

发展航运装备高端制造业，建设航运装备产业高地。推动港口装卸运输设备等海洋工程装备制造业、航运设备制造和航空制造产业的发展，推进大型船舶、商用飞机等关键性技术和新产品的研发，提高航运装备企业的国际竞争力。

建立以临港临空为特征的航运配套产业体系。以航运金融为核心，以航运物流为重点，以航运咨询、教育、法律、科技、劳务、会展等专业服务为特色，打造航运高端服务业。

吸引和培育航运市场主体。集聚国内外知名船公司、航空公司、运输公司等企业,拓展货物运输、船舶租赁、船舶代理、船舶管理等航运主体业务。

到"十二五"末,浦东将初步形成船公司、航运物流企业、航运服务企业、国际航运中介组织和机构等组成的较为完善的航运产业和服务体系。

3. 围绕国家自主创新示范区建设的战略选择模式调整

2011年3月,国务院批复同意张江高新区建设国家自主创新示范区,为此,浦东"二次创业"中的开发开放必须围绕国家自主创新示范区的建设进行战略选择模式的调整。

张江高新区内已经聚焦了新能源、新材料、生物医药、航空航天等一批战略性新兴产业,云计算、物联网等新兴产业也日益集聚。所有这些成为张江高新区建设国家自主创新示范区的产业基础和技术基础。但围绕建设国家自主创新示范区的开发开放仍然面临着新的挑战、新的困境和新的机遇。

新的机遇是:针对国家自主创新示范区的建设,张江的发展战略目标是,到2020年,成为全球创新资源的整合者、自主创新的战略高地、培育和发展战略性新兴产业的核心载体、产业集群向创新集群转变的先行示范区(全球高端人才创新创业的集聚区、科技研发的先导区、高新技术成果产业化的引领区、区域性领军企业的集聚区、政府管理创新示范区),着力打造"张江"创新品牌。

新的困境是:科技政策与产业政策、财税政策、金融政策等的协同性有待提升,科技投融资体系有待健全,战略性新兴产业的培育机制有待完善,创新型中小企业融资难问题日益凸显,区域辐射带动能力有待增强,高新技术产业对国民经济的贡献度依然偏低。

新的挑战是:需要在"新模式、新机制、新政策、新能力、新创造"上取得突破;需要培育一批拥有自主知识产权和知名品牌、具有核心竞争力的创新型企业;需要培育和发展新一代信息技术、高端装备制造、新材料、节能环保和新能源汽车等战略性新兴产业;需要提高张江国家自主创新示范区服务"长三角"、服务长江流域和服务全国的能力和水平。

面对上述新的挑战、新的困境和新的机遇,张江必须高举"创新旗帜",发挥各方面的主观能动性,充分协调创新主体、市场机制和创新环境三方面的关系,在股权激励、人才集聚、财税支持、金融服务、管理创新等方面不断破题,加快国家自主创新示范区的建设,进行全方位的战略选择模式调整。(1)加强研发公共服务平台建设,夯实科技创业服务载体——科技孵化器,促进产学研合作,完善创新创业支撑体系；积极构建覆盖企业生命全周期的投融资服务体系，充分发挥政府资金对社会资本的引导作用，完善政府创新服务体系，努力降低企业的研发成本，提升公共服务能力。（2）优化法治环境，贯彻落实国家、上海市有关法律法规，制定推进张江国家自主创新示范区建设的地方性法律和规章，为张江国家自主创新示范区建设提供强有力的法制保障。（3）弘扬创新创业文化，营造激励创新、鼓励创业、宽容失败的社会氛围。（4）完善创新创业中介服务体系，培育和健全技术、人才、法律和财会等各类中介市场和协会组织，使之成为企业的培训、交流与合作的服务平台。（5）提升自主创新能力，着力转化国际领先的科技成果，在全球范围内集聚和配置技术、资本、智力等各类资源。（6）全面提高战略性新兴产业和集成电路、生物医药、软件等高新技术产业的规模能级和国际竞争力；做大做强一批具有全球影响力的创新型企业；培育一批国际知名品牌。（7）推进制度改革，全力实现五个突破：股权激励，人才集聚，财税支持，金融服务，管理创新。（8）自主创新的三支队伍（中科院等科研"国家队"、跨国公司全球研发机构以及各类留学生创新企业"海归队"、"本土队"）不断壮大，实现"研发本土化"和"研发全球化"的有机结合。

4. 围绕战略性新兴产业的战略选择模式调整

在战略性新兴产业方面，浦东已经具备相当的实力和雄厚的基础，电子信息制造业、成套设备制造业、汽车制造业已经达到千亿级规模，预计"十二五"末将分别达到3 000亿元、2 000亿元和2 000亿元。生物医药、新能源、民用航空等战略性新兴产业目前已经达到百亿级规模，"十二五"末将分别达到650亿元、400亿元和400亿元。此外，一批新型业态正在生成，譬如智慧城区、物联网产业链、云计算产业、金融信息服务业、电子商务等。在这些既有产业的基础上，上海"十二五规划"已经将浦东定位为"战略性新兴产业主导区"，这一定位为浦东的"二次创业"指明了产业升级的方向，围绕这一定位，浦东将力争到"十二五"末实现战略性新兴产业产值达到上海全市的50%以上，高新技术产业产值占工业总产值的60%左右。为此，浦东"二次创业"过程中必须围绕战略性新兴产业和高新技术产业的发展进行战略选择模式的调整。这种调整可以用金桥出口加工区作为典型案例来说明。

金桥出口加工区是浦东新区战略性新型产业的主要承载区域。目前，金桥出口加工区已经形成了三大产业集群：通信与网络产品研发、制造集群；集成电路设计、制造、封装测试集群；网络文化应用集群。由于这三大产业集群，金桥被称为"智慧园区"。在浦东"二次创业"过程中，着眼于金桥出口加工区战略选择模式调整,金桥正在着力创建"国家新型工业化产业示范基地",力争成为国家级ICT创新基地并构筑中国的"无线之都"。ICT产业由物联网、云计算、移动互联网等基础产业构成,金桥ICT产业的发展态势主要表现在四个方面。(1)金桥开发区已形成上海规模最大、产业链最完整、技术水平最高的ICT产业集群,汇聚了我国自主创新TD-SCDMA/TD-LTE标准的龙头企业,代表了我国信息通讯领域的最高水平。2010年,金桥ICT产业完成工业总产值710.8亿元,超过浦东新区相关产业的1/3,约占上海市的10%。(2)ICT产业链逐步向"微笑曲线"的两个高端延升。如诺基亚和西门子的上海公司已从原来的设备生产商转型为技术服务提供商。(3)网络文化集群支撑ICT产业发展。从2010年初开始,以中国移动视频基地、中国电信视讯运营中心、新华社手机电视台等为核心的一批运营商、内容供应商、软件服务商和服务提供商为核心,形成了初具规模的"信息网络文化产业基地"。目前,基地已集聚了30多家上下游企业,从应用层面支撑ICT产业的发展。(4)ICT产业公共服务平台。在上海高新区范围内,园区企业可共享各种专业的公共服务平台和技术服务平台,此外,金桥开发区还搭建了以龙头企业为主体的各类技术性平台和以金桥开发公司为主体的再生资源利用平台、集中供热平台,为ICT产业发展提供全方位的服务与支撑。

金桥创建"国家新型工业化产业示范基地"要实现的目标是:(1)整体目标。以创建世界一流ICT产业集群为目标,以下一代网络建设和物联网产业应用为契机,以大企业、大项目为龙头,以自有知识产权核心技术的研发和产业化为抓手,经过3—5年的发展,把金桥开发区建设成为国家级ICT创新基地,使金桥开发区成为亚太地区最重要的ICT产品研发、制造和创新应用基地,形成中国的"无线之都",成为全国产业融合与创新发展的"智慧园区"和新兴战略产业高地;(2)经济指标。至2015年,实现销售收入2 500亿元,保持年均复合增长率超过13%;形成3—4家规模在200亿元以上、3—5家规模在100亿元以上,并对产业链起到引领作用的龙头企业,建设3—4家国家级重点实验室。

5. 围绕创建中国(上海)自由贸易试验区的战略选择模式调整

展望未来,全球化仍然是当今世界经济和社会发展的一个基本趋势和世界经济增长的主要动力。当前及今后推进我国的发展必须充分评估全球化中的机遇与挑战,实施顺应全球化趋势的开放战略,抢抓机遇,直面挑战。从世界各国对外开放的经历来看,不难发现,自由贸易区既是经济全球化的载体也是经济全球化的结晶。因此,建设中国的自由贸易区势在必行。从中国未来的发展来看,党的十八提出了提升开放型经济水平的战略要求,新的开放战略需要新的载体。

所以,创建中国(上海)自由贸易试验区就是新的开放战略实施和展开的载体。

创建中国(上海)自由贸易试验区的决策体现了新一届国家领导人顺应世界经济发展大势进一步推进开发开放的决心,是更加积极主动地对外开放的重大举措,体现了我国面向未来的国家战略取向,是对未来转变我国经济发展方式、调整经济结构和提升开放型经济水平的战略布局之一,也是党中央倡导打造中国经济升级版的战略突破口。具体表现在以下三个方面:

(1)可以及时跟进世界经济发展大势。当前的全球发展走向呈现出以下几个热点:从2008年发端于美国的全球金融危机和欧洲的主权债务危机的演变趋势来看,未来3至5年,整顿金融、重振经济、战略调整、体制变革将是美欧各国战略的重中之重和必然选择;2011年,美国高调宣布重返亚太,表现出其全球战略从中东北非向亚太的转移态势,必将形成对中国拓展国际空间的遏制趋势;国际能源及原材料价格的涨跌,影响中国企业的成本高低和国际竞争力的高低;全球性治理失灵问题日益突出。总之,基于上述未来全球化趋势下复杂的国际环境,未来我国的发展,机遇与挑战并存,必须实施新型开放战略。创建中国(上海)自由贸易试验区正是以此为平台及时跟进这一世界经济发展大势,寻求我国进一步改革开放的战略突破。

(2)可以推动我国提升开放型经济水平。过去30多年,我国实施的开放战略有力推动了经济发展和社会进步。展望未来,我国必须在既有开放成就基础上实施新型开放战略。一是主动拓展全球化参与方式,不断拓展新的开放领域和空间,进一步完善适应开放型经济要求的体制、机制,逐步提升全球治理话语权,全面提高对外开放质量和开放型经济水平。二是把扩大对外开放与促进区域协调发展有机结合起来,把我国的开放重点从东部沿海向中西部转移,推进中部崛起、西部大开发、东北工业振兴,实现全国一盘棋。创建中国(上海)自由贸易试验区有利于吸引高端制造业和现代服务业在此集聚,提升区内的开放型经济水平,进而辐射全面带动全国经济水平开放型的提升。

(3)可以推进我国经济发展全球化模式的新突破。过去30多年,我国参与全球化主要表现在出口、进口、资本输入和输出方面:① 向世界输出资源性的产品和劳动密集型粗加工产品,这种做法不仅经常遭到国际标准、国别标准的经济制裁,而且把生态破坏、环境恶化、资源枯竭留在了国内,还造成了中国工人(尤其是被称为农民工的中国工人)的低廉工资、恶劣的生活环境和生产环境;② 从世界输入大量技术密集型、资本密集型产品,使我国过去30多年的持续、快速发展客观上为发达国家及其跨国公司创造了前所未有的市场机遇,客观上增强了这些发达国家掌握世界经济话语权、垄断世界经济和控制发展中国家经济命脉的机会;③ 从国际资本市场大量输入资本(引进外资),虽然推动了我国的产业升级和商品繁荣,但也增加了国际资本控制我国经济命脉的风险;④ 向国际资本市场输出资本(对外投资)刚刚起步,表明我国只能在国门里面参与全球化,走出国门参与全球化仍然任重道远;⑤ 由于发达国家对我国高科技出口的限制,使我国的对外贸易和投资总是处于不平衡状态,大量外汇储备只能投资于美国国债,过度依赖美国国债风险甚大。上述现象表明我国参与全球化的模式仍然处于初级阶段。展望未来,我国的发展与转型必将承受来自国际经济、政治、科技、文化、军事等方面的种种压力和面临一系列前所未有的挑战和风险,因此,必须推进我国全球化模式的新突破:在战略定位上努力将我国打造成为全球化的主导者和推动者之一,在战略战术上努力提升我国在全球化过程中的主动权、话语权,在国际秩序中努力提高我国的创造能力、维护能力和受益程度,在国际标准体系中努力使我国成为国际标准的参与者、制定者、控制者和行使者。创建中国(上海)自由贸易试验区,探索建立符合国际惯例的自由贸易园区,就为我国探索全球化模式的新突破提供了创新实践的空间和载体。

中国(上海)自由贸易试验区将成为打造经济升级版的示范区。李克强总理在 3 月 17 日的总理记者招待会、3 月 25 日中国发展高层论坛 2013 年会的境外代表座谈会、3 月 27—29 日上海召开的两场座谈会上曾经三次提出了这一概念,他强调:"我们要用开放促进改革,要以勇气和智慧打造中国经济升级版。"笔者认为,这一概念指明了未来我国经济发展的战略目标,因为打造经济"升级版"就是要改变对传统经济增长方式的过度依赖,从要素驱动、投资驱动阶段迈向创新驱动阶段,从依赖人口红利、土地红利转向依靠改革红利、开放红利。与此同时,李克强总理在上海浦东的外高桥保税区调研时进一步指出:"在现有综合保税区基础上,研究如何试点先行,在 28 平方公里内,建立一个自由贸易实验区,进一步扩大开放,推动完善开放型经济体制。"这意味着,李克强总理决心把"打造中国经济升级版"的突破口选定为创建中国(上海)自由贸易试验区。建设具有国际水准的投资贸易便利、监管高效便捷、法制环境规范的中国(上海)自由贸易试验区,使之成为推进改革和提高开放型经济水平的"试验田",形成可复制、可推广的经验,发挥示范带动、服务全国的积极作用,进而带动和促进各地区共同发展,有利于构建我国与世界各国合作发展的新平台,拓展我国经济增长和参与全球化的新空间、新平台和新载体,其本身就是打造中国经济"升级版"的具体行动方案,同时也将带动和促进其他地区打造中国经济"升级版"的客观进程和实际行动。

2013 年 8 月 23 日,国务院常务会议批准了《中国(上海)自由贸易试验区总体方案》,9 月 28 日,中国(上海)自由贸易试验区正式挂牌运营,该区涵盖了上海既有的 4 个海关特殊监管区域(上海市外高桥保税区、外高桥保税物流园区、洋山保税港区和上海浦东机场综合保税区),总计 28 平方公里。尽管国土空间并不大,但从全球视野和中国未来发展大局来看,既是打造中国经济升级版的突破口,也是浦东开发开放升级版的突破口。

到 2014 年 12 月 28 日,第十二届全国人民代表大会常务委员会第十二次会议通过了《关于授权国务院在中国(广东)自由贸易试验区、中国(天津)自由贸易试验区、中国(福建)自由贸易试验区以及中国(上海)自由贸易试验区扩展区域暂时调整有关法律规定的行政审批的决定》,划定中国(上海)自由贸易试验区扩展区域四至范围:(1)陆家嘴金融片区共 34.26 平方公里,四至范围:东至济阳路、浦东南路、龙阳路、锦绣路、罗山路,南至中环线,西至黄浦江,北至黄浦江;(2)金桥开发片区共 20.48 平方公里,四至范围:东至外环绿带,南至锦绣东路,西至杨高路,北至巨峰路;(3)张江高科技片区共 37.2 平方公里,四至范围:东至外环线、申江路,南至外环线,西至罗山路,北至龙东大道。

第三节　"二次创业"中浦东开发公司的功能定位

"二次创业"中,浦东仍然要继续开发开放,与此同时,浦东的城市运营、国际交流、产业运营、服务功能等城市化、国际化、产业化、市场化方面的各项事业都将有序推进。与之相应,浦东开发公司既要持续发挥开发建设功能,更要注重运营功能、国际化功能、产业功能和服务功能的培育和发挥,实现开发功能与运营功能、产业功能和服务功能的协调发展,继续发挥浦东开发开放及其模式的主体作用,为此,必须重新定位和重新审视浦东开发公司的功能定位。

一、继续承担融资平台

浦东的"二次创业"仍然需要巨大的投资规模,既要解决两区合并后城市化进程方面的投资问题,又有重大城市功能配套建设、高新技术产业、战略性新兴产业等多方面的资金需求,因此,浦东开发公司在突破投融资的瓶颈、支持浦东"二次创业"上同样需要"二次创业"。基于此,浦东开发公司需要继续承担浦东开发开放的融资平台功能,加快搭建投融资平台和探索多种融资渠道。

加快搭建投融资平台,强化浦东开发公司的融资能力。建立以股权投资、风险投资、融资担保和上市融资等为核心的区域投融资体系,鼓励担保公司、创投公司、企业上市、小额信贷公司的加快发展。

培育和完善多种融资渠道,全方位扩大浦东开发公司的融资途径。扩大资金的来源渠道,吸引各种社会资本,大力发展创业投资、股权投资、银行贷款、信托资金贷款、融资租赁、发行债券等,形成多元化的投融资渠道。在资本经营管理方面,继续发挥浦东开发公司作为管委会开发建设、融资投资、国有资产管理和运作的主要平台作用。

二、成为自主创新的主力军

机制创新与技术创新是良性互动的,机制创新是技术创新的土壤,技术创新又进一步激发了机制创新和模式创新的动力。浦东开发开放 25 年的成功实践证明,机制创新与技术创新的良性互动促使浦东加快形成了创新驱动型的自主创新体系,其中包括:以高新技术产业和战略性新兴产业为主导的现代产业体系;鼓励自主创新的政策体系,发挥政府财政研发基金和政府采购鼓励创新的功能;产学研示范基地和重大创新平台建设,努力攻克关键核心技术和共性技术,提升战略性新兴产业研究开发水平;高效共享的创新服务体系,以项目为依托,创新孵化器运营模式;符合国际惯例的知识产权保护体系,通过国际合作,以项目方式引进掌握核心技术,培育自己的持续研发能力;从传统产业的发展模式、固有观念、思路、经验中解放出来,全面营造"支持创新、宽容失败"的创新环境。

浦东自主创新体系的建成和日益完善是浦东区域自主创新能力得以迅速提升的基本保障和重要表现,其中,"聚焦张江"是浦东自主创新的重要支点,而张江开发公司则是这面大旗的"抓手"。作为"旗手",张江开发公司通过一个个机制和体制创新的成功实践,全力推动了创新、创业、创造在张江的集聚和繁荣。譬如,2009 年,张江集团与园区内最成功的生物医药研发外包公司——桑迪亚医药技术(上海)有限公司签署合作框架协议,"政府引导资金和风险投资(VC)+拥有核心知识产权的中小型医药研发企业(IPC)+专业研发外包公司(CRO)"的 VIC 模式。

三、重新规划浦东开发公司的业务空间布局

结合浦东"二次创业"过程中开发建设的实际需求,浦东开发公司的开发开

放空间布局需要根据新的开发开放任务进行优化和调整。例如陆家嘴集团与临港新城协调开发,金桥集团与临港主产业区和主城区、张江集团公司与南汇医学园区、现代产业公司与南汇空港公司的互动合作,探索建立招商联动和品牌共享机制,充分发挥浦东四个国家级开发区的优惠政策优势及其开发公司的体制优势、管理优势和品牌优势。

四、创新浦东开发公司的国有资本运营模式

"二次创业"过程中,浦东开发公司拥有的国有资本仍然需要保值增值,为此需要创新国有资本运营模式,而创新的战略方向是国有资产证券化。国有资产证券化是将非流动性的国有资产转换为在金融证券市场上可以自由买卖的证券的行为和过程,分为股权类"证券化"(比如公开上市)、债券类"证券化"(比如银行信贷资产证券化)。浦东的开发类国有资本在整个浦东国有资本总额中占到了70％—80％,浦东的四个国家级开发区的开发公司已经在 A 股和 B 股证券市场上成功上市运营,但浦东的开发类国有资本中仍然有大量的国有资产需要证券化,因此,推动浦东开发类国有资本的全面证券化应当成为"二次创业"过程中浦东开发公司的重要的功能定位。

五、鼓励开发公司跨区域发展

通过品牌、理念、管理、团队等无形资产的输出,实践服务长三角、服务长江流域、服务全国的上海城市功能,是国家赋予上海市的国家战略。上海服务全国的城市功能的贯彻落实和具体实践的主体既是上海市各级政府,也是上海市的各类公司,以及上海市的各类 NGO 组织。作为中国改革开放"旗帜"的浦东更应当率先履行上海市服务全国的功能,其中,浦东开发公司应当发挥自己的优势,实现跨区域开发开放。譬如:陆家嘴集团获得天津小伙巷地块的开发权;金桥公司参与天津滨海新区"滨海碧云国际社区"建设;外高桥集团与江苏启东市签订战略合作协议,启动上海外高桥集团(启东)产业园的开发建设;张江集团发挥其高端企业、技术、人才集聚的优势,与昆山市政府合作打造以数据开发、技术开发为主导功能的大型软件园。

六、在中国(上海)自由贸易试验区建设中转型升级

自由贸易区,不同于实行普通贸易优惠政策的"加工出口区",而是贸易伙伴之间通过签署协定,互相之间开放市场,逐步取消绝大部分货物的关税和非关税

壁垒,并允许船舶自由进出,在服务业领域改善市场准入条件,实现贸易和投资的自由化。自由贸易区有货物进出自由、投资自由、金融自由和成员经济体之间无共同对外关税四个特点。设立自贸区可以促进地区进出口贸易和增加外汇,提高该地区在国际贸易中的地位,并增加就业促进地区整体经济发展。

随着中国(上海)自由贸易试验区及其拓展区的建设,为四个开发公司提供了新的发展机遇和挑战,必将以自贸区为平台,适应区内开发型经济体系的需要,主动参与全球化进程,主动遵守各类国际惯例和国际经济秩序。

第四节 "二次创业"中浦东开发公司的战略选择

经过 25 年的开发开放、改革发展,浦东开发开放已经取得了巨大的成就。展望未来,浦东的持续、健康、快速发展,仍然需要进一步完善和提升现有的生态功能、城市功能、经济功能和社会功能。如果说在过去的 25 年里,浦东新区坚持全球化、现代化、市场化的理念完成了既定的开发开放、改革发展的各项任务,逐步形成和完善了浦东开发开放模式和开发公司模式,促进了浦东经济的增长、社会的进步、环境的美化、生态的平衡,那么,今后,浦东应当进一步完成尚未完成的开发任务,进一步优化浦东新区的社会经济环境,进而明确浦东新区政府和开发公司的战略定位、战略选择、战略规划、战略步骤和战略实施;在过去的 25 年里,浦东的政府机构、中介组织和开发公司共同创造出了独具浦东特色的开发开放模式和开发公司模式,但是,正如胡锦涛同志所指出的模式不是一成不变的[①]。今后,浦东更应当在现有的地理优势、战略优势、制度优势、国际化优势、创新优势、资本优势、产业优势、市场优势、产品优势、企业家优势、社会优势等基础上,建立健全浦东开发公司的基本企业制度、现代企业制度和现代产权制度、完善社会主义市场经济法制、制定正确的发展战略,进一步强化既有的各种优势,在新的条件和新的挑战下进一步完善浦东开发开放及其模式和开发公司模式。因此,从进一步完善浦东开发开放模式和开发公司模式的视角来观察,展望未来,浦东开发公司在战略上应当着力于以下十个方面的构建和完善。

---

① 胡锦涛:《在纪念党的十一届三中全会召开 30 周年大会上的讲话》,人民出版社 2008 年 12 月第 1 版。

一、开发战略

浦东开发公司因浦东开发开放而组建，因此，浦东开发公司的生成和成长与浦东开发开放的进程休戚相关、荣辱与共、水乳交融、相辅相成。基于此，可以这么说，开发战略和开发职能是浦东开发公司的生命线。展望未来，浦东开发开放的总体任务仍然没有完成，首任浦东开发办主任的赵启正曾经说过，浦东开发开放需要 200 年的时间，浦东开发公司的开发职能仍然不能丢。但是必须根据浦东"二次创业"过程中新的开发开放的需要而制定出切合实际的新的开发战略。笔者认为，浦东开发公司新的开发战略取向应当有四个：一是既有开发区的精深开发；二是向浦东的新空间扩展；三是向浦东以外扩展，输出开发职能、开发能力、开发品牌，继续深化浦东开发之初就提出的开发开放战略："开发浦东，振兴上海，面向世界，服务全国"；四是依据中国（上海）自由贸易试验区建设的需要制定相应的开发战略。

二、产业战略

"二次创业"过程中，浦东开发区的产业战略、产业结构调整等不能沿袭过去"赶超"模式，而是应当科学地分析当代经济全球化条件下产业结构调整、优化、升级和转移的趋势和规律，研究战略性新兴产业在培育和发展过程中可能出现的各种问题，充分发挥浦东乃至上海市既有的科技优势、政府导向和市场拉动的协同作用，建立多层次的开发区战略性新兴产业风险投资基金，抢抓战略性新兴产业培育和布局的历史机遇，率先做大做强浦东的战略性新兴产业，实施产业创新模式。

三、企业战略

在浦东"二次创业"条件下，浦东开发公司的企业战略应当集中在两个方面：一是完善企业组织的战略，二是完善企业功能的战略。

关于完善企业组织的战略。适应浦东"二次创业"的需要，适应浦东承担国家战略的需要，适应浦东继续成为中国"改革开放旗帜"的需要，按照现代企业制度和现代产权制度的要求完善浦东开发公司的企业制度、产权制度、掌控体系，使浦东开发公司适应现代市场经济和现代市场经济法制的要求。

关于完善企业功能的战略。"二次创业"条件下，浦东开发公司在履行政府交办的开发开放任务的过程中，使浦东新区成为企业内引外联和中外企业的集聚地，推动浦东成为国外企业向中西部地区进军的"桥头堡"，成为各类要素向中西部地区集聚和辐射的枢纽,推动国外企业在浦东的集聚和国内企业走向世界。在浦东新区各个开发区现有的产业链、产业体系、产业集群基础上,适应全球产业发展的大趋势,适应我国经济发展方式和产业结构升级的需要,适应上海城市发展战略的实施和推进,浦东开发公司应当转变过去单一的开发职能,实施开发职能、管理职能、运营职能、投资职能、服务职能等全方位职能并举,实现自身从开发商到运营商、管理商、服务商的转变。

四、产品战略

产品战略是企业对其所生产与经营的产品进行的全局性谋划。它与市场战略密切相关,也是企业经营战略的重要基础。产品战略是否正确,直接关系企业的成败兴衰和生死存亡。开发公司产品的核心是全力推动开发区的开发开放,集中表现为招商引资、项目推进、产业化、城市化、现代化、国际化、开发区的运营和服务等。与"二次创业"过程中浦东开发开放任务相对应,浦东开发公司应当继续推出属于浦东开发开放整体任务中的新开发项目的落地和建成,与此同时,围绕开发项目的立项、兴建和完成,着手对项目的前、中、后各个环节的全方位管理、运营和维护,培育公司新的增长点。

五、市场战略

在进一步完善的浦东市场体系基础上,浦东开发公司应当制定切合"二次创业"过程中浦东开发开放和自身核心竞争力相一致的市场开拓战略,进军产业性的和商业性的房地产业、先进制造业和现代服务业。一是实施市场渗透战略。对已经成熟的开发区进行进一步深化性的开发,使这些成熟的开发区实现城市化、国际化和现代化。二是市场开拓战略,拓展浦东既有开发区的空间范围,扩大开发开放的新兴区域空间。三是市场发展战略,依据产业结构的调整、优化和升级,在开发、运营和服务三个方向提供系统集成的开发开放方案,着眼于浦东开发公司已经形成了开发、开放、项目、资金、人才、模式、品牌等开发要素方面的优势,实施浦东开发公司模式的输出战略,扩大浦东开发公司模式在全国的影响力、贡献力。四是市场提升战略,依据中国(上海)自由贸易试验区的建设需要,推进开发开放的转型升级,拓展市场的纵深空间。

六、品牌战略

所谓品牌战略,包括品牌决策、品牌模式选择、品牌识别界定、品牌延伸规划、品牌管理规划与品牌远景设立六个方面的内容。品牌作为产品、消费者之间的桥梁，已经成为信誉的一个识别符号。市场竞争越激烈，品牌作用也越强大。品牌既包含商标，也包含产品的质量、服务的质量、产品更新换代的周期、用户的满意度、社会公众的认知度等。25 年来的浦东开发开放及其模式过程中，浦东开发公司日益提升了公司品牌的价值、用户的满意度、社会公众的认知度等，这是浦东开发公司的无形资产。"二次创业"过程中，浦东开发公司应当继续维护和提升既有品牌的无形资产价值，进一步提高品牌的知名度、认同度和美誉度，通过品牌价值的无形资产提升服务浦东"二次创业"过程中的开发开放，服务长三角、服务全中国。

七、创新战略

构建企业自主创新体系和提升企业自主创新能力，是企业适应复杂多变的国内外环境，积极主动地在激烈竞争中保持独特优势的战略选择。浦东开发公司应当承担引领浦东区域创新能力提升的重任：充分利用浦东开放型经济的优势和浦东开发区集聚的创新要素，以提高自主创新能力为核心，加快创新平台建设，培育创新主体，完善创新体系，推进科技创新创业，促进科技成果转化和产业化，促进经济与科技、产业与技术紧密结合，全面提升区域创新能力，实现产业升级和经济结构的优化。

八、企业家队伍发展战略

新一轮人才争夺战已成为新一轮产业结构调整的关键。引进、培养和造就适应浦东各类企业发展需要的企业家队伍是浦东过去、现在和未来经济发展永恒的主题和必需。拿破仑曾经说过："狮子率领的绵羊队伍可以战胜绵羊率领的狮子队伍。"企业家制度建设主要涉及以下制度安排：一是改革产权制度和健全公司治理机制；二是建立和完善企业家市场；三是完善激励约束机制；四是企业家岗位的职业化。大力培养和造就一大批本区、本土的创新型人才及管理人才和创业型专业人才，为勇于创新创业的人才营造最适宜成长发展的优质宽容氛围。

九、绿色战略

当今世界的开发开放必须以保护环境和生态、实现可持续发展为前提，因此，浦东四个开发区和开发公司必须实施绿色战略，倡导绿色技术应用和提升综合性绿色开发能力,进行绿色开发,更好地保持浦东开发公司的核心竞争力。

自然关系、人与自然关系、人与人关系的共存、共生和总合形成了更为复杂的自然——人类系统。

基于自然系统的自然关系、自然—人类系统的人与自然关系、人类系统的人与人关系以及其中所体现的当代现实在城市系统中得到了集中体现,说明城市生态建设十分迫切、十分重要。

城市生态建设进程体现在城市所面对的自然系统、自然—人类系统、人类系统复合起来的城市系统(如图6-1所示)的改进上。

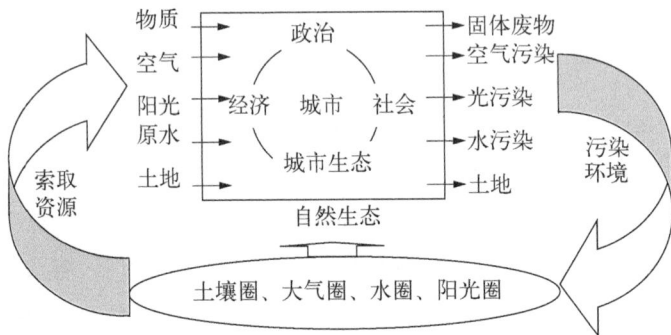

图6-1 自然系统、自然—人类系统、人类系统复合起来的城市系统

十、国际化战略

经济全球化使任何一个国家或地区"国内市场国际化、国际竞争国内化"的竞争格局已经形成,"二次创业"过程中的浦东新区更是如此。开展国际经营、积极参与国际竞争,已经成为经济全球化条件下区域发展的必然要求和浦东开发公司发展的必然选择。国际化战略的实质就是通过不断地创新(制度创新、技术创新、管理创新、战略创新、营销创新、文化创新)来提高企业的国际竞争力。

第五节 "二次创业"中浦东
开发开放的战略选择

展望未来,中国经济正在步入新常态,与之相应,浦东开发开放也应当进入新常态；展望未来，中国将打造经济升级版，与之相应，浦东开发开放也应当打造升级版。基于此，未来浦东开发开放应当树立正确的战略取向：一是探索陆家嘴、张江、外高桥、金桥等国家级开发区和洋山保税港区、临港产业区、康桥工业区、南汇工业园区等联动发展的有效机制；二是发挥开发区对周边的辐射带动作用，实现品牌资源、政策资源、空间资源的优化组合；三是继续发挥开发区作为浦东开发开放主战场的作用，推动浦东开发开放向纵深发展；四是更好地承担国家战略，深化开发开放的内涵、强化综合配套改革、着力"两个中心"建设；五是强化浦东的现代化、国际化的城市建设，为提升上海在全球城市中的地位作出积极贡献；六是继续担当中国（包括上海）参与经济全球化的排头兵和桥头堡，实施"引进来"和"走出去"的双向战略，进一步面向世界和服务全国；七是在四个国家级开发区既有开发开放成就基础上建设中国（上海）自由贸易区。我们认为，浦东"二次创业"中浦东开发开放的任务有以下十个方面。

一、进一步落实开发开放国家战略

1990 年以来，中央针对浦东先后提出四大国家战略：一是 1990 年党中央国务院作出了开发开放浦东的决定，为我国改革开放战略升级和形成全方位、多层次、宽领域的开发开放格局奠定了基础；二是 2005 年国务院批准综合配套改革试点，从国家战略高度要求浦东在转变政府职能、改变经济运行方式、缩小城乡二元结构等方面为全国深化改革、实践科学发展提供制度探索的经验；三是 2009 年国务院通过的南汇并入浦东和"两个中心建设"；四是 2013 年国务院批准创建中国（上海）自由贸易试验区。上海自贸区是全国新一轮改革开放的试验田：将积极探索创新型开发开放模式，以"开放"倒逼"改革"，对内，探索深化改革开放的道路与产业升级的路径，实现经济结构、经济发展模式从以政府为主导转型为以市场为主导；对外，将探索新型开放型经济体系和新一轮改革开放模式的构建，使中国经济进一步融入全球经济体系。作为中国开发开放的先行区及与国际经济的率先接轨区，浦东在全国改革开放大格局中仍将发挥核心功能作用、示范作用、带动作用。

"二次创业"中浦东开发开放需要实施新开放战略，新开放战略的内容到底有哪些？本书认为：

（1）必须从战略上规划新开放战略。过去 30 多年，我国实施的开放战略有力推动了经济发展和社会进步，但也给当前及今后我国的发展和转型带来了诸多问题，由此决定了当前及今后我国必须在既有开放战略已经取得的成就基础上实施新的开发战略。新开放战略应当着力从以下两个维度进行规划和逐步展开。一是从我国开放战略所涉及的国际市场维度。过去 30 多年,我国实施对外开放战略的成果主要表现为:资本、技术、信息等生产要素的跨境流动规模日趋巨大,国际贸易和国际投资的规模越来越大,能源、主要矿产资源和许多商品的进出口日益增加。所有这些共同表明:国际因素对我国经济增长的贡献率越来越大、国际因素在我国经济总量中的份额越来越大。因此,我们信心满满地认为,对外开放战略的实施是过去 30 多年我国取得巨大经济成就的重要因素之一,全球化成为我国取得巨大经济成就的外部环境。然而,随着国内外形势的变化,如今,我国传统的劳动力资源优势已经受到来自新兴市场国家的严峻挑战;粗放和数量型生产与贸易增长方式越来越受到生态、资源、环境和诸多国际贸易规则的制约;中低端为主的产品和技术结构无法突破发达国家及其跨国公司对产品价值链和核心技术的掌控和垄断;我国企业在全球经济中的话语权微乎其微,受制于人、受制于规则、受制于国际强势话语权的局面至今仍未改变,等等。所有这些新问题必将制约当前及今后我国进一步对外开放,实施新开放战略已经迫在眉睫。鉴于此,我们认为,从我国开放战略所涉及的国际市场维度来看,当前及今后,为了牢牢把握新一轮全球化趋势为我国带来的重要战略机遇,推进我国的转型发展,必须实施新开放战略:主动拓展全球化参与方式,不断拓展新的开放领域和空间,逐步提升全球治理话语权,进一步完善适应开放型经济要求的体制、机制,全面提高对外开放质量和开放型经济水平。二是从我国的开放空间维度。过去 30 多年,我国实行的是一种不平衡的区域开放战略,开放空间主要集中在东部沿海地区。东部沿海地区因为开放战略的实施既抢占了国际大环境提供的诸多机遇,也在全国发展格局中取得了先发优势,实现东部沿海地区的率先发展,对外开放成就有目共睹。虽然从全球视野来看,东部率先崛起对于提升整个国家在全球经济格局中的地位是非常必要的,但从全国视野来看,东部率先崛起却加剧了沿海与中西部地区差距的扩大趋势,导致未来我国区域间协调发展面临着巨大挑战。按照当年邓小平让一部分地区先富起来、先富带动后富的教导,我们认为,如果说我国的区域战略在过去 30 多年是"让一部分地区先富起来",那么当前及今后应当是"先富带动后富",由"让一部分地区先富起来"过渡到"先富带动后富"的实质是我国自改革开放以来的新一轮转型。因此,适应这一转型的要求,新一轮开放战略的实施必须着力推进这一转型,必须与新一轮区域发展战略协调发展,不是加剧我国区域经济发展的不协调、不统筹,而是推进我国区域经济发展的协调和统筹。正是基于上述认识,笔者认为,从我国的开放空间维度来看,当前及今后我国实施的新开放战略应当是:必须把扩大对外开放与促进区域协调发展有机结合起来,深化既有开放空间开放的深度、广度、力度和程度,拓展新的开放空间,把我国的开放重点从东部沿海向我国的中西部转移,推进中部崛起、推进西部大开发、推进东北工业振兴,实现全国一盘棋。

(2)必须探索全球化模式新突破。过去30多年,我国参与全球化在出口、进口、资本输入和输出等四个方面的主要表现是:一是向世界输出资源性的产品和劳动密集型粗加工产品,这种做法不仅经常遭到国际标准、国别标准的经济制裁,而且把生态破坏、环境恶化、资源枯竭留在了国内,还造成了中国工人(尤其是被称为农民工的中国工人)的低廉工资、恶劣的生活环境和生产环境;二是从世界输入大量技术密集型、资本密集型产品,使我国成为发达国家高端产品、高端品牌的越来越大的市场空间和市场容量,我国过去30多年的持续、快速发展客观上为发达国家及其跨国公司创造了前所未有的市场机遇,客观上增强了这些发达国家掌握世界经济话语权、垄断世界经济和控制发展中国家经济命脉的机会;三是从国际资本市场大量输入资本(引进外资),虽然推动了我国的产业升级和商品繁荣,但也增加了国际资本控制我国经济命脉的风险;四是向国际资本市场输出资本(对外投资)刚刚起步,表明我国只能在国门里面参与全球化,走出国门参与全球化仍然任重道远。

上述这些现象表明我国参与全球化的模式仍然处于初级模式阶段。采用全球化初级模式,对过去30多年我国的发展来说,有利于吸引外资,弥补建设资金的不足;有利于引进先进技术和设备,实现发展阶段上的跨越;有利于学习先进管理经验,培养高素质的管理人才;有利于发挥比较优势,开拓国际市场。然而,由于过去30多年我国的经济基础不稳固、市场发育不完备、经济结构相对脆弱、资金匮乏、技术落后、人才流失严重等因素的影响,全球化初级模式的采用也使我国企业和产品经常性地受到国际市场的冲击,进而引致国内经济波动。

借鉴过去30多年我国所采用的全球化初级模式正反两方面的利弊,适应当前及今后世界经济政治形势的巨大变化,表明:过去30多年我国成功采用的全球化初级模式已经基本完成其历史使命、已经难以为继。

展望未来,我国的发展与转型必将承受来自国际经济、政治、科技、文化、军事等方面的种种压力和面临一系列前所未有的挑战和风险。基于此,我们认为,在过去全球化初级模式基础上探索全球化模式新突破,放弃既有的全球化初级模式,创造新型的全球化中高级模式是确保当前及今后我国在发展过程中顺应全球化发展趋势并且成功实现转型的必要准备。

那么,如何创造新型的全球化中高级模式? 笔者认为,应当坚定不移地走在借鉴基础上的创新路径。

总结发达国家参与全球化的经验,不难发现,发达国家往往是全球化的主导者和推动者,他们始终掌握着全球化的主动权、话语权,他们始终是国际新秩序的创造者、维护者和受益者,他们始终掌握着国际标准的制定权、控制权和行使权。

这种发达国家参与全球化的模式应当是中高级阶段的全球化模式,是当前及今后我国探索全球化模式新突破的借鉴。基于这种借鉴,当前及今后我国参与全球化的中高级模式内容应当包括:全面借鉴上述发达国家参与全球化的成功做法,在战略定位上努力将我国打造成为全球化的主导者和推动者之一;在战略战术上努力提升我国在全球化过程中的主动权、话语权;在国际秩序中努力提高我国在国际新秩序中的创造能力、维护能力和受益程度;在国际标准体系中努力使我国成为国际标准的参与者、制定者、控制者和行使者。

在全面借鉴发达国家参与全球化经验的基础上,当前及今后我国参与全球化的中高级模式还应当立足于我国发展和转型实际的需求,求真务实、自主创新,探索全球化模式的新突破,走出适应中国特色社会主义市场经济需要、服务于当前及今后我国发展和转型的全球化路径。

二、建设现代化、多功能国际大都市城区

21 世纪是城市的世纪,浦东开发开放进程中的各项事业都是上海建设全球城市的有机组成部分,因此,把浦东建设成为上海的外向型、多功能、现代化新城区是当代上海城市发展和浦东新区发展的必然趋势和战略选择。

建设外向型、多功能、现代化的国际大都市新城区需要展开以下工作:(1) 在区域定位上,使浦东成为长三角、长江经济带、整个中国沿海乃至亚太地区等不同层次区域的人流、物流、信息流、货币流、技术流的聚散地和主要的网络节点;(2) 在交通体系定位上,基本形成功能性、枢纽型、网络化基础设施体系。把浦东优越的现代化港口(外高桥、洋山深水港)与铁路、高速公路、机场连接,提升交通枢纽地位,形成连接长三角经济圈进而联络世界的立体交通网络,使浦东成为这一网络中的枢纽城区和节点,这是提升浦东城区功能和增强浦东经济发展后劲的基础内容;(3) 在项目的选择上,以大飞机项目、4G 通信标准、国家数

字出版基地、国家级金融信息资讯平台、迪士尼等重大项目为抓手,促进浦东产业结构的优化和升级;(4)在产业基地建设方面,进一步打造四个国家级开发区、国际金融中心、国际航运中心、国家自主创新示范区、世博园区、临港新城区等产业基地。

三、加强与邻近地区联动发展的协作机制

早在浦东开发开放之初就明确了浦东开发开放的总目标是：开发浦东、振兴上海、服务全国、面向世界。

服务全国首先要求浦东加强与邻近地区的联动发展,做到"延伸周边,辐射江浙,服务全国"。例如,浦东的产权交易市场可以通过完善协调机制和合作机制,与长三角其他地区的产权交易市场对接,形成既合作又分工的完整的产权交易市场体系。

服务全国要有服务平台,浦东将全力打造服务全国的"四个平台",即要素市场服务平台、产业功能辐射平台、区域合作交流平台和人才开发培训平台。

四、探索集约用地的新型土地开发机制

经过25年的开发,浦东土地开发的单位面积投资成本不断上升,导致浦东新区面临着土地要素资源约束,土地资源约束进一步导致浦东的商务成本迅速提高。因此,未来浦东开发开放需要积极探索新的集约用地开发机制,进一步加强土地资源的精深化利用。虽然南汇并入浦东新区后,使浦东新区的城区面积从530平方公里扩展至1 200平方公里,为浦东开发开放提供了宽广的空间,但土地始终是有限的,仍然要在既有土地开发模式基础上完善土地的一级、二级、三级开发模式。

五、构建与国际惯例接轨的商务环境

构建符合国际惯例的商务环境,用国际通用的规则来保护投资者的权益,是浦东开发开放过程中进一步推进政府职能转变,提高服务质量,营造公平、公正、高效的投资软环境的重要领域。

现代市场经济的核心是商务,商务发展可以推进社会经济的全面升级,因为商务是"纲",社会经济各环节是商务的"目",纲举才能目张。浦东开发开放仍要牢固树立"着力商务发展,推进社会经济的全面升级"的发展理念。

浦东开发开放仍要做好商圈的规划和建设。完善物流、资金流和信息流基础网络和各类市场体系,建设国内外驰名的商务城市。调整、优化和升级商务领域的产业结构、经济结构,大力发展现代服务业。培育和壮大商务企业;着力商务领域的自主品牌建设,全力推进商务发展在区域品牌、企业品牌和产品品牌三个方面率先突破,做大做强。

浦东开发开放仍要以商务发展提升制造业的升级。制造业的前、中、后、旁侧等各环节都需要商务提供支撑、维护和改善,着力商务发展可以提升制造业的全面升级。

浦东开发开放仍要以商务发展推进城市化。城市,在古代是因战而生、因商而荣。在现代,因商、因工、因教、因科、因文、因医卫而达,其中的商则是连接全部城市元素的纽带。着力商务发展,可以推进城市化进程。

浦东开发开放仍要以商务发展引领积极参与经济全球化。经济全球化的途径是对内和对外开放,开放的渠道无外是资金、商品、劳务、人才、信息、技术、品牌等在全球范围的交流、交换和合作。着力商务发展,实际上就是要促进上述要素的国内、国际的交流、交换和合作,从而促进了参与经济全球化的程度、深度和广度。

浦东开发开放仍要以商务发展促进民生的改善,这体现在两个方面,即就业和生活便利。从就业角度看,一方面商务发展本身创造了大量的就业和创业机会,另一方面商务发展在推进工业化、城市化和全球化的同时也间接创造了大量的就业和创业机会;从生活便利角度看,商务发展所带来的丰富的消费品和商业网点的优化布局,提高了居民的生活便利,提升了居民的幸福指数。

六、推进产业结构调整升级和着力培育新型产业体系

在浦东开发开放 25 年所培育的既有产业结构和产业体系基础上,仍要继续完善产业体系和优化产业结构。(1)继续完善浦东的先进制造业体系,把浦东建设成为全球化的先进制造业中心。譬如,做优做强软件和信息服务、电子信息产品制造、先进重大装备、汽车、石化及精细化工等一批千亿级产业集群,重点推进海洋工程、大型发电设备等龙头性、总成式、整机型成套设备的项目建设,提高汽车特别是新能源汽车的自主研发水平和生产规模,推动石化及精细化工产业优化产品结构、实现清洁生产;加快建设民用航空、新能源、生物医药、文化创意等一批数百亿级的产业集群;配合推进大型客机总装和研发基地建设,规划布局

航空配套产业基地；推动生物医药研发成果在本地实现产业化，促进高端医疗设备制造和医药研发外包加快发展；大力发展新能源产业，不断提升光伏、光热、风电、核电等关键设备的研发和制造能力。（2）加快建设以服务经济为主导、二三产业融合发展的产业体系。着力优化现代服务业发展环境，培育现代物流、信息服务、专业服务、旅游会展、高新技术产业、金融业、商务服务业等现代服务业为主的新型产业体系，构建物流运输网络和物流信息平台，引进、培育、壮大物流经营主体，把浦东建成专业市场、大型批发企业集团、连锁经营、物流配送等多种业态并存的全球性的物流中心，促进商品流、资金流、技术流、信息流和人才流通过浦东大市场的快速流动；以会展业为主导，构建集商务活动、购物消费、休闲娱乐、观光旅游为一体的商品会展中心。（3）建成由要素市场和商品市场、有形市场和无形市场构成的大市场体系，汇聚证券、期货、金融期货、石油、钻石、外汇、产权、土地、房产等一批重要市场。（4）发展高科技产业，以高科技产业改造传统产业，实现产业信息化和以信息化带动工业化，扩大软件和信息服务业在电子商务、网游动漫、嵌入式软件等领域的领先优势和市场份额，着力提升集成电路产业在研发设计、生产加工、封装测试、设备制造和营运管理等环节的整合能力。最终，使浦东逐步形成服务经济为主的产业结构，努力增创发展新优势。

七、着力实现外资、国资和民资的并存与混合

25年的开发开放，国资、外资和民资共同发展已经成为浦东经济发展中资本结构的有机组成部分。今后，浦东开发开放仍要更加注重发挥国资、外资和民资的既有优势，积极发展混合所有制经济。

八、构建区域自主创新体系和提升区域自主创新能力

经过25年的开发，张江高科技园区已经成为上海发展高新技术产业的重要载体，2011年又被批准为国家级自主创新示范区。今后需要加快浦东内外环线之间以张江高科技园区为重点"一江三桥"高科技产业带、高科技走廊的发展，促进高科技产业功能的拓展和对全国的辐射带动效应，基本形成具有国际竞争力的区域创新体系和提升企业自主创新能力，更加注重自己的核心竞争力，掌握自己的核心技术。

进一步建立健全自主创新的体制机制，建成若干个具有国际先进水平的高新技术研发中心，形成若干个具有国际先进水平、有优势的重点学科，培育若干

现代产权及其制度

各类所有者及其所有权｜各类所有者的先天缺陷｜所有权与经营权的分离｜各种形式的法人财产权｜现代企业及其制度：股份制｜各种经济形态并存｜各种经济形态的细分

公有者缺位 → 政资不分 → 公有资本 → 公有制企业 → 公有制经济 → 国有经济／集体经济／公有合作经济

员工持股 → 解决方案：委托代理 → 资本运营与管理公司 → 公与非公的混合资本 → 混合所有制企业 → 混合所有制经济 → 公资控股经济／非公资控股经济

私有者在位 → 能力有限／能力充裕 → 非公资本 → 非公有制企业 → 非公有制经济 → 外资经济／港澳台资经济／私营经济／个体经济

中国特色社会主义市场经济体系

经济活动平台：市场（资本市场、产权市场、企业并购市场等）及其制度和法制

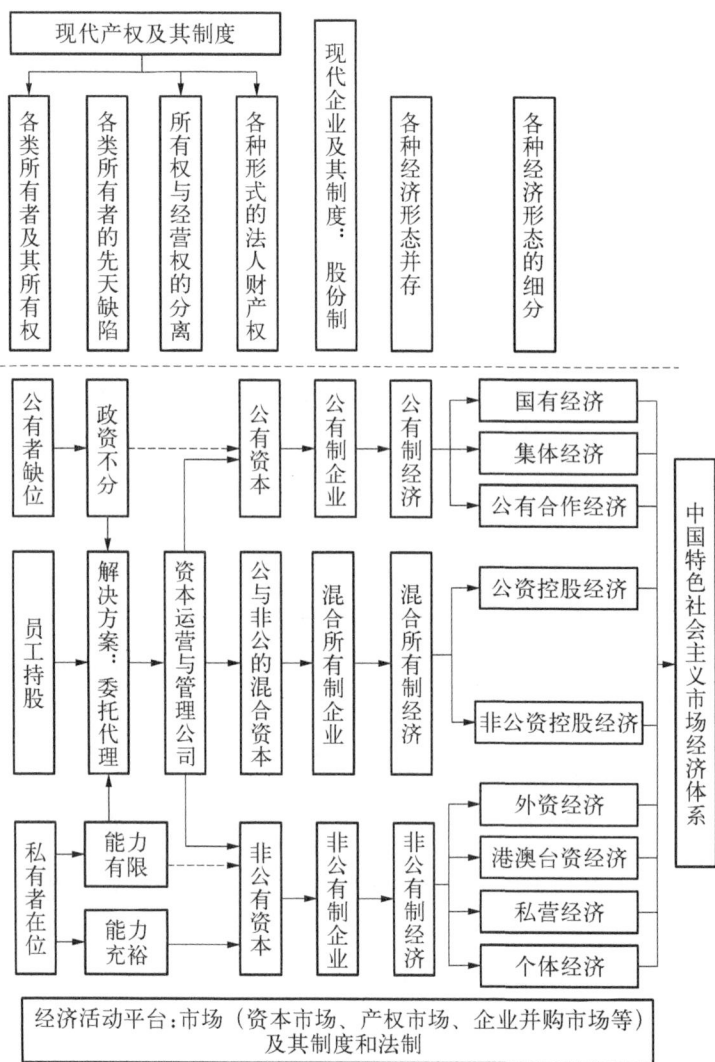

图6-2 中国特色社会主义市场经济中所有制经济总体格局构想示意图

个具有主知识产权、领先国际水平的重大高新技术成果,拥有一批具有国际先进水平的科技领军人物和重点行业的知名企业家,培育若干个在国内有影响的自主创新的骨干企业,发展一大批具有活力和潜力的中小型科技企业群体,形成若干个重点科技创新产业,基本实现从依赖于要素投入向以创新为增长驱动力的转型,成为"二次创业"过程中浦东创新发展的重要目标。发挥开发区自主创新功能的关键是在开发区内建立和完善政府、市场、企业、科研、政策配套的"官产学研商"相互协调的管理体制和运行机制。

九、强化浦东开发开放模式的品牌效应

浦东开发开放及其模式已经成为浦东的品牌，成为浦东的"名片"，具有巨大的无形资产价值。今后，浦东进一步的开发开放仍然离不开过去 25 年浦东开发开放过程中积累的经验和模式以及在此基础上形成的品牌形象，所以应当充分利用这一无形资源、文化资源、品牌资源，并将浦东开发开放及其模式这一无形资产纳入浦东经济发展战略规划、开发开放战略规划、综合配套改革规划。

十、着力提升"浦东形象"

城市形象对加强城市吸引力、提高城市的知名度、提升核心竞争力、综合竞争力和国际竞争力都起着重要的作用。世界上的许多知名城市，如"时尚之都"巴黎、"亚洲国际都会"香港、"花园城市"新加坡等都有自己鲜明个性的城市形象。

当今世界经济全球化的大背景下，无论是企业还是城市甚至是个人，都处在依靠形象赢得机会的时代。实际上，许多城市正是通过承办各种国际性的活动来提升自己的城市形象，最典型的例子就是韩国首尔。1988 年夏季奥运会的举办使首尔的企业、事业部门、服务业的形象深深的印入世界人民心中。这种城市形象的提升使得首尔乃至韩国在政治、经济、文化多个方面受益匪浅。近年来，在我国，北京凭借 2008 年奥运会这一全球瞩目、世界关注的活动，全面启动城市改造工程，更加注重媒体引导造势，使其整体形象大大提高。而上海则借 APEC 的成功举办，使其良好的城市形象在全球范围推广，并通过举办世博会全力打造出了"城市，让生活更美好（better city，better life）"的城市形象。

由此可见，良好的城市形象是城市的一笔宝贵的无形资产。其可以为城市发展提供一个良好的环境、更多的发展机会、更大的发展空间。

在过去 25 年开发开放的基础上，进入"二次创业"阶段，浦东仍然需要依靠既有的浦东形象参与经济全球化，仍然需要依靠浦东的既有形象服务全国，当然在继续开发过程中也需要继续维护和提升浦东的形象。

参 考 文 献

1. 丛林：《国家级经济技术开发区发展战略研究》,《开发研究》2005 年第 2 期。

2. 乔双定、邓世海：《开发区产业创新方略》,《咨询与决策》2002 年第 1 期。

3. 姚作汀、金毅：《开发区建设管理探讨》,《浙江经济》2003 年第 21 期。

4. 熊军、胡涛：《长江三角洲开发区"二次创业"分析》,《决策借鉴》2001 年第 6 期。

5. 谢守红、周向红：《长江三角洲开发区产业结构分析》,http://www. people. com. cn(2005/11)。

6. 金剑：《经济技术开发区如何调整经济发展战略》,《经济世界》2003 年第 7 期。

7. 乔双定、邓世海：《开发区产业创新方略》,《咨询与决策》2002 年第 1 期。

8. 张恒：《开发区如何再开发?》,《决策与信息》2002 年第 9 期。

9. 冯坚：《开发区新型制度扩散途径分析》,《中国经济时报》2002 年 9 月 30 日。

10. 喻萍：《我国开发区发展现状与创新研究》,《经济纵横》2004 年第 8 期。

11. 胡炜：《走过十年：浦东开发开放及其模式实践录》(上、下卷),上海人民出版社 2004 年 4 月版。

12. 俞可平等编：《海外学者论浦东开发开放及其模式/海外邓小平理论和中国改革开放研究丛书》,中央编译出版社 2006 年 8 月第 1 版。

13. 赵启正：《浦东逻辑——浦东开发与经济全球化》,上海三联书店 2007 年 3 月第 1 版。

14. ［英］安格斯·麦迪森：《世界经济千年史》，伍晓鹰、许宪春译，北京大学出版社 2003 年 11 月第 1 版。

15. ［英］安格斯·麦迪森：《中国经济的长期表现》，伍晓鹰、马德斌译，上海人民出版社 2008 年 3 月第 1 版。

16. 曾建徽：《一项重要决策的诞生》，《瞭望》1984 年第 24 期。

17. 《谷牧与深圳经济特区初期发展抉择》，《深圳文史》2006 年第 8 辑。

18. 《邓小平文选》第 3 卷，人民出版社 1993 年 10 月第 1 版。

19. 《邓小平年谱（1975—1997）》（下），中央文献出版社 2004 年第 1 版。

20. 陈高宏：《对党中央决策浦东开发开放及其模式放的思考》，《中国城市经济》2009 年第 2 期。

后　　记

　　本书在研究过程中得到了中共浦东新区区委宣传部、浦东新区国资委、陆家嘴集团公司、金桥集团公司、外高桥集团公司、张江集团公司、浦发集团公司、上海社会科学院科研处、上海社会科学院经济研究所的鼎力支持；中共上海市委常委、浦东新区区委书记徐麟，浦东新区区委宣传部部长陈高宏、副部长李幼林，浦东国资委主任陆方舟、副主任贾继峰、办公室主任皓峰、办公室陈小洁等同志为本课题提供了指导意见和调研上的帮助；袁恩桢、左学金、周振华、沈开艳、权衡、王贻志、王玉梅、陈建华等研究员对本课题提出了建设性的建议；在调研过程中，陆家嘴集团的黄世强、杨建一、俞玫、黄俭、陈松、李锦岳等，金桥集团的曹文炳、陈建勋、韩昶、金玮琦、陈卫国等，张江集团的唐莺、葛世宏、杨炯、孙璐等，外高桥集团的有关领导，政协浦东新区经济和科技委员会蒋慧工主任，浦东土地发展(控股)公司董事会主席周建新等同志接受了本课题组的调研和访问；经济研究所顾光青、张家林、尹良富、张忠民、邓丽丽等同仁提出了宝贵意见，研究生付盛刚、马小强、孙小雁、周及真等参加了调研和资料整理工作。以上单位和个人所提供的无私帮助是本课题研究能够顺利完成的重要前提，在此谨表衷心的感谢！

　　本书作者邮箱：hflzt@126.com

图书在版编目(CIP)数据

浦东开发开放研究/李正图著. —上海:上海社会科学院出版社,2015
ISBN 978-7-5520-0840-1

Ⅰ.①浦… Ⅱ.①李… Ⅲ.①区域经济发展-研究-浦东新区②区域经济-开放经济-研究-浦东新区 Ⅳ.①F127.513

中国版本图书馆 CIP 数据核字(2015)第 087355 号

浦东开发开放研究

著　　者:李正图
责任编辑:熊　艳
封面设计:周清华
出版发行:上海社会科学院出版社
　　　　　上海淮海中路 622 弄 7 号　电话 63875741　邮编 200020
　　　　　http://www.sassp.org.cn　E-mail:sassp@sass.org.cn
排　　版:南京展望文化发展有限公司
印　　刷:凤凰数码印务有限公司
开　　本:710×1010 毫米　1/16 开
印　　张:14.5
插　　页:2
字　　数:250 千字
版　　次:2015 年 5 月第 1 版　　2015 年 5 月第 1 次印刷

ISBN 978-7-5520-0840-1/F・297　　　　定价:49.80 元